U0564686

我国现代学徒制中的企业责任研究

李 金 / 著

Research on
Corporate Responsibility
in Modern Apprenticeship System in China

ZHEJIANG UNIVERSITY PRESS
浙江大学出版社
·杭州·

图书在版编目(CIP)数据

我国现代学徒制中的企业责任研究 / 李金著. —杭州 : 浙江大学出版社,2023.10
ISBN 978-7-308-23749-9

Ⅰ.①我… Ⅱ.①李… Ⅲ.①企业责任－学徒－用工制度－研究－中国 Ⅳ.①F279.23

中国国家版本馆 CIP 数据核字(2023)第 076576 号

我国现代学徒制中的企业责任研究

李 金 著

责任编辑	汪淑芳
责任校对	张培洁
封面设计	春天书装
出版发行	浙江大学出版社
	(杭州市天目山路 148 号 邮政编码 310007)
	(网址:http://www.zjupress.com)
排 版	浙江大千时代文化传媒有限公司
印 刷	广东虎彩云印刷有限公司绍兴分公司
开 本	710mm×1000mm 1/16
印 张	18.25
字 数	290 千
版 印 次	2023 年 10 月第 1 版 2023 年 10 月第 1 次印刷
书 号	ISBN 978-7-308-23749-9
定 价	78.00 元

版权所有 侵权必究 印装差错 负责调换

浙江大学出版社市场运营中心联系方式 (0571)88925591;http://zjdxcbs.tmall.com

前　言

　　科技进步带来了产业结构的优化调整与升级,与之相伴的是经济社会发展对技术技能人才数量与质量的新要求以及由此造成的"技能短缺"问题。为治理技能短缺对国际经济社会发展的负面影响,各国开始了以深化产教融合、校企合作为核心的职业教育改革。现代学徒制作为一种以产教融合、校企合作为载体的技能形成制度,有利于弥合技能供给与技能需求之间的鸿沟,在提高技能供给与技能需求的适配度、应对我国由产业转型升级造成的技能短缺问题上具有显著优势。作为一种融合学校理论教育与企业实践技能培养的双主体育人模式,现代学徒制因有利于打破教育界与产业界的界域而日渐成为国际职业教育发展的基本趋势与主导模式。现代学徒制是技术技能人才培养的主导力量。尤其是在国家大力倡导促进职业教育高质量发展、增强职业教育适应性及建设技能型社会的新时代背景下,现代学徒制在助推产教深度融合、校企双元育人中的优越性日益凸显。然而,客观审视我国现代学徒制试点运行的现状可知,校热企冷的"壁炉现象"成为制约我国现代学徒制实践工作顺利推进的现实桎梏。对此,学界普遍认为,问题的关键在于企业的主体作用与功能未能得到较好的凸显,而究其根本,则是校企双主体育人过程中企业责任的边界模糊所致。受学校本位职业教育思想的影响,目前我国学者对现代学徒制的研究大多从学校立场出发,立足企业视角的研究还相对较少。虽有部分立足企业视角的研究,但大多围绕企业职业教育责任展开,聚焦现代学徒制这一技术技能人才培养模式的企业责任研究还很薄弱,对于企业为什么要承担责任、为什么能承担责任、应该承担哪些责任、承担责任的状况如何以及如何推动企业更好地履行责任等一系列问题的

1

研究还不够系统与深入。基于此,本研究将借助多学科的理论,以解释主义与实证主义的方法论为指导,综合运用文献研究法、比较研究法、访谈研究法及文本分析法等方法对上述问题展开分析。

首先,阐释现代学徒制中企业责任生成的内在逻辑。对此需回答"企业为什么在现代学徒制中有责任"的问题。基于责任理论及企业组织属性的二重性(经济组织与社会组织)可知,责任生成的根据有二:一为内在需求驱动,二为外在社会规范。现代学徒制中的企业责任源自企业内部技能形成对现代学徒制育人方式的需求及现代学徒制本质属性对企业育人主体的规定。也就是说,企业不仅是现代学徒制人才培养模式的需求主体,而且是现代学徒制人才培养模式的育人主体。兼具用人主体与育人主体双重角色的企业,有责任在现代学徒制人才培养活动中传达企业用人需求,发挥企业育人功能,与职业院校合作育人。

其次,探究现代学徒制中企业责任内容的应然向度。探究"现代学徒制中企业责任内容的应然向度"就是要回答"企业在技术技能人才培养过程中应该和必须做什么"的问题,即现代学徒制中企业责任的内容。目前,关于"现代学徒制中企业责任的内容"这一问题的研究,始终缺乏丰富的分析视角,难以构建系统的企业责任内容分析框架。本研究基于现代学徒制中的企业责任内容的价值导向、权责对等的基本原则、需求导向的内容来源等对校企合作育人内容的应然规定,并结合试点验收材料、相关政策文本及访谈材料的三角互证,通过对上述文本材料的三级编码,构建出了现代学徒制中企业责任内容分析的四个维度,即育人目标制定、育人方式构建、育人过程保障及育人效果评价。

再次,分析现代学徒制中企业责任履行的实然表征。现代学徒制中企业责任履行的实然表征要呈现的是企业责任履行现状。客观审视我国现代学徒制试点的现实情况可知,企业参与现代学徒制的责任缺位是目前推进过程中面临的突出问题,主要表现在企业责任意识弱化、责任能力不一、责任行为冲突及责任保障缺位四个方面。现代学徒制中的企业责任行为是企业生存发展的内在规定因素"技术"与外在规定因素"制度"综合作用的结果。

最后,建构现代学徒制中企业责任实现的保障机制。如何找到一条行之有效的途径,提高企业在现代学徒制中的责任能力,培养企业责任实现的内在机制,建立健全企业责任实现的外在制度,使得企业将其对现代学徒制中的责任认识变为责任履行,是本书要解决的关键问题,也是本研究的最终落脚点。笼统地谈责任,还不足以对能否承担责任得出结论。因此,有必要对责任进行分解。按照制度设计的需要,从责任主体、责任内容、责任内容的存在载体和追责主体四个维度来观察,可以将责任分解为履责意识、履责能力、履责行为、履责制度四个方面。基于此,为落实企业在现代学徒制技术技能人才培养中的履责行为:第一,需要构建合作育人机制,提高企业履责意识;第二,需要建立权利保障机制,增强企业履责能力;第三,需要构建利益整合机制,规范企业履责行为;第四,需要建立社会认同机制,完善企业履责制度。

在本书撰写过程中,笔者获得了很多老师、学术同行及亲朋好友的帮助与支持,在此表示诚挚的谢意。笔者虽有意解答现代学徒制中企业为何有责任、有哪些责任、责任履行现状如何及如何更好地促进企业履行责任等系列问题,但鉴于笔者学识及能力有限,对相关问题的解答还不够系统、深入与透彻,在此恳请各位读者及学者朋友批评指正。

目　录

第一章

绪　论

第一节　研究背景及问题的提出

一、研究背景

科技革命对工作世界的影响兼具颠覆性与建设性,其不仅会改变构成一个社会经济组织的工作与职业种类,影响特定行业工作开展的方式,而且会生成一些新兴职业与岗位,影响人才培养的模式及人才需求的类型。随着以物联网、云技术、大数据、人工智能等为代表的新一轮产业革命的到来,各国经济结构不断优化调整、产业结构持续转型升级,这一现实发展导致对高技术技能人才的需求日益旺盛。但新技术技能人才总量短缺、质量滞后与供需不匹配的技能短缺现象时有发生,亟须通过供给侧结构性改革,提升技能适配性。然而,技术技能人才的培养与成长均需较长时间周期,现有技术技能人才无论是从数量还是从质量方面看,都在不同程度上以技能短缺现象为现实表征。发展学徒制是助推职业教育技术技能人才培养模式创新的主流趋势与关键驱动力,其在推动技能供需对接方面有着无可比拟的优越性。基于此,为应对技能短缺对国家经济增长的影响,满足国家产业转型升级对技术技能型人才的新需求,世界各国纷纷将眼光投注于现代学徒制,希望借力现代学徒制人才培养模式来深化本国职业教育改革,从而探索治理本国技能短缺问题的有效路径。

（一）应对技能短缺：我国现代学徒制政策出台的历史背景

西方国家现代学徒制的兴起,引起了我国教育政策制定者的极大兴趣。①我国的"现代学徒制"概念,产生于 2013 年在东南沿海城市出现的"用工荒"问

---

① 关晶.职业教育现代学徒制的比较与借鉴[M].长沙:湖南师范大学出版社,2016:273.

题。2014年,企业的转型升级引发了人才供需矛盾,为此我国开启了中国特色的现代学徒制试点探索。此次探索主要由两股行政力量主导,即教育部与人社部。前者出台现代学徒制试点,主要从现代职业教育视角出发,试图通过职业教育的"五个对接"①(专业与产业、职业岗位对接,专业课程内容与职业标准对接,教学过程与生产过程对接,学历证书与职业资格证书对接,职业教育与终身学习对接),达到提高职业教育人才培养质量与促进服务产业发展的目的;后者提出企业新型学徒制试点,主要聚焦强化技能人才队伍的视角,突出企业在职业技术技能培训中的主导作用,达到提高产业工人职业能力与职业素养的目的。唯有培养出符合劳动力市场需求的人才,才能缓解用工短缺问题。基于此,政府开始出台各项鼓励行业企业参与职业教育的政策措施。"技工荒"是一国出现技能短缺问题的信号表征。所谓技能短缺,是指某种特定技能要求的工作岗位无法得到足够的具备这一岗位技能要求的员工的状态。② 从理论层面出发,现代学徒制作为一种校企深度融合的新型人才培养模式,其最大的优势在于能够全面提高技术技能人才培养的能力与水平,解决因产业转型升级造成的技能短缺问题。③ 实践层面的探索表明,虽然我国经济社会的快速发展与产业结构的优化调整对人才培养提出了新的挑战与要求,但现代学徒制通过技术技能人才选、育、用、留的一体化为企业人才培养开辟了新的道路,可以有效缓解企业在转型升级中面临的招工难和高技能人才匮乏的难题。④ 因此,作为一种融合学校理论教育与企业实践技能培养的双主体育人模式,现代学徒制有利于打破教育界与产业界的界域与藩篱,在增强职业教育服务经济社会发展能力、提高职业教育适应性方面具有

① 中华人民共和国教育部. 职业教育"五个对接"[EB/OL]. (2012-09-03)[2018-06-18]. http://www. moe. gov. cn/jyb_xwfb/moe_2082/s6236/s6811/201209/t20120903_141507. html.

② 杨伟国. 劳动经济学[M]. 大连:东北财经大学出版社,2010:225.

③ 王亚南. 我国现代学徒制政策执行阻滞的形成逻辑——基于国家技能形成的三螺旋理论[J]. 职教通讯,2020(04):1-11.

④ 赵鹏飞. 现代学徒制人才培养的实践与认识[J]. 中国职业技术教育,2014(21):150-154.

显著优势。这也是世界许多发达国家迅速发展与极力推行现代学徒制的主要原因,它可以很好地满足产业发展对规模化与高质量技术技能人才的新需求。[①] 现代学徒制符合我国产业转型对人才需求变化的新要求,是我国现代职业教育改革与发展的重要方向。

技术变革的直接结果是劳动力市场需求的新变化,随之而来的是工作世界的新变化,尤其是智能化、数字化时代的到来,使得工作形式与工作性质都随之发生了天翻地覆的改变。[②] 未来的工作要求人具有具体的技能,"即技术知识、问题解决能力和批判性思维的组合,以及诸如毅力、协作和移情能力等软技能"[③],以及其他可迁移技能。充足的技能供给成了产业转型升级的关键。积极发展现代学徒制已经成为我国实现从传统劳动密集型生产模式向资本、技术、知识密集型生产模式转变的必要制度支撑。作为一种由行业订立标准、校企共同培养、政府充分保障的人才培养模式,现代学徒制具有明显的"需求导向"特征,能够直接反映出企业对技术技能型劳动者综合素质及职业能力的新要求。其之所以能成为国际职业教育发达国家技术技能人才培养模式的共同选择,不仅在于其坚持服务发展、促进就业的社会功能,还在于其可以促进个体劳动者自由全面发展的个体功能。发展现代学徒制的目的在于促进学校与企业深度融合,不能让技术技能人才短缺成为产业向数字化和智能化转型升级乃至我国实现高质量发展的制约因素。随着现代学徒制的提出,国家层面开始出台现代学徒制试点工作的系列政策。发展现代学徒制,不仅是职业教育发展的需要,也是社会经济发展的要求。[④] 国家强力推进这一重要试点项目的着力点,在于提高企业在职业教育人才培养过程中的参

①　张启富.高职院校试行现代学徒制:困境与实践策略[J].教育发展研究,2015(03):45-51.

②　李玲玲,许洋,宁斌.美国加强先进制造业人才培养动因及策略[J].比较教育研究,2021(01):44-51.

③　Word Bank(IBRD).World Development Report 2019:The Changing Nature of Work[R].Washington D C:World Bank,2018:7.

④　赵志群.建设现代学徒制的必要性与实现路径[J].人民论坛,2020(09):59-61.

与度,从而达到增强职业教育人才培养的适应性、提高职业教育人才培养的质量及构建技能型社会的多重目的。对我国而言,则是想要通过在职业教育领域大力发展现代学徒制,解决技术技能人才供给侧与需求侧相脱节的问题。① 我国实施现代学徒制政策的最终目标,是形成以校企双主体为核心的、多方利益相关者共同发力的中国特色现代学徒制。

(二)企业主体缺位:我国现代学徒制运行不畅的现实桎梏

无论是从提高职业教育的适应性出发,还是从实施现代学徒制的有效性考虑,校企合作都是必然要求。② 校企在育人过程中的跨界合作,主要体现为职业学校需要跨越教育场域介入企业生产领域,企业则需要跨越产业场域介入学校的教学计划制定、课程设置及实习实训等人才培养过程,以确保所培养学生的规格和质量符合企业的要求。③ 作为世界职业教育中校企合作成功典型的德国“双元制”模式,就是一种把学校与企业、教师与师傅、学生与学徒、课堂与车间等主体、要素、场域有机结合、统一、联系在一起的现代学徒制人才培养模式。产教融合、校企合作是职业教育的基本办学模式,是办好职业教育的关键所在。④ 作为产教融合、校企合作的有效实现形式,现代学徒制是一种“由企业”“在企业”“为企业”培养技术技能人才的职业教育制度⑤,其实质是基于实际工作而进行的情景化职业教育⑥。

虽然从理论上看,企业应该是现代学徒制不可或缺的育人主体之一,

① 徐国庆.我国职业教育现代学徒制构建中的关键问题[J].华东师范大学学报(教育科学版),2017(01):33.

② 李梦卿,王若言,罗莉.现代学徒制的中国本土化探索与实践[J].职教论坛,2015(01):79.

③ 孙琳.职业教育集团化办学实践的思考[J].教育研究,2007(10):62-66.

④ 中华人民共和国教育部.教育部等六部门关于印发《职业学校校企合作促进办法》的通知[EB/OL].(2018-02-05)[2019-06-28].http://www.moe.gov.cn/srcsite/A07/s7055/201802/t20180214_327467.html.

⑤ 关晶.企业充分参与是现代学徒制成功的前提[J].职业技术教育,2014(33):25.

⑥ 赵善庆.基于企业主体的现代学徒制人才培养模式研究[J].实验室研究与探索,2018(07):251-255.

但现实的情况是要达成这一目标还面临各种挑战。① 毫无疑问,现代学徒制育人模式的顺利运行离不开企业的充分参与。虽然国家在政策层面多次倡导要发挥企业在现代学徒制中的重要作用,但这些政策在实践中并未得到有效落实,现代学徒制的推进依然面临诸多现实困囿。客观审视我国现代学徒制的试点工作现状可以发现,当前我国现代学徒制仍处于试点探索阶段,从国内开展的试点情况来看,"试点的效果尚不理想"②,主要表现为相关主体权利划分不清、职责不明、主体作用缺位错位虚位现象仍较为突出③,特别是企业的育人责任还没有较好地履行,企业在现代学徒制中的"主体地位并没有得到体现"④。已有研究显示,现实中的现代学徒制大多由学校主导,企业参与动力不足,参与热情不高,参与度不足,持续时间不长。⑤ 究其原因,与"企业的逐利性、缺乏职业教育话语权和法律法规及制度缺失等"⑥不无关系。企业责任的缺位,无疑是制约我国现代学徒制顺利运行的关键所在。

（三）明晰企业责任：国际现代学徒制稳步运行的经验借鉴

企业作为现代学徒制双主体之一理应承担相应的职业教育责任,这一问题已经在学术界达成了基本共识。但提出问题的关键在于解决问题,也就是说,企业的充分参与是前提,产教深度融合、校企深度合作才是目的。然而,目前我国的现代学徒制呈现出一种学校本位的特征,企业处于被动、

① 孙翠香.现代学徒制政策实施:基于企业试点的分析——以17家现代学徒制企业试点为例[J].中国职业技术教育,2019(03):5-12.
② 崔发周,张晶晶.影响我国现代学徒制试点效果的因素分析及改进建议[J].教育与职业,2017(23):5-9.
③ 许悦,彭明成.多中心治理理论视角下现代学徒制质量保障机制研究[J].中国职业技术教育,2018(36):11-15.
④ 陈利,周谊.现代学徒制试点中企业主体地位缺失的表现、原因及对策[J].职业技术教育,2016(27):16-20.
⑤ 周梁.论企业在职业教育中的社会责任[J].教育与职业,2011(29):16-18.
⑥ 柳燕,李汉学.现代学徒制下企业职业教育责任探析[J].职业技术教育,2015(31):31-35.

辅助或配合的状态,此种情形下,如何发挥企业的育人功能,凸显企业在育人活动中的主体地位显得尤为关键,这需要分析参考国际现代学徒制稳步运行国家的规律与经验。基于此,明晰现代学徒制中的企业责任内容并确保企业责任的履行,是推动现代学徒制顺利运行的关键点。国际社会中现代学徒制运行良好的国家无一例外都很好地发挥了企业的育人主体作用,这一规律为我国构建本土化现代学徒制运行模式提供了宝贵经验。特别是职业教育发达的德国、瑞士、澳大利亚、英国等,在发展本国现代学徒制的过程中形成了各具特色的实践模式。但无论是哪种现代学徒制运行模式,也无论其处于怎样的国情或经济模式下,都无一例外地以校企双主体的运行模式为存在样态,并且尤为重视企业主体作用的发挥。虽然企业在不同国家现代学徒制中的具体角色或地位有所不同,但国家产业发展所需的技术技能人才均需要在以校企合作为载体的工学结合模式中来培养。为发挥企业在现代学徒制中的重要主体作用,现代学徒制运行良好的国家都非常重视通过制度设计及法律保障,明晰企业在校企双主体育人过程中的责任方式及责任内容。

与以往职业教育人才培养模式不同,现代学徒制的运行横跨产业领域、教育领域及人力资源管理领域,因此,无论是实施还是运行都需要相应的法律法规或实践层面对企业责任行为的约束与规范。然而,目前我国并没有相应的法律或政策文件对现代学徒制的准入企业进行资质标准或认定程序的规定,更没有关于校企双方具体应如何在学徒培养过程中开展合作等的行为规范或细则,这就会在一定程度上造成企业参与现代学徒制的法理依据不足,难以对企业依法追责或问责,而且对企业在现代学徒制中应该如何操作缺乏指引或规范,导致企业责任行为冲突或责任行为失范现象的发生。因此,对于应该采取何种手段或方式来规范和引导企业在现代学徒制中的作用发挥,使其履行好其应当履行的责任内容,国际现代学徒制的发展经验可以为我国提供重要参照与借鉴。

二、问题的提出

目前,我国现代学徒制已经完成了三批试点,进入制度化运行阶段。尤其是 2022 年 4 月 20 日《中华人民共和国职业教育法》的公布并明确提出"国家推行中国特色学徒制",标志着学徒制至此上升为国家层面的制度并成为职业教育人才培养的基本模式之一。作为一种跨界运行的人才培养模式,现代学徒制的发展与推进关涉多方复杂利益主体。无论是职业教育的理论研究者还是实践工作者,对现代学徒制利益相关主体的角色定位还存在一些认识上的困惑,在实践中也存在着诸多未能达成共识的探索。事实证明,明晰企业在校企双主体育人中的重要责任是现代学徒制顺利运行的关键。但企业在现代学徒制中的责任依据、责任内容、责任现状及责任实现路径等方面的问题,尚需要从理论层面予以澄清,并从实践层面予以解答。由上述两点所决定,要有效推进现代学徒制在我国的实施,就必须明确现代学徒制中企业的责任及其落实的条件。然而,长期以来职业学校教育占据着职业教育的主舞台,导致学术界基于学校教育立场的研究多,立足企业视角的研究还相对较少。虽有部分学者关注到企业职业教育责任的相关研究,认为职业教育责任是企业社会责任在职业教育领域的体现或延伸,但是将视点对焦现代学徒制,从现代学徒制这一职业教育人才培养模式改革或创新视角出发的研究还很薄弱,对于企业为什么需要在现代学徒制中承担责任、现代学徒制中的企业责任有哪些以及企业如何履行好其该承担的责任等一系列问题的研究还不够系统与深入。因此,系统探究现代学徒制中企业责任履行的相关理论与实践,不仅是进行现代学徒制相关理论研究的必要前提,亦是影响现代学徒制试点实践推进的关键所在。

（一）问题提出的实践视角

应该说我国现代学徒制发展的实践是先于理论的。从国家政策层面开展现代学徒制试点的过程就是一个从实践到理论的过程,而试点实践的目的在于从实践中发现问题、总结经验,从而丰富或完善现代学徒制相关理论。

也就是说,总体而言,我国现代学徒制的运行逻辑呈现出一种从实践到理论再指导实践的螺旋递进状态。我国现代学徒制试点的最大意义在于,通过试点实现从经验到范式的转变。① 客观审视我国现代学徒制试点现状可知,一个普遍存在的现象是"校热企冷"的"壁炉现象",即企业并没有对现代学徒制表现出较大的参与热情,或者说现代学徒制对企业的吸引力远远不如政策设计之初那般理想。作为一种校企双元主体育人的新型人才培养模式,发挥校企各自的资源优势,最终达成校企在合作育人这一实践活动中的共赢与共生,是现代学徒制运行的理想效果。然而,多数学者的调研或研究表明,在现代学徒制试点实践过程中,校企双主体并未能自发开展合作,总体呈现出学校积极主动、企业消极被动的特征。由于企业未被赋予人才培养的权利,所以其在现代学徒制中只能扮演配合者。企业育人主体地位的缺失,严重影响着现代学徒制的健康运行与深入推进。② 其一,由我国已经开展的三批现代学徒制试点单位可知,三批现代学徒制试点单位共计 562 家,但试点行业共计21 个、企业共计 17 家,行业企业总占比不足 7%,且行业企业自主申报参与试点的数量呈逐年下降的态势。其二,通过对参与现代学徒制试点的企业进行现状考察可知,虽然目前由教育部开展的三批试点工作已经完成验收,但实践中多数是原校企合作的"加强版"或"深化版",呈现出为了"现代学徒制"而"现代学徒制"的态势,存在合而不深的现实窘境。③ 基于此,目前企业之所以参与现代学徒制试点并非基于一种对现代学徒制内蕴的育人模式优越性理解后的自觉行为,而更多地表现出一种强制或被动意味。因此,如何扎根我国具体国情,发展符合我国国情的现代学徒制,尤其是发挥作为兼具用人主体与育人主体双重角色的企业的作用与功能,对中国特色现代学徒制的稳步运行至关重要。

① 吴学峰.中国情境下现代学徒制的构建研究[D].上海:华东师范大学,2019:112.
② 柴草,王志明.企业参与现代学徒制的影响因素、缺失成因与对策[J].中国高校科技,2020(05):83-87.
③ 郑永进,操太圣.现代学徒制试点实施路径审思[J].教育研究,2019(08):100-107.

（二）问题提出的理论视角

现代学徒制并非我国的本土化概念,虽然此前我国历史上曾出现过"新学徒制"的概念,但无论是从发展背景还是发展模式来看,那与我国当前试点的现代学徒制都截然不同。① 当前的现代学徒制是一种以项目形式运行的类似国外现代学徒制改革的模式。因此,结合我国的具体国情完善现代学徒制相关理论,可以为指导我国现代学徒制实践运行中出现的认知困境与模式偏差提供重要参照。作为校企双主体中的一方,企业责任缺位是现代学徒制运行不畅的关键因素。已有的校企合作理论、企业社会责任理论、企业职业教育责任相关理论、资源依赖理论、利益相关者理论及共生理论可以为本研究提供一定的理论视角。但是聚焦现代学徒制育人模式中的企业责任问题的研究,目前还相对薄弱,企业为什么要承担责任、应该承担哪些责任以及如何确保企业充分承担其本应承担的责任这三个方面的问题尚未得到系统、深入的回答。本研究围绕"现代学徒制中企业责任生成的内在逻辑、企业责任内容的应然向度、企业履行责任的实然表征以及企业责任履行的保障机制"这几个方面,以责任理论为核心,以技能形成理论为主线,借助组织社会学的新制度主义理论,力求从政治经济学、教育社会学、组织社会学等交叉学科层面深入解答上述问题,以期对我国现代学徒制试点工作的顺利推进提供理论上的指导,并提出有参考价值的对策和建议。

第二节 研究意义

随着新一轮科技革命的推进,我国对职业教育的重视达到了前所未有的高度。新时代背景下,关于提高职业教育发展质量、增强职业教育适应性以及建设技能型社会等的诸多理论研究与实践探索,均需要以产教融合、校企

---

① 徐国庆.我国职业教育现代学徒制构建中的关键问题[J].华东师范大学学报(教育科学版),2017(01):32.

合作为核心与主线。作为校企合作、产教融合的基本制度载体和有效实现形式,现代学徒制是职业教育发达国家的主流模式,其在我国现代职业教育发展中的价值也逐步得以确立。尤其是 2022 年 5 月 1 日实施的《中华人民共和国职业教育法》明确提出"国家推行中国特色学徒制",标志着我国学徒制由试点探索进入了制度化发展的历史新阶段。越来越多的职业院校和企业认识到了现代学徒制在技术技能人才培养及技能型社会构建中的显著优势并开始了多样化的实践探索。相对而言,我国现代学徒制的理论研究是滞后于实践探索的,特别是试点实践中遇到的诸多问题与困惑亟须在理论层面得到澄清。为推动中国特色学徒制的高质量高层次发展,尤其需要发挥企业在学徒培养中的主体性与积极性,对于如何调动企业参与现代学徒制实践的积极性与主动性等问题,需要从实践中总结形成可推广的典型经验。

一、理论意义

企业作为现代学徒制双主体育人中的重要一方,理应在校企合作育人过程中扮演好主体角色、履行好主体责任。基于企业责任视角的现代学徒制研究的理论意义有三:其一,可以拓展现代学徒制研究的理论视域。比如责任理论的内外在规定性作为论证现代学徒制中企业责任依据的两个维度,可以改变以往的外在规定性角度,履行企业责任的过程也是凸显企业主体性的过程,可以强化企业参与现代学徒制的内在意愿。其二,对现代学徒制中企业责任的研究也有利于校企合作理论的丰富与完善。无论是校企合作育人、校企合作研发、校企合作就业还是校企合作开发技能,育人始终是校企合作的核心。而作为育人主体之一的企业,是否明确育人活动中的责任内容直接影响着校企合作育人效果。所以,现代学徒制中企业责任内容维度的划分,可以丰富校企合作育人的相关理论。其三,可以进一步发展和完善企业社会责任理论。现代学徒制为企业履行职业教育责任提供了项目载体与抓手,是企业履行社会责任的重要途径与体现。对现代学徒制中企业责任问题的研究,有利于充实与完善企业社会责任理论中教育或培训责任的相关理论内容。

二、实践意义

现代学徒制是针对现代工业与现代服务业中的人才培养模式这一问题而提出的。[①] 责任是个实践概念,规定着特定主体"应该做"的内容。[②] 现代学徒制中的企业责任在实践中还面临着诸多难题,其中最为主要的问题是:企业如何在技术技能人才培养模式中负责以及对谁负责。基于合作的不同阶段与不同层次,校企合作一般会经历"校企结合—校企合作—校企命运共同体"三个发展阶段。学校与企业作为现代学徒制运行过程中的异质性育人主体,各自发挥着不同的功用,且校企任何一个主体的缺位都会导致真正意义上现代学徒制实体的虚无。二者编织出利益与共、命运共生的组织关系网络,共同构筑现代学徒制存在与运行的组织载体,从而为产教深度融合、校企深度合作的现代职业教育人才培养模式提供新范式。从实践上看,我国三批现代学徒制试点项目的有序推进与实施,证明了校企双主体育人的实践活动开展符合学校和企业的互利共赢的目的,且最能彰显现代职业教育的基本特征。尤其是在校企合作机制发展不充分与不完善的现实情形下,实施现代学徒制更是推进校企合作制度化的一种形式,成为解决职业教育发展诸多问题的关键。如果企业责任不明确,那么企业就可能成为无限责任主体而不堪重负,在此情况下,企业应该承担的责任反而可能没有承担起来,造成校企责任的错位。因此,对我国现代学徒制中企业责任的生成逻辑、应然向度、实然表征、保障机制等系列问题的分析与解答,一方面,可以论证企业为什么有责任、有哪些责任、责任履行现状如何、原因何在、如何确保企业更好地履行责任,有助于进一步增强企业的责任意识、明确企业的责任内容与边界,从而提高企业参与现代学徒制的积极性与主动性;另一方面,可以为现代学徒制相

---

① 徐国庆.我国职业教育现代学徒制构建中的关键问题[J].华东师范大学学报(教育科学版),2017(01):31.

② 郑根成.论传媒社会责任理论的伦理意蕴及其困境[J].伦理学研究,2009(03):47.

关决策者提供参考依据,促进校企合作育人相关政策的完善,从而更好地发挥企业在现代学徒制中应有的育人主体作用。

第三节 国内外研究综述

文献综述是以清楚的、合乎逻辑的方式阐述迄今为止完成的相关研究成果,它要针对某个研究主题,就目前学术界的成果加以研究。① 一个资料翔实、研究深入的文献综述可以为研究问题的顺利展开提供有力支撑。关于文献资料搜集在研究中的重要性,梁启超曾说:"资料,从量的方面看,要求丰备;从质的方面看,要求确实。所以资料之搜罗和别择,实占全工作十分之七八。"②对国内外学术思想和研究成果最新成就的跟踪与吸收有助于我们掌握国内外就某一主题研究最新的理论、手段与方法。对已有文献的系统解读与梳理不仅可以明确"已知",还可以探索"未知"。

技术进步(数字化、自动化、人工智能)带来了工作世界的巨大变革,从而造成了技能需求的新变化。这种变化要求所有的教育或培训形式都应当为人们未来工作或就业做好相应准备以应对可能面临的技能短缺问题。尤其是诸多职业或岗位工作任务日益数字化、智能化,对人才的技术技能与关键能力提出了更高阶与更综合的新要求。在某种程度上,这种变化进一步强化了学徒制的重要性。学徒制作为一种确保正规教育和劳动力市场需求保持一致的有效手段,兼具教育功能、培训功能与就业功能,不仅在促进技能供需对接方面有着天然的优势,而且使得就业人员从学校到工作的过渡更加顺畅。学徒制的成功之处体现在它为学习者、雇主和社会提供了通过掌握熟练技能实现就业的可能途径。 近年来,各国政府都开始加大对学徒制的投资。

---

① 孙国强.管理研究方法[M].上海:上海人民出版社,2019:181.
② 梁启超.中国近三百年学术史[M].北京:团结出版社,2006:69.

作为一种有吸引力的方式,学徒制不仅可以帮助学习者在进入工作生活的过程中获得可持续发展的技能,而且能够有效降低企业在提高员工学历方面的成本。运行良好的学徒制模式可以为学习者职业生涯的终身发展提供技术与技能平台。① 在许多国家经历过一段相对被忽视的时期后,学徒制和其他以工作为基础的学习形式正在复兴。它们在加速从学校到工作的过渡和增强服务经济发展的有效性方面得到越来越多的认可。

近年来,世界各国对学徒制的兴趣日渐浓厚。CEDEFOP 和 OECD 强调必须通过对职业教育对象、教学内容及教学方式的变革,提高职业教育对企业需求变化的适应性,保持课程的与时俱进,将工作场所作为学习场所之一,以及加强针对性学习与个性化学习的灵活性。因此,需要通过利益相关者开展合作,增强学徒制的响应力与吸引力。② 然而,让个人、雇主、社会伙伴以及教育和培训系统参与这种学习仍然是一个重大挑战。③

现代学徒制一直是我国职业教育领域内的一个热点话题,从这一概念在我国产生之日起,就有大量学者对其进行了理论与实践层面的多种探索与关注。之后,因国家强烈的政策导向性以及现代学徒制实践领域中存在许多亟待解决的问题,关注这一问题以及相关研究的学者队伍迅速壮大。现代学徒制双元主体育人模式的开展必须以校企深度合作为载体。然而,试点实践中却屡屡出现"校热企冷"的窘境与尴尬。作为一个兼具理论性与实践性的研究课题,探究企业在现代学徒制中是否有责任、有哪些责任、责任现状如何以及如何确保现代学徒制中企业责任的履行,一定程度上可以为这一现实困境的破解提供思路与参考。就"我国现代学徒制中的企业责任"研究而言,我国

---

①　OECD. Learning for Jobs [M]. Paris：OECD Publishing. OECD Reviews of Vocational Education and Training,2010.

②　CEDEFOP, OECD. The Next Steps for Apprenticeship [M]. Luxembourg：Publications Office of the European Union,2021：20-21.

③　OECD. Seven Questions About Apprenticeships：Answers from International Experience[M]. Paris：OECD Publishing. OECD Reviews of Vocational Education and Training,2018.

现代学徒制是本研究的着眼点,企业责任是本研究的落脚点。本研究是在企业社会责任的范畴内探究企业在职业教育现代学徒制人才培养模式中的育人功能,因此,围绕"现代学徒制人才培养模式""企业职业教育责任""企业参与现代学徒制"三个方面进行文献综述。

一、现代学徒制人才培养模式相关研究

为了解"现代学徒制人才培养模式"相关主题已取得的研究成果以及这一研究主题在现代学徒制研究领域的地位,本研究以 Web of Science 英文数据库为英文数据检索平台,分别以"Apprenticeship"和"Apprenticeship Model"为主题进行检索;以中国知网数据库为中文数据检索主要平台,分别以"现代学徒制"和"现代学徒制人才培养模式"为主题进行检索(核心期刊),并辅之超星读秀学术检索平台检索,筛选与本研究相关的文献。文献的具体统计结果如表 1-1、表 1-2 所示。①

表 1-1　外文文献数量

单位:篇(部)

主题	期刊论文	会议论文	著作	文献总计
Apprenticeship	5635	875	347	6857
Apprenticeship Model	1499	291	49	1839

表 1-2　中文文献数量

单位:篇(部)

主题	期刊论文	学位论文	会议论文	著作	文献总计
现代学徒制	987	176	182	115	1460
现代学徒制人才培养模式	489	121	53	7	670

---

① 文献检索时间为 2022 年 3 月 7 日,鉴于 2022 年计算时间尚短,为保证数据的科学性,剔除 2022 年的已有数据。

鉴于不同国家或地区对现代学徒制的称谓不一,本研究分别以"学徒制"及"学徒制模式"为主题进行外文文献检索。由相关文献可知,国外学者对学徒制的研究起步较早,并给予了较高且持续的关注。国外首篇以"学徒制"为主题的论文发表于1826年,此后,国外学者对"学徒制"及"学徒制模式"的研究热情持续高涨,2011—2021年间国外学者对"学徒制"及"学徒制模式"研究的关注度始终处于一个较高且稳步发展的状态(见图1-1)。以"现代学徒制"为主题进行中文文献检索发现,国内首篇以"现代学徒制"为主题的学术论文发表于2002年。目前,学界关于现代学徒制的相关研究已经较为丰富。其中,期刊论文已将近千篇,学位论文有176篇(其中博士论文7篇),相关著作92部。本研究进一步聚焦到研究主题,以"现代学徒制人才培养模式"为主题进行相关文献检索,发现当前对现代学徒制人才培养模式的研究占了现代学徒制研究的将近50%,说明多数研究者将现代学徒制视为一种人才培养模式来研究(见图1-2)。关于现代学徒制人才培养模式的关注点主要包括内涵与特征、价值、相关主体、国际比较、存在的困境五个方面。

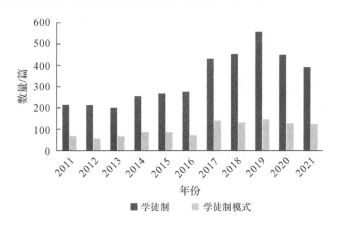

图1-1 2011—2021年相关外文期刊文献

(一)现代学徒制人才培养模式的内涵与特征

开展现代学徒制人才培养模式相关问题研究的前提是科学把握现代学徒制人才培养模式的内涵。国外学者对现代学徒制的关注点主要聚焦于作

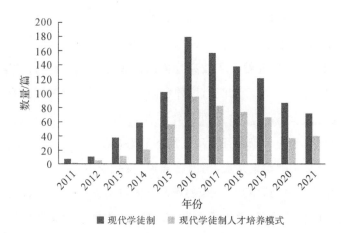

图 1-2　2011—2021 年相关中文期刊文献

为一种人才培养模式,现代学徒制的变革或创新意义。① 当然,国内外研究者对现代学徒制人才培养模式的概念界定不尽相同,但不可否认的是,随着现代学徒制人才培养模式的日渐流行与普遍,越来越多的国家将其作为培养技术技能人才或促成本国技能有效形成的新范式。

1.现代学徒制人才培养模式的内涵

学徒制作为一种学习方式,已经成为人类历史上发展职业能力最常用的手段。绝大多数的职业准备都是个人在制度化教育规定之外的非正式的工作场所学习中产生的。作为一种注重职业准备的学习模式或教育模式②,学徒制一般通过真实的工作场景以及具有丰富经验的师傅的指导来实现自身职业习得与技能成长。③ 现代学徒制人才培养模式的核心特征是工作场所学习,也就是说,学徒将自己的学习嵌入真实开展的基于具体职业岗位的工作

①　徐丽,张敏.从国内外学徒制的变迁看我国现代学徒制的发展[J].教育与职业,2015(11):9-12.

②　Stephen Billett. Apprenticeship as a Mode of Learning and Model of Education [J]. Education and Training,2016,58(6):613-628.

③　Laura Pylväs, Petri Nokelainen, Heta Rintala. Finnish Apprenticeship Training Stakeholders' Perceptions of Vocational Expertise and Experiences of Workplace Learning and Guidance[J]. Vocations and Learning, 2018,11(2):223-243.

情境,其最终目的是提升学徒的专业能力与工作技能。①

　　进入新时代,面对科学技术的飞速发展,以及我国社会主义市场经济体制改革的不断深化,产业行业对于技术技能人才需求的结构愈发多元、质量要求不断提高。② 教育部于 2014 年提出开展现代学徒制试点工作,旨在通过创新技术技能人才培养模式,进一步完善校企合作育人机制来进一步深化产教融合、校企合作。③ 对于现代学徒制人才培养模式的内涵,学者们的表述不尽相同,但基本认同:现代学徒制是通过学校、企业的深度合作与教师、师傅的联合传授,对学生进行以技能培养为主的现代人才培养模式。④ 胡丽琴、左新民认为,现代学徒制模式尚在试点中,机制尚未健全,其在人才培养目标、人才培养内容、人才培养过程及人才培养理念中始终蕴含着一些共性的问题。⑤ 有研究者将现代学徒制人才培养模式视作以往订单班或冠名班的翻版,这种观点值得商榷,因为无论是从校企合作的广度还是深度上来看,订单班、冠名班最多只能是现代学徒制的一部分,不能涵盖现代学徒制的完整过程或全部内涵。与这两者相比,现代学徒制是一种更重视长期技能形成的育人模式,虽然其仍以校企合作为载体,但合作育人的指向性更为明确,合作育人的规范性也更为突出。作为一种由校企双主体育人的模式,现代学徒制不仅有设计规范化的企业课程标准,且有明确的考核方案等,更能体现出校企合作的广度与深度。

　　① Grollmann Philipp, Rauner Felix. Exploring Innovative Apprenticeship: Quality and Costs[J]. Education and Training,2007,49(6):431-446.

　　② 牟群月,米高磊.新时代中国特色学徒制的实践样态及发展启示——基于首批 22 个国家现代学徒制试点典型案例的质性研究[J].中国职业技术教育,2022(15):90.

　　③ 教育部.教育部关于开展现代学徒制试点工作的意见[EB/OL].(2014-09-30) [2017-10-20]. http://old. moe. gov. cn/publicfiles/business/htmlfiles/moe/s7055/201409/ 174583. html.

　　④ 谢俊华.高职院校现代学徒制人才培养模式探讨[J].职教论坛,2013(16):24.

　　⑤ 胡丽琴,左新民.现代学徒制人才培养模式隐存的问题及其对策[J].教育与职业, 2015(17):50-52.

2.现代学徒制人才培养模式的特征

如果将传统的"学徒制"视作一种基于实际生产过程的言传身教进行技能传承的方式①,那么,现代学徒制的第一核心要义是延续学徒制的这一基本特征。也就是说,通过师带徒的方式在具体的工作情境中开展实践教学的"做中学"理念,是现代学徒制区别于任何一种人才培养模式的内核与特征。当然,基于"现代"这一时代背景的特殊性,现代学徒制与传统学徒制无论是在形成基础、价值意义还是育人主体、育人内容、育人过程及育人评价上都有了新的意义。学术界关于现代学徒制人才培养模式特征的研究,目前主要围绕与传统学徒制的历史比较并聚焦其"现代性"特征展开,集中表现为:功能目的的教育性、育人主体的双元性、培养过程的跨界性、评价标准的公共性等方面。其一,功能目的的教育性。作为一种人才培养模式,现代学徒制的核心属性还是"教育性",不能用"职业性"遮蔽了其教育功能。② 其二,育人主体的双元性。基于育人主体的校企双元性及由此延伸出的多个"双元"(企业与师傅的双元师资、教育与产业的双重场域、学生与学徒的双重身份)特征,是现代学徒制的基本特征。③ 其三,育人过程的跨界性。职业教育的"跨界性"特征,客观上要求职业教育要秉持"跨界"思维办教育,跨越职业界与教育界、企业界与学校界、产业界与学习界。④ 当然,需要强调的是,这里的跨界是一种基于育人目标达成的"双向跨界",而非"单向跨界"。现代学徒制人才培养模式是职业教育跨界性本质的直接体现。作为一种校企"双向跨界合作"的职业教育实践育人机制,⑤它跨越了学校与企业、学习与工作、教育与职业之

① 胡秀锦."现代学徒制"人才培养模式研究[J].河北师范大学学报(教育科学版),2009(03):97.

② 杨小燕.现代学徒制:理论与实证[M].成都:西南交通大学出版社,2019:34.

③ 王树生."二元"视角下现代学徒制人才培养模式研究与实践[J].教育评论,2017(07):7-11+66.

④ 孟海涅,薛慧丽.民办高职院校现代学徒制人才跨界培养研究[J].教育与职业,2021(02):35.

⑤ 徐健.职业教育的"跨界"探究:从校企合作到现代学徒制[N].中国教育报,2017-04-11(09).

间的界限,既要关注学校发展需求、学生学习需要及知识教育规律,又要关注企业发展需求、职场需要及职业发展规律。其四,评价标准的公共性。现代学徒制人才培养模式在评价标准方面的"双证融通"优势,有利于建立国家技术技能累积制度,从而提高技术技能人才培养的公共性。

（二）现代学徒制人才培养模式的价值

职业教育的主流人才培养模式有三种:一种是以职业院校为主体的人才培养模式,一种是以企业为主体的人才培养模式,还有一种是校企合作的人才培养模式。回顾人类职业教育的发展历史或演进轨迹便可以发现,职业学校教育并非职业教育的原初形态,职业教育的起点可以追溯至以"学徒制"为形式的某种工作场所学习或曰现场教学,这一规律无论是在国内还是国外都概莫能外。① 现代学徒制之所以能日渐演变为一种世界职业教育的主流运行模式,得益于现代学校教育因素的融入和学校教育组织与企业产业组织的有机结合与相互渗透,这使得其逐渐成为各国技术技能人才培养的新范式,并迅速应用于学校职业教育、社会培训机构及各种行业企业中。② 尤其是现代学徒制在规模化、高质量培养技术技能人才方面表现出的优势,使其成为国际职业教育发展的基本趋势与主导模式。③

在西方发达国家的职业教育体系中,现代学徒制人才培养模式已经发展为一种促进本国技能形成的有效形式。从社会层面看,发挥现代学徒制在技术技能人才培养中的作用可以减少技能短缺或技能错配④、发展再生产技术

① 滕勇.基于现代学徒制的顶岗实习教学模式研究[M].北京:北京理工大学出版社,2017:10.

② 胡秀锦."现代学徒制"人才培养模式研究[J].河北师范大学学报(教育科学版),2009(03):97.

③ 平静.现代学徒制背景下的高职院校师资队伍重构[J].思想政治课教学,2021(03):81.

④ Deborah Linn Williamson. Skilling Up:The Scope of Modern Apprenticeship[J]. Urban Institute,2019:301.

劳动力①以及解决失业问题②;在企业层面,现代学徒制人才培养模式在促进企业创新③、鼓励企业思维多样化④方面发挥着重要作用;在个体层面,现代学徒制人才培养模式对个体未来的就业、收入与职业发展⑤至关重要,尤其对小型和微型企业的大部分技术人员来说,工作所需的知识和技能基本能够通过学徒制获得。一些职业院校的学生和毕业生认为,学校教育不切实际,学校所能提供的知识与能力已不足以使得个体胜任行业工作,因而选择在正规教育期间或之后以实习生或学徒身份参加工作。学徒制在技能发展以及青年教育和培训中发挥着至关重要的作用。⑥

在我国职业教育改革与发展过程中,现代学徒制人才培养模式得到了较为广泛的接受与认可。现代学徒制人才培养模式的价值主要表现在以下三个方面:从国家层面出发,在建设技能型社会的背景下,无论是提高职业教育适应性还是实现职业教育的高质量发展,均离不开现代学徒制的重要助力。立足这一视点的现代学徒制就成了国家进行职业教育改革的战略选择。作为一项政策工具,现代学徒制不再是个体层面的学习方式变革,亦不是人才

① Wallis P. Labor, Law, and Training in Early Modern London: Apprenticeship and the City's Institutions[J]. Journal of British Studies,2012,51(4):791-819.

② Wiemann J, Ventura D R, Fuchs M. The Contribution of dual Apprenticeship Training for Local Development[J]. Geographische Rundschau, 2019, 71(7-8):30-33.

③ Christian Rupietta,Johannes Meuer, Uschi Backes-Gellner. How do Apprentices Moderate the Influence of Organizational Innovation on the Technological Innovation Process? [J]. Empirical Research in Vocational Education and Training,2021,13(1):1-25.

④ Hammett Ellen. How Apprenticeships Help UKTV"think differently":UKTV's Five-year-old Apprenticeship Scheme is Playing an Increasingly Important Role in Encouraging Diversity of Thought and Modern Thinking Across the Business [J]. Marketing Week (Online Edition),2020:1.

⑤ Greig M. Factors Affecting Modern Apprenticeship Completion in Scotland[J]. International Journal of Training and Development,2019,23(1):27-50.

⑥ Hilary Steedman. Apprenticeship in Europe: Fading or Flourishing? [J]. CEP Discussion Paper,2005.

培养模式的创新,而是一国职业教育制度的优化或调整。[①] 应该说,现代学徒制是一项符合现代职业教育发展规律的人才培养模式,尤其是在应对就业市场中长期存在的技术技能人才供需错位或供需脱节问题上,现代学徒制体现出较为显著的优越性。在经济增长方式由粗放型向集约型转变的大背景下,现代学徒制人才培养模式的提出,一则可以统合社会资源,二则契合产业转型升级对经济社会发展提出的新要求。[②] 尤其是新科技革命带来的产业转型升级与技术加速迭代,是传统学校职业教育难以应对的新挑战,而现代学徒制在技术技能人才综合素养的培育及职业能力的提升方面有着天然的优势。[③] 从中观层面看,现代学徒制模式有利于解决校企合作项目化、短期化及浅表化问题,一定程度上可以解决校企合而不深、合而不作的问题,进而提高技术技能人才培养的质量,强化教育界与产业界的联系,提高校企合作的效率与频率。现代学徒制注重充分发挥企业的重要育人主体作用,推动企业在人才培养中的全过程、全环节参与。所以,从某种意义上来看,现代学徒制是一种促进校企深度合作的有效手段。[④] 从微观层面看,现代学徒制人才培养模式可以满足学习者多样化与个性化的发展需求。通过现代学徒制这种人才培养模式,可以达到促进学生由学校学习场域的"学习者"向工作场域的"实践者"转变的目的。现代学徒制人才培养模式为学习者未来发展提供了一种学校教育之外的选择,即通过学徒培训,"提升个人专业技能、专业素养与心理素质,提升大学生就业率与就业质量,从根本上缓解大学生就业难的问题"[⑤],从而实现个体职业生涯发展。

可以认为,基于现代社会或现代产业的现代学徒制,是一种区别于传统

① 徐国庆.我国职业教育现代学徒制构建中的关键问题[J].华东师范大学学报(教育科学版),2017(1):30.

② 郑永进,操太圣.现代学徒制试点实施路径审思[J].教育研究,2019(08):100.

③ 王鹏,吴书安,李松良.现代学徒制框架下职业教育人才培养模式建构探讨[J].职业技术教育,2015(20):22.

④ 李安萍,陈若愚.手段还是目的:现代学徒制的国际比较及启示[J].中国职业技术教育,2019(03):13-18.

⑤ 梁业梅.应用型院校现代学徒制人才培养模式研究[J].教育与职业,2018(23):53.

学徒制、传统企业培训及学校本位职业教育的新型职业教育形态。① 它在有效汲取上述几种职业教育形态优点的基础上又弥补了各种人才培养模式的不足,是一种既具有传统学徒制合理内核,又具有现代学校教育规模化特征,还具有现代企业培训优势的合理、高效且针对性突出的现代职业教育人才培养新模式。企业的全过程参与保证了现代学徒制培养人才的供需贴合度,无论是在提高人才培养的针对性、提高学生所学技能的适用性,还是对完善现代企业劳动用工制度,促进合作企业招工难问题的解决,都意义非凡。②

（三）现代学徒制人才培养模式的相关主体

主体性理论认为,主体是相对于客体而存在的,也就是说主体需要在与客体的作用与比较中而获得其自身的内在规定性。"我的对象只能是我的一种本质力量的确证。"③因此,主体应当是对客体有一定认识与实践能力的人,客体则是主体在实践活动中指向的并反作用于主体活动的对象。④ 虽然主客二分为人们认识世界提供了一定的理论视角与便捷途径,但却在某种程度上存在忽视"他者"或将"他者"视作被认识或被改造的对象的嫌疑。而主体间性理论的产生有利于克服这一认知缺陷,并从主体间的交互联系性、独立平等性及可沟通理解性的角度凝聚多元主体间的共识,强调多元主体的共存与共生。现代学徒制是一项涉及多元主体的社会性、公共性事业,需要基于多元主体的共治才能达成技术技能人才培养。具体而言,现代学徒制人才培养模式的利益相关者既包括学校、企业、学生等直接利益相关者,也包括政府、行业、教师等间接利益相关者。⑤ 任何一个利益主体的利益诉求与价值取向

---

① 唐锡海,蓝洁.论现代学徒制传承传统工艺的合理性及其实现[J].职教论坛,2021(01):14.

② 马国峰,张立场,袁春季.中职学校现代学徒制人才培养模式存在的问题与对策[J].教育与职业,2016(11):33-35.

③ 中共中央马克思恩格斯列宁斯大林著作编译局.马克思恩格斯全集(第42卷)[M].北京:人民出版社,1995:125-126.

④ 蒙冰峰.主体间性道德人格教育研究[D].西安:西安理工大学,2010:9.

⑤ 谢燕红,李娜.基于现代学徒制的各利益主体权益保障研究[J].教育与职业,2020(20):60.

都影响着现代学徒制的运行效果与发展方向,所以,不能把现代学徒制简单视为政府顶层设计或行业组织协调达成的结果。① 在现代学徒制的运行过程中,除了作为治理主体的政府外,还有职业院校、行业企业等异质主体的协同与参与,职业院校在规模化培养人才方面有着无可比拟的优越性,而企业则有着丰富的资源、技术及管理优势,对提升现代学徒制的运行效率与人才培养质量发挥着至关重要的作用。因此,构建"政府统筹协调、职业院校与企业双主体培养、协会监督指导"的多元治理模式,是提升现代学徒制培养质量的有效途径。② 关于现代学徒制人才培养模式中的主体,现有研究主要聚焦政府、行业、企业(学徒与师傅)、职业院校(学生与教师)等几个层面。

其一,现代学徒制人才培养模式中的政府主体。作为一种国家层面积极推进的职业教育人才培养模式,现代学徒制的顺利推进首先离不开政府的积极作为。为做好社会公共利益或集体的代言人,政府在统筹与主导现代学徒制的推进中发挥着至关重要的作用。③ 现代学徒制政策设计的初衷,决定了政府需要在其中发挥重要职责,无论是相关法律法规的制定、执行与完善,相关管理的决策与控制,还是育人经费的筹措与提供,都离不开政府这一治理主体职能的发挥。④ 此外,需要协调好中央政府与地方政府的作用,教育部主要负责现代学徒制理论的完善及做好现代学徒制框架的设计与搭建;地方政府则需要细化上级指示,并结合地方特色,确保有助于现代学徒制工作顺利推进的各项诸如法律、政策、财政、舆论等保障措施的落实。⑤ 作为一种校企双主体育人模式,发展现代学徒制的实质是企业与职业院校在各自不同利益

---

① 李安萍,陈若愚.手段还是目的:现代学徒制的国际比较及启示[J].中国职业技术教育,2019(03):13-18.

② 许悦,彭明成.多中心治理理论视角下现代学徒制质量保障机制研究[J].中国职业技术教育,2018(36):12.

③ 陈诗慧,张连绪.利益相关者视角下现代学徒制的主体诉求、问题透视与实践突破[J].职业技术教育,2017(22):20-25.

④ 李梦玲.中西现代学徒制比较研究——基于政府职责视角[J].职业技术教育,2015(07):30.

⑤ 赵亮.企业主导下的现代学徒制实施模式研究[J].高教探索,2016(05):95.

基础上寻求共同发展、谋求共同利益的一种途径或组织形式。而学校与企业在合作育人过程中所产生的利益矛盾不可能自行化解,这就需要发挥政府的沟通与协调作用,通过政策支持、要素服务、资源统筹、动力驱动等行政手段,统一校企在育人过程中的共识。

其二,现代学徒制人才培养模式中的校企主体。作为一种新型人才培养形式,校企合作是现代学徒制模式得以成功运行的前提。① 我国的现代学徒制人才培养主要采取校企"双主体"育人的方式。一般意义上,学校是人们意识观念中的当然主体,这种对育人主体的狭隘理解未能突破学校立场的教育观。任何能为学习者提供有价值知识的组织载体均属于广义上的育人主体,比如现代学徒制中的企业,就不再是单一的用人主体,而是集"培养者"与"使用者"角色为一体的"育人主角",因为企业可以为学习者提供职业院校缺失的技术实践知识。校企通过在现代学徒制技术技能人才培养活动中的不同分工,共同达成育人目标。其中,职业院校的职责主要表现为目标设定、机制制定、团队搭建、资源配套;企业的职责主要体现在需求制定、资源助力、共商共建、创新迭代。

其三,关于现代学徒制人才培养模式中的师生(师徒)主体。现代学徒制是一种重视"完满职业人"②培养的人才培养模式。在整个学徒培养过程中,无论是企业师傅的角色还是学徒的角色都具有双重性,是一种不同于传统学徒制的新型师徒关系。尤其是在学校与企业两个不同组织场域之下,师徒关系成了一个具有互构性、动态性与生成性的人力资源开发或管理活动。作为现代学徒制复杂利益主体关系中最核心的一对关系,师徒关系主要表征为具备丰富技术技能经验的师傅与技术技能经验相对欠缺的徒弟之间一对一、一对多或多对一的实践教学过程。通过这一过程,徒弟习得、积累并内化某一

---

① 赵鹏飞,陈秀虎."现代学徒制"的实践与思考[J].中国职业技术教育,2013(12):38-44.

② 陈鹏,庞学光.培养完满的职业人——关于现代职业教育的理论构思[J].教育研究,2013(01):101-107.

职业岗位的实践知识,并提高相应领域的实践技能。技术实践知识的情境性、缄默性、内隐性与具身性决定了企业师傅角色定位的关键性。①

其四,关于行业组织在现代学徒制人才培养模式中的作用。从世界职业教育的发展轨迹来看,行业协会始终扮演着职业教育管理者的角色。在国外的现代学徒制发展中,行业协会扮演着不可或缺的角色。比如在德国的双元制中,行业协会是职业教育的管理者,不仅是职业教育发展质量的保障者而且是职业教育运行过程的监督者。"传统学徒制中,行会在学徒制的建立与发展中发挥着至关重要的作用。在我国,随着市场经济的发展,行业协会在人才供需方面的作用日益弱化。"②我国职业教育运行中的行业协会参与始终处于初步阶段。③ 如何发挥好行业在方向支持、建设方案、认证评价、专业提升等方面的重要作用,对现代学徒制的运行至关重要。综上可知,现代学徒制人才培养模式中不同主体间的共识与协同作用对于确保学徒制的高质量发展至关重要(见图 1-3)。

(四)现代学徒制人才培养模式的国际比较

现代学徒制人才培养模式可以存在于不同的制度环境中。对于目前正在建立或发展扩大现代学徒制人才培养模式的国家而言,政策制定者所应考虑的不是某一种特定的学徒制发展模式,而是多种不同模式的借鉴与应用。世界各国的现代学徒制人才培养模式基于其国家历史及文化背景的不同而存在较大差异。Smith 提出了各国发展学徒制度的五个重要维度:青年就业、国家技能发展、企业技能形成、社会融合及培训创新。这一方面表明学徒制有着多样化的社会功能,另一方面也暗示着各国发展学徒制的目的不一。当然,一国选择或应用学徒制模式的目的可能是综合的。一般情况下,在青年失业率较高的时期,学徒制的就业功能往往较为突出,而在其他时候,学徒制

① 施晶晖.基于现代学徒制的职教教师队伍建设探索[J].中国成人教育,2014(21):128-130.

② 杨小燕.现代学徒制:理论与实证[M].成都:西南交通大学出版社,2019:12.

③ 贾旻.行业协会参与现代职业教育治理研究[D].天津:天津大学,2016:15.

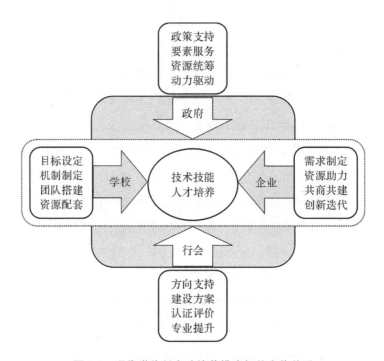

图 1-3　现代学徒制人才培养模式相关主体关系

在提升本国的经济实力方面的功能则更为重要。Gessler 认为,对学徒制进行分类的基本逻辑有两种:一种是教育逻辑,一种是就业逻辑。在教育逻辑中,学徒的大部分时间都在职业学校中度过;在就业逻辑中,学徒的大部分时间在企业或培训部门度过且能获得一定数额的工资或津贴。① 国际上比较典型的现代学徒制人才培养模式主要有德国的"双元制"、英国的"学位学徒制"②、澳大利亚的"新学徒制"③及瑞士的"三元制"④。

———————————

　　①　Gessler M. Concepts of Apprenticeship：Strengths，Weaknessesand Pitfalls// Handbook of Vocational Education and Training[M]. Switzerland：Springer，2019：677-704.

　　②　关晶.英国学位学徒制:职业主义的高等教育新坐标[J].高等教育研究,2019(11):95-102.

　　③　易烨,石伟平.澳大利亚新学徒制的改革[J].职教论坛,2013(16):89-92.

　　④　赵善庆.基于企业主体的现代学徒制人才培养模式研究[J].实验室研究与探索,2018(7):251.

德国的学徒制一般被称为 Duale Ausbildung,在中国被称作"双元制"。这是由德国政府组织德国工商业行会(IHK)、德国手工业协会(HWK)、企业联合学校为学生提供带薪学习,由学校教授理论知识,企业安排导师传授实践职业技能的一种教育模式。不同于其他国家的半工半读模式,德国参与学徒制的所有学员的权益由德国职业教育保护。德国双元制职业教育被世界称为德国的"国宝级"教育体系,是德国经济腾飞的秘密武器,也是德国制造业神话的创造者。德国的"双元制"奉行完全行动理念,即以目标为导向解决学徒制运行过程中出现的问题并评估解决方案。其职业培训分为企业部分和学校部分,职业培训同时在学校和企业两个地方进行。企业承担70%至80%的培训份额,学校承担20%至30%的份额。这种方式可以确保未来的工作者既可以学习实践技能,也可以学习理论知识和通识教育知识。企业的培训总纲与职业学校的教学总纲的具体内容通过招标来确定。这些总纲中的企业培训计划在工作现场实施,教学计划在学校实施。毋庸置疑,当地学校和企业必须依据培训计划在教学时间和教学空间上进行互相协调。

英国的"学位学徒制"在促进英国经济发展、满足企业更高技能需求、缩小教育水平鸿沟、增加社会流动及提高弱势群体就业率等方面发挥着至关重要的作用,是英国为年轻人提供教育的重要模式。[①] 英国政府在2015年发布了一份题为《学徒制:2020年愿景》的报告。这一报告要解决的第一个问题是如何赋予企业引领学徒制发展的权利。学徒制在英国被称为"演变产物",诸如威尔士、苏格兰等地都以自治的方式实行各自的学徒制政策。英国的学徒制关注的是企业雇主对用工人员真实工作场景下所需要的技能、知识和素质。为了达到这个目的,最佳方式是赋予企业引领学徒制发展的权利,由企业亲自制定学徒制标准,直接向外界传达它们的用人需求。因此,2015年,英国实行了一种被称为"框架"的学徒制模式,这种模式灵活性很高,融合了多

① McKnight Stella,Collins Sarah-Louise. Case Study:Establishing a Social Mobility Pipeline to Degree Apprenticeships[J]. Higher Education,Skills and Work-Based Learning,2019:149-163.

种发展路径。但是实质上"框架"学徒制是以职业资格等级证书为基础的。起初运行阶段,"框架"学徒制的学徒并不能完全满足企业雇主的用工需求。实际上,他们即使在某个特定领域完成了学徒期(获得某个等级的资质等级证书)也无法保障一定具备上岗能力。所以如果一开始就让企业牵头,由企业雇主制定相关的人才培养标准,如"需要什么样的人才,什么样的人更有潜质在行业内成为佼佼者、用何种手段评估学徒的表现",就可以解决很多问题,比如技能和需求间的差距,或年轻人进入职场时遇到的困难,确保企业雇主找到最适合的雇员,确保学徒不错过最佳的就业机遇。《学徒制:2020年愿景》想要解决的另一个问题是如何强化学徒制品牌。现在,学徒制在一些辖区已经产生了很强的品牌效应。但在从前看来,学徒制被广泛认为不可能替代大学教育。在人们的意识里,学徒制是那些没考上大学的人才会选择的路径。基于此,政府亟须强化学徒制的重要地位。也就是说,学徒制可以是除大学之外的另一种优选,学徒制可以让个体有更好的前途。因此,需要进一步加强学徒制的品牌效应。就此,政府出台了一系列措施,包括解决学徒制这一名词被误用的问题,如禁止学徒制一词被描述成与新观点和新标准格格不入的事物,促进大众理解学徒制的发展本质。相应地,许多新的举措陆续出台,有效地保障学徒制更具有影响力,从而逐渐提升企业雇主的主导地位。那么学徒制是朝什么方向发展的呢?基本上,企业雇主引领学徒制标准的制定。2015年企业雇主首次为学徒制制定标准,且该标准(不断迭代)始终与时俱进。学徒制标准从本质上讲是企业所雇员工在工作场景下应具备的知识、技能和素养。但凡谈到学徒制,总是离不开知识、技能和素质这三个概念。这三个方面始终是企业雇主重点关注的,且缺一不可。于是企业与学徒制和技术教育研究所(IFATE)合作。学徒制和技术教育研究所甄选那些可以且愿意进一步推动学徒制发展的、对相应的职业领域有足够代表性的、学徒制和技术教育研究所愿意与之共事的企业雇主建立合作关系,学徒制和技术教育研究所会协助企业雇主推动各自学徒制标准的进一步完善。但这关系到方方面面,除了知识、技能和素养外,还涉及如何评估学徒处于什么层级、何时进行终点评估,学徒制和技术教育研究所就此事项提供了更多支持。众所周知,英国有不同的学徒制等级(1—7级)。通常,学生在16岁时获得中学毕业证后有很多种学徒发展路径。目前可达到的最高等级是7级,等同于硕士学位。那些等级中有的会包含学位。现在,有的学徒制还能涵盖学位(如学位学徒制),这也是英国专业协会所要求的,但大多数学徒制还是以同等学力方式进行。需要关注的另一件事是学徒协议,因为根据新的学徒制实行法案,在这个特定关系中涉及三方,包括学徒、企业雇主,还有学徒制培训机构(学院、大学、培训中心),这三方需要携手共同完成学徒制项目。在许多案例中,专业协会也可能会加入学徒制项目,专业协会将鉴别该学徒能否获得资质证书。此外,在2015年的报告中,英国还提出了面向学徒制未来发展的学徒制税,学徒制税的制定对学徒制的自我存续有着重要意义。学徒制不应该依赖于其他任何拨款或资助,而应该实现财务独立。在英国,大学的学制是三年,学费高昂并且就业前景并不乐观,这不是负债的大学毕业生所能预料到的。如今,对于终身学习而言,大学仍然会有所帮助。比如帮助社会阶层流动,但必须确保技术教育和学位教育的地位相当。

澳大利亚的"新学徒制"是相对于1970年之前存在并持续三到四年的"传统学徒制"而言的。自18世纪后期欧洲人定居以来,澳大利亚就以各种形式发展制造和手工艺学徒制。在第二次世界大战后学徒制被正式纳入现行制度并具有一定的强制性特征,政府的参与度日渐提高。[①] 与许多国家一样,澳大利亚的学徒制也涉及两级政府:国家政府(或联邦政府)监督学徒制度,而八个州和领地政府(或州政府)监督其所在州的学徒或实习并管理学徒合同,两级政府为学徒制提供学徒培训拨款。[②] 此外,澳大利亚还拥有促进和支持学徒制的专业学徒制中介组织、团体培训组织(GTO)及澳大利亚学徒支持网

---

① Knight B. Evolution of Apprenticeships and Traineeships in Australia: An Unfinished History[M]. Adelaide: NCVER, 2012.

② Erica Smith. The Expansion and Contraction of the Apprenticeship System in Australia, 1985-2020[J]. Journal of Vocational Education & Training, 2021: 336-365.

络供应商(AASN)。① 目前,澳大利亚已建立起了基于能力本位的培训包制度,并结合国家质量培训框架、国家培训信息服务网站及澳大利亚资格框架、资格认证体系来进行技术技能人才培养。② 在澳大利亚,学徒和实习生的工资虽然低于合格工人,但总体而言还是相对较高。学徒期可能从六个月到四年不等。③

瑞士的"三元制"是指由企业、学校及培训中心实训车间组成的"学徒制"。瑞士教育体系之所以成功,其关键因素在于渗透性强。通常学生通过三到四年时间获得联邦职业教育与培训证书,紧接着就有其他项目供选择。因此,瑞士的教育系统中没有天花板,学生可以继续接受高等职业教育。或者在此期间,选择联邦副学士学位,也就是选择为期一年的基于普通学科的教育课程,然后可以直接申请进入应用型大学,或通过考试的方式进入综合类大学。职业教育在社会中的声誉和接受度也非常重要。在瑞士,人们总是有机会继续接受不同类型的教育且能够实现教育类型的自由切换。因此,瑞士的职业教育绝不是第二选择。瑞士的学徒制项目有长有短,一般项目为两年,但大多数课程都会持续三到四年才能获得职业文凭。瑞士的学徒制的优势主要体现为一种互补性。学徒制人才培养模式既有通识教育,也有与职业相关的职业理论学习。瑞士的职业教育除了企业和学校,其实还有第 3 种学习场所,即分支培训中心(Branch Centre)。至此,瑞士形成了政府—企业—培训中心的"三元制"模式。首先,联邦政府负责具体的职教管理和发展,也负责认可或批准各专业领域的具体能力标准和资质标准;然后州政府或地方当局经营职业学校和职业指导服务,以支持年轻人的职业选择;最后但同样

① Smith E. Intermediary Organizations in Apprenticeship Systems[M]. Geneva: International Labour Organization,2019.

② Alexandra Strebel. Creating Apprenticeships in Switzerland: The Case of the Cableway Mechanics[J]. Journal of Vocational Education&Training,2023,75(3):501-521.

③ Erica Smith. Getting Ready for New Apprenticeship Arrangements for a new World of Work [EB/OL]. (2019-02-14)[2022-06-15]. https://op. europa. eu/en/publication-detail/-/publication/a18f7a9d-cdcb-11e8-9424-01aa75ed71a1/language-en.

重要的一点是以行业企业为代表的私营部门是学徒制系统最重要的合作伙伴之一。行业协会负责培训内容、制定课程、资质标准的制定,学员文凭的获得被认为是具备劳动力市场、公司所要求的能力的象征。也就是说,学徒标准并非由瑞士的教育部门制定,而是行业与企业通过联邦政府的批准而制定教学内容。瑞士联邦职业教育培训大学(SVUVET)实际上是一个国家级专家组织,其目的在于促进职业教育和培训的进一步发展,作为公立大学,隶属于联邦经济事务、教育和研究部。瑞士联邦职业教育培训大学的主要任务首先是提供职业教育专业培训,尤其是培训未来在职业学校任教的教师,实际上他们提供的内容与技术无关,其讲师通常来自各行各业,并且在职业学院任过职,他们大学更多提供的是关于教学教法方面的培训,他们没有任何实验室技术设备,只是做教学教法方面的课程。在瑞士,企业培训学徒得到了职业培训新形式的支持,例如成立企业间培训联盟来促进行业特定技能的发展。①

上述不同国家基于历史、文化、经济状况的不同,其现代学徒人才培养模式的差异也较为显著(表 1-3)。首先,不同国家学徒制项目的时长不同。例如澳大利亚的学徒制周期通常为三到四年;德国的学徒制项目一般为两年到三年半;美国和瑞士,学徒制周期大约需要四年的时间,在其他国家可能稍短,比如在爱尔兰和荷兰的学徒制周期通常为两年。在英国,有些学徒制项目可能相当短,因此在英格兰和苏格兰地区,项目之间周期的差异很明显。总体而言,这两个地区的学徒制项目周期会比其他欧洲国家的要短一些。我国的现代学徒制试点周期为三年。其次,造成学徒制国际差异的原因是基于工作的学习在整体课程的占比不同。不同国家学徒制项目中基于工作的学习内容及学习强度不同,导致基于工作场所的实践课程占比存在较大差异。例如,在瑞士,学徒制项目中的工作场所学习占总项目时长的 80%,也就是说五天中有四天是在工作场所中度过的。澳大利亚、英国的学徒制项目中工作场所学习占比也高达 80%,而德国达到 60%。再次,基于供需引导的不同类

① Wettstein E,Gonon P. Berufsbildung in der Schweiz[M]. Bern:hep Verlag,2009:122.

型,Hilary Steedman 将现代学徒制分为两类,一种是需求引导型现代学徒制,一种是供给引导型现代学徒制。① 前者是一种企业参与度较高的学徒制模式,典型国家为德国和瑞士;后者是一种企业参与度较低的学徒制模式,典型国家是英国和澳大利亚。也有学者将现代学徒制分为北欧系统(Northern European systems)和盎格鲁撒克逊系统(Anglo-Saxon systems)两类,其实还是对应于上述的需求引导型与供给引导型。当然,除了存在供需引导类型上的不同外,不同国家系统的现代学徒制运行机制也存在较大差异。比如在需求引导的现代学徒制运行模式中,一方面,完善的法律制度与有力的规范法令能够为参与其中的企业提供相应的保障机制,因此,企业对现代学徒制普遍有着较强的责任感与较高的参与热情;另一方面,现代学徒制与普通教育的有机整合,提高了学徒的培养质量,其育人效果得到了劳动力市场以及社会的认可,能够体现出学徒制在快速应对劳动力市场技能需求变化及满足相应技能需求中的显著优势。而供给引导的现代学徒制模式中,由于缺乏鼓励企业参与学徒制的相应措施,企业对现代学徒制的积极性不高,表现为较低的参与度。最后,也有研究者立足发展模式的不同,按学徒制发展的传统与社会文化背景的不同,把开展现代学徒制的主要国家分为内生型与借鉴型两种。② 内生型学徒制是指学徒制传统保存相对较好,且学徒制的社会认可度高、企业参与责任感强的国家,比如德国、瑞士;借鉴型学徒制则指学徒制开展传统薄弱,且社会对职业教育的认可度不高、企业的投入意愿不高的国家,比如英国、澳大利亚。基于此,虽然两种学徒制分类的名称不同,但其要表达的内容及分类的标准是一致的,即都是根据企业参与度的高低,将现代学徒制人才培养模式分为需求引导型与供给引导型两类。根据企业与学校在现代学徒制中发挥作用或扮演角色的不同,可以将现代学徒制分为三种模式,即企业本位学徒制、学校本位学徒制及"学校—企业"学徒制。由于在我

① Hilary Steedman. Apprenticeship in Europe:Fading'or Flourishing? [J]. London:Centre for Economic Performance,2005(12):7.

② 关晶. 职业教育现代学徒制的比较与借鉴[M]. 长沙:湖南师范大学出版社,2016:193.

国职业教育中,职业学校长期占据着主导地位,因此,我国属于典型的学校本位学徒制模式,企业育人主体地位的缺位,导致企业的话语权不足,因而企业在现代学徒制育人过程中所能够发挥的育人功能也就大打折扣。

表 1-3　现代学徒制人才培养模式的国际比较

区别	德国	英国	澳大利亚	瑞士
学徒制项目时长	2—3.5 年	不超过 2 年	3—4 年	3—4 年
实践课程占比	60%	80%	80%	80%
供需引导类型	需求引导型	供给引导型	供给引导型	需求引导型
发展模式	内生型	借鉴型	借鉴型	内生型

随着信息时代与智能时代的到来,传统学校职业教育理论与实践相脱节的弊端日益显现。无论是从世界各国职业教育的发展趋势来看,还是从职业教育自身发展的客观规律来看,校企双元主体育人的现代学徒制人才培养模式日益受到青睐,且越来越重视企业作为兼具用人主体与育人主体的社会组织的育人功能。① 据此,有研究者认为,职业教育作为一种跨界教育,不仅要在组织上跨越企业与学校,还要在空间上跨越工作与学习,更要在实践中跨越职业与教育,而不能只在"围城"中办学。② 此外,对于国外现代学徒制的参照与借鉴,尤其是对德国双元制的借鉴,尚存在"制度不匹配、文化不匹配、权利差异与依赖以及社会不匹配等困难,因此,需要通过部分借鉴、试点借鉴、本土化借鉴以及概念借鉴"③的方式来提高借鉴的有效性。

综上所述,国外现代学徒制人才培养模式,除了具备显著的制度性之外,

① 石伟平,郝天聪.产教深度融合 校企双元育人——《国家职业教育改革实施方案》解读[J].中国职业技术教育,2019(07):93-97.

② 姜大源.当代世界职业教育发展趋势研究[M].北京:电子工业出版社,2012:197.

③ Lewis Theodore. The Problem of Cultural Fit-what Can We Learn from Borrowing the German Dual System? [J]. Compare:A Journal of Comparative Education,2007,37(4):463-477.

还具备一定的公共性、强制性、外部性与有限性特征。① 无论各国现代学徒制运行的形式存在怎样的差异,但其所内蕴的核心要素却始终是一致的,比如校企育人主体的双元性、学生学徒身份的双重性、教师师傅队伍的双师性、教学工作场域的交替性。②

（五）现代学徒制人才培养模式的运行困境

利益主体的多元性与复杂性,使得现代学徒制在试点运行过程中因多方主体权责不清、地位不明,主体缺位、错位、虚位的现象时有发生,导致现代学徒制的推行面临重重困境。基于此,有必要为参与其中的多方利益主体建立相应的保障机制。③ 目前学术界关于现代学徒制人才培养模式发展困境的研究,主要集中在相关制度缺位、校企合作机制不完善、实施要素不健全等三个层面。其一,当前影响现代学徒制人才培养模式可持续发展的关键性问题是相应制度保障的缺位。目前我国现代学徒制人才培养模式的顶层设计尚未形成,且没有设立专门的现代学徒制利益相关者协调管理机制和机构,致使现代学徒制人才培养在实践中面临诸多现实困难。在英国管理学家约翰·霍兰德看来,"利益相关者管理问题确实是一个协调和平衡的问题"。④ 其二,缺乏学校与企业合作的组织建构及机制保障。校企作为异质的社会组织,并不会自发以合作的姿态存在,尤其是在人才培养活动中,企业作为一个经济组织,其天职是为社会提供产品或服务,而非育人。因此,如果没有制定相应的校企合作计划,又没有为企业参与现代学徒制建立相应的体制机制保障,更没有建立对校企合作行为的相应规范,那么企业参与校企合作的积极性可想而知。企业作为一个市场主体,虽然应该履行包括教育责任在内的社会责

① 孔德兰,蒋文超.现代学徒制人才培养模式比较研究——基于制度互补性视角[J].中国高教研究,2020(7):103.

② 杨小燕.现代学徒制:理论与实证[M].成都:西南交通大学出版社,2019:18.

③ 许悦,彭明成.多中心治理理论视角下现代学徒制质量保障机制研究[J].中国职业技术教育,2018(36):11.

④ 陈福珍.职业院校现代学徒制人才培养模式实施策略探析——基于利益相关者理论视角[J].教育导刊,2017(06):82-85.

任,但这毕竟是企业第二位的责任,政府无权强迫企业参与校企合作。① 即使政府可以用法律的手段强制企业参与合作育人实践,校企合作育人的效果也难以得到较好的保障。

二、企业职业教育责任相关研究

关于企业职业教育责任,已有研究主要在企业的职业教育责任依据、责任内容及责任保障等三个方面展开讨论。

(一)企业的职业教育责任依据

关于企业的职业教育责任依据,目前研究者的理论视角主要包括企业社会责任理论、利益相关者理论以及教育成本分担原则等。比如,在企业社会责任理论看来,构成企业社会责任的可能性基础源自企业社会责任所具有的社会属性。② 1999 年,瑞士达沃斯世界经济论坛提出了"全球协议",将企业社会责任分为经济、文化、教育、环境等方面。在教育领域内,职业教育与企业的联系最为紧密,所以企业具有职业教育责任也就顺理成章。③ 从利益相关者理论出发:管理大师德鲁克认为,任何一个组织都是基于实现某种社会职能的必要性而存在,企业组织也不例外。④ 拉克森(Clarkson)从利益相关者与企业联系的紧密性将其分为两类:一是首要利益相关者,二是次要利益相关者。前者是指与企业生存有密切关系的群体,这些群体的存在是企业赖以生存的关键,比如股东、员工、顾客、供应商、政府和社区;后者指与企业生存存在间接关系的群体,他们虽不是企业生存与发展的必要条件,却会对企业的发展产生各种影响,比如非政府组织、社会团体、媒体和众多的特定利益

---

①　赵志群.建设现代学徒制的必要性与实现路径[J].人民论坛,2020(09):59-61.

②　肖日葵.经济社会学视角下的企业社会责任分析[J].河南大学学报(社会科学版),2010(02):68.

③　聂伟.论企业职业教育责任的缺失和承担[J].中国职业技术教育,2011(06):11.

④　Drucker P. Management: Tasks, Responsibilities, Practices [M]. New York: Harper&Row,1973.

集团。① 依照此种分类依据,显然,职业院校属于企业生存与发展的重要利益相关者。企业发展所需的各种人才,离不开职业院校这一"供应商"。不仅如此,职业院校还影响着企业的技术革新、文化建设、员工培训等,扮演着次要利益相关者的角色。② 从教育成本分担的角度看:教育经济学遵循"谁受益、谁投资"的成本分担原则,企业是职业教育人才培养的"受益者",因此,也应当作为教育成本分担的主体,并且应该承担一定的职业教育责任。③ 上述对企业为什么要承担职业教育责任的研究,分别聚焦社会学、管理学与经济学视角寻找相关理论依据。除了从社会学视角出发的企业社会责任理论中明确提出了企业具有教育责任外,管理学的利益相关者理论与教育经济学的成本分担原则只能说明企业有承担职业教育责任的可能性与应当性,但并不能直接推导出企业必然应该承担职业教育责任的合理性。因此,对企业职业教育责任承担的理论阐释尚不够充分,有必要对企业承担职业教育责任的合理性依据进一步进行挖掘与追问。

(二)企业的职业教育责任内容

对于企业职业教育责任是什么的研究,多数学者以企业社会责任理论为出发点或理论基点。比如,聂伟认为,企业的职业教育责任属于社会责任,"企业的职业教育责任就是将职业教育这种社会现象置于企业社会责任中所得到的反映和映射"④。徐珍珍、黄卓君也将企业职业教育责任作为企业社会责任的一部分,认为企业参与职业教育的社会责任是指"企业为获取直接经济利益、改善人力资源结构、履行企业公民责任而进行的以增进个体或群体职业知识、技能、道德而承担参与职业教育教学活动的社会责任"⑤。刘晓等

① 王碧森.利益相关者视角下的企业社会责任模型[J].东岳论丛,2010(7):68.

② 聂伟.论企业职业教育责任的缺失和承担[J].中国职业技术教育,2011(06):12.

③ 范先佐.教育经济学[M].北京:人民教育出版社,1999:208.

④ 聂伟.论企业的职业教育责任——基于企业公民视角的校企合作研究[D].天津:天津大学,2013:30-34.

⑤ 徐珍珍,黄卓君.职业教育中的企业社会责任:履行模式与路径选择[J].中国职业技术教育,2018(18):40.

以广义的企业社会责任理论(狭义的企业社会责任主要指企业充分利用资源以实现自身利润最大化,广义的企业社会责任则涵盖法律、经济、伦理道德等层面)为基础,将企业职业教育责任界定为:企业职业教育责任是指企业由于享受职业学校培养出的人才为其生产经营创造价值而相应承担的促进职业教育发展的社会义务。① 虽然不同学者对企业职业教育责任是什么尚未形成清晰、统一且权威的概念界定,但可以确定的是,大家都认同企业职业教育责任是企业社会责任内容一部分的观点。企业的教育责任就是将企业社会责任中的"教育现象"拿出来予以界说,即企业承担一定的对其员工以及利益相关者进行教育的责任。

和震认为,企业的职业教育责任可以分为内外部两部分:企业对其员工进行教育的行为是企业自身的教育责任,可称为内生责任;对利益相关者承担的责任属外部责任。其中企业内部职业教育责任即在企业内部对员工进行的培训和教育,这是企业成长与发展所必不可少的;企业外部的职业教育责任即企业的学校职业教育责任(见图 1-4)。② 柳燕、李汉学聚焦现代学徒制人才培养模式本身,认为企业应承担的职业教育责任主要包括以下四个方面:第一,参与招生和学生管理;第二,参与专业设置和课程设计;第三,参与教学实施和学生考核评价;第四,参与人才标准和人才培养方案制定。③ 已有的对企业职业教育责任内容的研究有的聚焦纵向的职业教育层级,有的聚焦现有的职业教育场域(学校与企业),还有的聚焦职业教育人才培养过程。研究视域或站位不同,企业的职业教育责任内容便会存在差异。所以对企业职业教育内容的研究应当基于一定的前提或标准,否则便会造成企业职业教育责任内容的边界模糊、层次不清晰。

① 刘晓,黄卓君,邢菲.教育中的企业社会责任研究:述评与展望——基于 2000 年以来国内文献的分析[J].现代教育管理,2017(9):23-28.
② 和震.2014 年度职业教育发展评论[M].北京:教育科学出版社,2015:33-38.
③ 柳燕,李汉学.现代学徒制下企业职业教育责任探析[J].职业技术教育,2015(31):31-35.

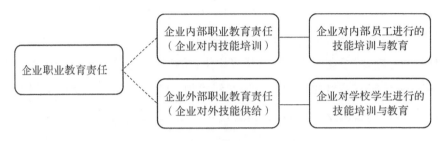

图 1-4　企业职业教育责任内容划分

（三）企业职业教育责任的保障

企业职业教育责任实现的保障机制也是要研究的内容之一。李玉珠认为,要破解企业技能短缺的难题,保障企业承担职业教育育人主体责任并获得收益,需要政府、学校、企业的共同努力,尤其需要政府的制度保障。[①] 聂伟也认为,敦促企业真正担起职业教育责任,首先要赋予企业一定的参与权,并尊重企业的切实利益诉求,这是解决问题的根本。[②] 柳燕等进一步提出,应该从完善法律法规、财政资金支持、职业教育权利让渡、建构校企融合机制、增强企业责任意识和保障机制等方面保障企业履行职业教育责任。[③] 基于上述研究可知,可以从权利赋予与利益保障两方面为企业职业教育责任实现提供保障机制。以制度和非制度的形式促进企业权责利的统一,是问题解决的关键。[④]

三、企业参与现代学徒制相关研究

（一）企业参与现代学徒制的原因研究

Ervin Dimeny 等人认为,第四次工业革命带来的新技术极大地改变了未

---

①　李玉珠.企业承担职业教育责任意愿调查[J].教育与职业,2014(04):35.

②　聂伟.论企业职业教育责任的缺失和承担[J].中国职业技术教育,2011(06):11.

③　柳燕,李汉学.现代学徒制下企业职业教育责任探析[J].职业技术教育,2015(31):31-35.

④　胡丽琴,左新民.现代学徒制人才培养模式隐存的问题及其对策[J].教育与职业,2015(17):50-52.

来的工作场所,并重新定义了未来工作所需的基本技能,而现代学徒制是为企业培养未来工人的重要模式。① 瑞士联邦职业教育培训大学进行的一项研究显示:学徒制完成时,所有学徒计划的平均净收益大约为每个学徒 3200 瑞士法郎。也就是说,企业接受学徒的原因复杂且多元,比如希望确保未来招收员工的能力和资质符合该企业的要求,以及传统因素、社会责任等。当然这项研究表明,企业参与现代学徒制还有一个更为重要的因素,即企业参与学徒培训在经济上是有益的,而且在许多行业上这种经济收益表现得更为明显。虽然这种获益可能不一定是在第一年,有时是在第二年,或是第三年及之后,但总会发现它带来的诸多益处,三年制、四年制的学徒亦是如此。Wettstein 和 Gonon 等人的研究也表明,在大多数情况下,学徒工作的产出成果远远超出了培训成本。② 无论是企业还是劳动力市场,都可以从为年轻人提供职业前景中获利,因为这可以确保它们获得熟练的劳动者。③ 事实证明,学徒制度具有适应未来工作挑战的潜力④,参与学徒培养可以为企业带来各种或有形或无形的收益。

从工业革命至今,学校职业教育一直占据着职业教育与培训的主舞台。虽然现代学校教育在传授系统理论知识及批量化培养人才方面有着无可比拟的优越性,但也因容易造成理论与实践的脱节而备受诟病。尤其是在信息时代与智能时代,需要大量创新型、复合型、知识型技术技能人才。为了克服学校教育在人才培养上存在的理论与实践相脱节问题,现代学徒制应运而生。作为一种融合学校理论教育与企业实践技能培养的双主体育人模式,现代学徒制有利于打破教育界与产业界的界域。虽然世界各国的现代学徒制

① Ervin Dimeny, Deborah Williamson, Lisa Yates, David Hinson. Skilling Up: The Scope of Modern Apprenticeship[M]. Washington D C: US Department of Labor, 2019: 4.

② Wettstein E, Gonon P. Berufsbildung in der Schweiz[M]. Bern: hep Verlag, 2009.

③ Rupietta C, Backes-Gellner. How Firms' Participation in Apprenticeship Training Fosters Knowledge Diffusion and Innovation[J]. Journal of Business Economics, 2019: 569-597.

④ Smith E. Intermediary Organizations in Apprenticeship Systems[M]. Geneva: International Labour Organization, 2019.

都有基于自身的国别特色,但与此同时又都具有一个明显的共性,即企业在培养学徒中的主体地位。① 不管是目前学者们所划分的以德国、瑞士等国家为代表的具有良好企业培训传统与文化的北欧系统,还是以英国、澳大利亚等为代表的企业培训历史不久和培训意愿不强的盎格鲁撒克逊系统,所有学徒一周在企业的学习时间平均都高于在校学习时间。② 从实践上看,与全日制学校职业教育相比,现代学徒制不仅是"为企业"培养技术技能人才的职业教育制度,更是"由企业"和"在企业"培养技术技能人才的职业教育制度,企业充分参与是现代学徒制成功的前提。③ 现代学徒制是校企深度合作的产物,因此,唯有通过校企深度合作才能达成技术技能人才培养的任务。现代学徒制模式下的校企合作不同于以往的校企合作,呈现出合作的全方位、合作的深入持续、企业承担较大育人责任与育人成本的特点。

（二）企业参与现代学徒制的动力研究

在经济学文献中,关于组织讨论中最普遍的经济动机是生产动机和投资动机。④ 前者是指学徒雇佣期间产生的正回报,可以假设为一种生产动机;后者是指学徒制计划终止后仍有净成本,可以假设为一种投资动机。通常情况下,只有当学徒完成学徒计划并结束学徒期后才会对企业产生正回报。根据德国的 Schonfeld 等人进行的成本收益调查,德国企业参与学徒制的主导动机为投资动机,瑞士企业参与学徒制的主要动机为生产动机。也就是说,不同制度背景与组织实践下,企业参与学徒制的动机会存在较大差异。Liz Polding 认为,企业雇主对学徒制的关注,是为了通过这一教育模式使用工人员真实工作场景下具备的技能、知识和素养能达到企业雇主的要求,而达到这个目的的最佳方式是赋予企业引领学徒制发展的权利,由企业来制定学徒

---

① 陈利,周谊. 现代学徒制试点中企业主体地位缺失的表现、原因及对策[J]. 职业技术教育,2016(27):16.

② 关晶,石伟平. 西方现代学徒制的特征及启示[J]. 职业技术教育,2011(31):77-83.

③ 关晶. 企业充分参与是现代学徒制成功的前提[J]. 职业技术教育,2014(33):25.

④ Lindley R M. The Demand for Apprentice Recruits by the Engineering Industry [J]. Scottish Journal of Political Economy,1975,22(1):1-24.

制标准,并直接向外界传达它们的用人需求。我国学者贺艳芳认为,企业采用职业教育现代学徒制主要受三种动力影响,即行为结果性动力、社会性动力和内部控制性动力。其中行为结果性动力是指企业通过参与职业教育现代学徒制而获得符合自身需求的合格专业人员,获得包括比较优势、质量优势和认同优势在内的培养效益;行为结果性动力因素是企业参与职业教育现代学徒制希望得到的预期结果;社会性动力是企业感受到的来自外界的、社会的压力。① 概而言之,企业参与现代学徒制的动力,既有企业自身发展需求的内在驱动,也有外在社会制度的行为规范。

(三)企业参与现代学徒制的影响因素

Hodgson Ann 等认为现代学徒制模式面临着诸多挑战,尤其是如何让中小型企业参与进来,以及如何更好地支持学徒的流动与进步的问题。② Tim Riley 以创意产业的小微企业为研究对象,调查其对采用和发展学位学徒制方面的需求和接受度。研究采用"解释和回应"的方法,向受访者全面解释学位学徒和交付过程。这项研究的参与者普遍对将学位学徒制融入企业持积极态度,但也认为,学徒协会规定的严格程序使得制定标准和采用学位学徒制的过程变得困难、耗时,而且对这些行业的规模扩大和行业获得优势来说并不可行。这意味着要解决可能危及创意产业持续成功的技能短缺和多样性问题。③

然而,现实的情况却是,企业对现代学徒制的参与度不高、参与意愿不强。虽然企业需要现代学徒制,但却不愿意参与现代学徒制,看似矛盾的问题却在现实中真实存在。企业的积极参与是现代学徒制顺利运行的核心,但

---

① 贺艳芳.我国企业参与现代学徒制动力问题研究:基于中德企业的对比[D].上海:华东师范大学,2018.

② Hodgson Ann, Spours Ken, Smith David. Future Apprenticeships in England: The Role of Mediation in the New Model[J]. Journal of Education and Work,2017(30): 653-668.

③ Tim Riley. The Creative Industries and Degree Apprenticeships:The Benefits and Challenges of Adoption for Small and Micro Businesses[J]. Higher Education, Skills and Work-based Learning,2020:1-17.

企业参与的积极性不高导致校企合而不深,究其根源,是"培养产权尚未得到明晰"①,企业无法从合作中获益。② 试点工作的现状显示,大部分企业并没有发挥好育人主体的作用,或者发挥得不够。③ 有研究者从制度经济学角度出发,认为我国企业参与职业教育面临诸多制度困境,比如人力资本专用程度低、合作过程中的可信承诺问题以及教育投资的外部性问题。④ 也有学者认为在当前的现代学徒制试点中存在着诸多的制度障碍,严重制约了企业的参与,如缺乏可信承诺制度,导致企业的培养产权难以保障,校企合作政策供给失衡,缺乏制度化的双赢机制等。⑤ 综上可知,为提高企业参与现代学徒制的积极性,关键是要建立保障企业利益的相关制度,比如有效的激励政策、完善的法律规范,还需要规范的校企合作机制等。

（四）促进企业参与现代学徒制的对策

为向各成员国提供建立高质量学徒制的统一标准,促进企业参与学徒制,欧盟委员会于 2017 年发布了《关于建立欧洲高质量和有效学徒制度框架的建议》,确定将高质量的学徒制和基于工作的学习作为战略优先事项,强调了高质量学徒制对于提升学习者知识、职业技能和能力的重要价值,并倡议各国能够发展适应本国教育与培训体系和产业发展的学徒制,以应对各国面临的共同挑战。

如何促进企业参与学徒制一直是我国现代学徒制发展过程中的一个棘手问题。参考现代学徒制运行典范的德国模式可知,为调动企业参与的积极

---

① 王为民.产权理论视角下职业教育现代学徒制建设之关键:明晰"培养产权"[J].国家教育行政学院学报,2016(09):21-25.

② 杨丽波,王丹.企业参与现代学徒制激励机制的国际经验及启示[J].职业技术教育,2019(20):74.

③ 林宇.落实双重身份 完善政策保障 加强现代学徒制试点工作动态管理[J].中国职业技术教育,2017(01):42.

④ 多淑杰.我国企业参与职业教育的制度困境与突破——兼论德国现代学徒制发展与启示[J].中国职业技术教育,2016(24):5-10.

⑤ 张志平.企业参与现代学徒制的制度困境与纾解路径[J].教育与职业,2018(04):12-18.

性,需要围绕企业在育人过程中的投资收益、育人成本分担、协同机制的建立、法律制度的完善以及校企合作文化的营造等方面进行努力。[①] 概而言之,为提高企业参与现代学徒制的积极性与主动性,需要围绕企业及其利益相关者的权、责、利进行全方位规范与动态性调适。

四、已有研究成果的贡献与不足

(一)已有研究成果的贡献

综上所述,现代学徒制人才培养模式的研究与企业职业教育责任的相关研究,有助于为本研究明晰研究对象与研究范围提供重要参照。国外现代学徒制起步早、发展快,现代学徒制中的企业责任比较系统、完整,相关的实践经验比较丰富,对我国现代学徒制人才培养模式的发展具有重要参考价值。我国现代学徒制起步晚,相关的理论探索与实践经验都有待丰富和完善。尤其是企业责任的缺位,是影响我国现代学徒制实践推进的重要因素。根据研究主题,对"现代学徒制人才培养模式""企业职业教育责任""企业参与职业教育"相关文献进行分析与梳理可知,已有研究可以为本研究提供如下几个方面的基础。

其一,关于现代学徒制人才培养模式的研究,主要集中于阐述现代学徒制人才培养模式的价值、内涵与特征、国际比较、相关主体、存在的困境及应对等五个方面。其中关于现代学徒制人才培养模式的相关主体研究,有助于本研究在明晰现代学徒制相关利益主体及不同主体间关系的基础上,科学把握企业在现代学徒制中的重要角色与功能。其二,关于企业职业教育责任的研究,主要聚焦企业为何要承担职业教育责任、应该承担哪些职业教育责任、履行职业教育责任的现状如何、面临哪些困境以及如何保障企业顺利履行职业教育责任等五个方面展开讨论。本研究探究的是企业在现代学徒制人才

---

① 多淑杰.我国企业参与职业教育的制度困境与突破——兼论德国现代学徒制发展与启示[J].中国职业技术教育,2016(24):5-10.

培养模式中的责任,属于企业职业教育责任聚焦某一具体职业教育人才培养模式层面的研究,因此,已有研究为本研究奠定了宏观基础与重要参考。其三,关于企业参与职业教育的研究,为分析企业参与现代学徒制的内外动因、影响因素及应对策略提供了重要思路参照与可能分析视角。虽然影响企业参与现代学徒制的因素纷繁复杂,但不外乎内在必要与外在必须两个视角;虽然影响现代学徒制中企业责任行为的要素众多,但从本质上来看,都可归结为技术与制度两个核心范畴;虽然保障企业参与现代学徒制的策略角度多元,但都需要围绕权责利相统一的核心原则来展开。

（二）已有研究成果的不足

目前,我国学者对现代学徒制人才培养模式中企业责任问题的研究不仅数量少,且研究内容缺乏系统性与针对性。已有研究未能脱离企业的职业教育责任这一宏观视角,对于在现代学徒制这一具体的技术技能人才培养模式中,企业为什么要承担责任、应该承担哪些责任以及如何为这些责任的落实创造条件等问题的论证、探讨与分析,尚不够深入与透彻。

其一,研究内容方面。对于现代学徒制中企业责任内容的研究,一则缺乏科学的立场与分类标准,未能明晰企业在现代学徒制中的责任内容与边界,二则未能从现代学徒制人才培养模式的特殊性出发,探讨企业在现代学徒制技术技能人才培养活动中的角色与功能。关于现代学徒制中企业责任落实的现状,尚缺乏深入的调查研究,虽有研究涉及现代学徒制试点中的17家企业,但这一研究立足宏观的政策视角,未能揭示出现代学徒制中企业责任的内容与保障机制。也就是说,现有研究对现代学徒制人才培养模式中企业"有何责任"及"如何负好责任"的研究多,对企业"为何有责任"及责任内容分类标准与依据的研究少。多数研究者将"企业在现代学徒制中有责任"作为了一个不证自明的前提探讨后续的责任履行与实现问题,而且关于现代学徒制人才培养模式中企业责任内容的研究相对碎片化,这也是本研究力图突破的方面。

其二,研究视角方面。聚焦学校层面尤其是高职院校层面的研究多,立足企业层面的研究少。本研究将研究的立足点转向企业,深入挖掘企业愿意参与现代学徒制的内在动机和不愿在现代学徒制人才培养模式中承担责任的真实原因。微观层面的个体问题研究多,宏观层面的整体问题研究少。有些文献只阐述了现代学徒制应具备的"现代"属性,有些文献从正面阐释学校本位的职业教育与学徒培训之间的关系,而研究在现代学徒制人才培养模式中校企双主体如何深度融合的文献并不多见。

其三,研究范式方面。教育学研究中的两大基本范式是实证研究与思辨研究。思辨研究"求善"、实证研究"求真"的核心目标使得两者呈现为两种不同的研究思路。研究范式没有好坏之分,只有适合与否,更没有哪一种研究范式能够"放之四海而皆准",研究范式要根据具体研究问题的需要来选择。①从目前我国关于现代学徒制中企业责任的相关研究来看,两种研究范式均有所涉及,但由于作为一种教育现象,现代学徒制人才培养模式本身具有复杂多变性,因此,就不能局限于单一范式或线性思维,而应该秉持研究范式的综合性与研究思维的复杂性,将理论与实践、事实与价值、理性与非理性联系起来。不仅要关注现代学徒制中企业责任实然层面的考察,更要注重应然层面的追问,并力图追求两者的科学结合,从而提出有针对性的对策建议。

综上,目前关于现代学徒制中的企业责任研究,不仅缺乏理论上的系统性与全面性,而且缺乏对实践中存在问题的深入调查研究。对于现代学徒制中企业为什么需要承担责任、需要承担哪些方面的责任,以及如何才能使企业充分履行责任等基本问题,尚缺乏系统的探讨,这些不足为本选题的研究留下了进一步探索的空间。

当前,无论是在实践层面还是在学术研究层面,针对现代学徒制的探讨与实践都主要局限于教育系统内部,行业、企业都处于从属配合的地位,尚未从国家技能形成的视角审视现代学徒制政策出台的内涵实质、根本动因及其

---

① 陈法宝,赵鸥.教育研究范式的二元思维批判——兼论复杂性研究范式的兴起[J].现代教育管理,2013(12):14.

欲达成的最终目标。① 因此,本研究将以责任理论为主线,技能形成理论为核心,并借鉴组织社会学的新制度主义,探究我国现代学徒制中企业责任生成的内在逻辑、企业责任内容的应然向度及企业责任履行现状,并提出促进企业责任履行的可能策略。

---

① 王亚南.我国现代学徒制政策执行阻滞的形成逻辑——基于国家技能形成的三螺旋理论[J].职教通讯,2020(04):4.

第二章

概念界定及研究路线

　　德国著名教育理论家沃尔夫冈·布列钦卡指出:"没有明确的概念,明晰的思想和文字也就无从谈起。"[①]概念是我们通往世界的桥梁,我们通过概念分析对词语的理解就是对我们自己与世界关系的理解。[②] 科学、准确的概念界定对于廓清研究范围与基本内容、提高研究的成效至关重要。一个恰当准确的概念能够反映客观事物的本质特征。任何研究都应始于研究对象内涵及范畴本身。[③] 可以说,科学准确的概念界定是任何一项研究得以顺利展开的逻辑起点。概念界定的主要目的是明确其内涵与外延,但由于概念化过程的私有性,同一概念往往引起各人不同的思维。为了尽可能使人们对同一概念的理解相近,有必要在研究初始阶段明确界定所应用概念的内涵及外延。每个概念都有一个内容或者一个"内涵"以及一个范围或者一个"外延"。[④] 内涵是否明确直接影响到对该事物构成要素的认定;外延是否明确直接影响到认识该事物的层面与范围。[⑤] "概念明确,就是要把握住概念的内涵及外延这两个逻辑特征,把握住概念的内涵,也就从质的方面明确了概念;把握住概念的外延,也就是从量的方面明确了概念。""一个概念的内涵和外延,分别从质(本质属性)和量(对象的全体)两个方面来反映思维对象的,它们之间的关系是相应相称的。对于可比较的概念来说,这种相应相称的关系符合反比例关

　　① 郑可春.高等教育质量的价值属性及其观念重构[J].教育与职业,2010(35):166.
　　② 石中英.教育学研究中的概念分析[J].北京师范大学学报(社会科学版),2009(03):37.
　　③ 杨凤鲜.企业技术融合创新模式选择研究:基于技术发展战略视角[M].北京:知识产权出版社,2019:5.
　　④ 沃尔夫冈·布列钦卡.教育科学的基本概念:分析、批判和建议[M].胡劲松,译.上海:华东师范大学出版社,2001:15.
　　⑤ 董泽芳.高校人才培养模式的概念界定与要素解析[J].大学教育科学,2012(03):31.

系律。"①就本研究而言,所涉及的基本概念主要包括"现代学徒制""人才培养模式""企业""责任""企业责任"等。

受学校本位职业教育思想的影响,目前我国学者对现代学徒制的研究,大多从学校立场出发,立足企业视角的研究还相对较少。虽有部分立足企业视角的研究,但大多围绕企业职业教育责任展开,聚焦现代学徒制这一技术技能人才培养模式的企业责任研究还很薄弱,对于企业为什么要承担责任、为什么能承担责任、应该承担哪些责任、承担责任的状况如何以及如何推动企业更好地履行责任等一系列问题的研究还不够系统与深入。基于此,本研究将借助多学科的理论,以解释主义与实证主义的方法论为指导,综合运用文献研究法、比较研究法、访谈研究法及文本分析法等方法对上述问题展开分析。

第一节 核心概念界定

就本研究"我国现代学徒制中的企业责任"来看,按构词方式进行分解,作为一个偏正短语,前面的"我国"是对"现代学徒制"的限定,即本研究以中国特色学徒制为研究对象,而非国际社会通行的所有具有国别特色的学徒制模式;"现代学徒制"是对后面"企业责任"的限定,说明这里要研究的"企业责任"不是广义上企业的所有责任(比如企业经济责任、企业法律责任、企业道德责任等),而是限定在现代学徒制人才培养模式范围内的责任,即企业职业教育责任在现代学徒制领域的具体反映与体现。综上所述,本研究以中国经济社会发展现状为背景,要回答的是企业在现代学徒制技术技能人才培养模式中为什么有责任、有哪些责任、责任现状如何及如何保障企业育人主体责任履行等一系列问题。

---

① 辽、吉、黑、湘四省教材协编组.几何自学指导[M].长春:吉林人民出版社,1985:8.

一、现代学徒制人才培养模式

（一）现代学徒制

关于学徒制，目前无论是国内还是国外尚没有一个明确、统一且权威的概念界定。这一方面是由于不同国家存在不同的学徒制发展模式，另一方面是由于学徒制本身运行过程及运行模式的复杂性与多样性，加大了对其进行概念界定的难度。虽然对学徒制概念进行界定存在一定的障碍与困难，但是并不影响人们对学徒制育人模式或人才培养模式在概念理解或实践运用上达成的某种一致性。在西方发达国家，现代学徒制已经成为职业教育发展的重要支撑，其制度建构与实践经验愈发成熟，可以为我国现代学徒制发展提供借鉴。[①]

虽然世界各国对学徒制的兴趣浓厚且关注度不断攀升，但是对于学徒制实际上是什么或应该是什么仍缺乏共识。经合组织（OECD）成员普遍认为，学徒制是一种基于工作学习的普遍形式，因此，与以学校为基础的职业教育和普通教育形成鲜明对比。各国学徒制的共性特征主要体现为：典型的工作场所学习；与教育或培训提供者的学习相结合；以合同或契约的形式将学习者和企业雇主联系起来等。但即便如此，各国发展学徒制的战略功能或主要目的却并不相同。尤其是新冠疫情在全球的肆虐，激化了劳动力市场的供需矛盾。工作世界的变化，必然对学徒制产生新的影响。在某种程度上，这种变化进一步强化了学徒制的重要功能。学徒制兼具教育功能和强大的就业功能，被定位为一种学习交付的主要替代模式，换言之，学徒制提供了类似于其他职业教育与培训的途径，其具体目标是促进学徒向劳动力市场的过渡。[②]

① 牟群月，米高磊.新时代中国特色学徒制的实践样态及发展启示——基于首批 22 个国家现代学徒制试点典型案例的质性研究[J].中国职业技术教育，2022(15)：90.

② Cedefop. Apprenticeship Schemes in European Countries：A Cross-nation Overview［EB/OL］.（2019-02-14）［2020-03-17］. http://data. europa. eu/doi/10.2801/722857.

目前,对学徒制模式的应用可以达成两个重要目标:其一,作为一种技能形成工具,可以使年轻人习得的技能与企业的技能需求实现精准匹配;其二,作为一种教育途径,可以使从学校到工作的过渡与衔接更容易,进而促进社会融合。①

　　早在公元前 2100 年,学徒制就已经成为人类传授知识与技能的主要形式。最早的学徒制表现为一种父子相传。随着生产力的发展,父子相传的家庭作坊模式不再能够满足技艺传承的需要,因此,出现了后来的手工工场学徒制。尤其是行会的介入与推动,标志着学徒制度从私人性质变成需要管理的公共性质。学徒制度与行会制度的结合,意味着学徒的招收与考核不再是师傅私人所能单方面决定的事情,而是整个行会的事情。学徒制是中国行会制度中比较普遍的技能传递制度,是一种技能形成的制度安排。② 现代学徒制是传统"学徒制"的"现代"化。"学徒制"是在一定的生产情境中,以师傅言传身教的方式进行的具有正式或非正式契约性质的职业技能传授方式。"现代学徒制"一词最早出现于 1993 年英国政府的"现代学徒制计划"。赵志群、陈俊兰认为,现代学徒制是将传统学徒培训与现代学校教育相结合的合作教育制度。③ 现代学校教育因素的融入,是现代学徒制区别于传统学徒制的关键。但是,这一概念尚不足以全面概括现代学徒制的本质属性与特征,因为在现代产业背景下,现代学徒制除了在人才培养数量与规模上具有区别于传统学徒制的优势外,还具有人才培养质量方面的优势。从人才培养层面看,现代学徒制是将学校职业教育与企业培训形式进行结合的职业教育制度,是将学校技术技能教学与工作岗位训练相结合的人才培养模式。④ 尽管各国开

① Sandra Hellstrand. Perceptions of the Economics of Apprenticeship in Sweden c. 1900[J]. Scandinavian Economic History Review,Taylor&Francis Journals,2019:12-30.

② 王雅静.技能形成制度中的职业教育组织演化逻辑[J].河北大学学报(哲学社会科学版),2021(01):125.

③ 赵志群,陈俊兰.现代学徒制建设——现代职业教育制度的重要补充[J].北京社会科学,2014(01):28-32.

④ 张宇,徐国庆.我国现代学徒制中师徒关系制度化的构建策略[J].现代教育管理,2017(08):87-92.

展现代学徒制的具体形式存在一定差异,但学生(学徒)"双重"身份、校企"双元"育人、工学交替、实岗培养的内在本质是一致的。本研究探究的是我国职业教育校企合作领域中的现代学徒制。鉴于我国现代学徒制尚处于制度化发展阶段,因此,本研究在动态的、中观的职业教育校企合作人才培养模式层面,将现代学徒制的概念界定为:现代学徒制是以稳定的师徒关系为基础,以技术技能人才培养为目的,将现代企业培训与现代职业学校教育相结合的校企双主体育人模式。

从广泛意义上讲,二战后德国"双元制"、英国"现代学徒制"、澳大利亚"新学徒制"及瑞士"三元制"等典型的、为适应现代经济与社会需求、以校企合作为基础、纳入国家人力资源开发战略的学徒制形态都属于广义的现代学徒制范畴。[①] 我国职业教育政策在吸收与借鉴上述国家相关成果的基础上,又对现代学徒制人才培养模式进行了有益的尝试与探索。目前我国存在两种形式的学徒制,一种是教育部主导的以职业院校为培养主体的现代学徒制,一种是人社部主导的以企业为培养主体的企业新型学徒制。二者存在主导部门、培养主体、定义、出发点、目标任务、工作原则、培养周期等方面的不同(见表2-1)。本研究中的现代学徒制以教育部主导的以职业院校为培养主体的现代学徒制为研究对象,其培养对象为职业院校的学生(或学徒)。现代学徒制试点是一种社会化职业教育改革,而企业新型学徒制试点属于企业职工教育改革;前者的底层逻辑是现代教育科学,更加注重培养对象的社会适应性和终身发展性;后者的理论基础主要为经济科学,更加注重企业发展的现实需求。[②] 产生这一现象的根本原因是职业教育特有的"二重性":既具有教育属性,又具有经济属性,既是国民教育体系的重要组成部分,又是人力资源开发的重要组成部分。两种学徒制分别是由不同性质的组织部门发力来

---

① 李菁莹.现代学徒制"新余试点"遭遇学校热企业冷尴尬[N].中国青年报,2011-08-30.

② 张晶晶,崔发周.我国两种学徒制改革模式的融合途径[J].职教论坛,2020(05):29-35.

为技能型社会储备或培养各类技能型人才,如果将教育部主导的现代学徒制看作是从供给侧发力的话,那么企业新型学徒制则是由需求侧发力,两者的共同目的在于促进供需对接,提高技术技能人才培养供给侧与需求侧的对接。

表 2-1　现代学徒制与企业新型学徒制的区别

区别项目	现代学徒制	新型学徒制
主导部门	教育部	人社部
定义	现代学徒制是中华人民共和国教育部于 2014 年提出的一项旨在深化产教融合、校企合作,进一步完善校企合作育人机制,培养创新技术技能人才的模式	企业新型学徒制是按照政府引导、企业为主、院校参与的原则,采取"企校双制、工学一体"的方式,即由企业与技工院校、职业院校、职业培训机构、企业培训中心等教育培训机构采取企校双师带徒、工学交替培养等方法共同培养学徒的模式
出发点	教育视角,创新招生制度和管理制度,形成校企分工合作、协同育人、共同发展的长效机制	社会视角,适应现代企业发展和产业转型升级要求,健全完善企业技能人才工作新机制
目标任务	推进产教融合、完善职教体系、提高人才培养质量,实现人才全面发展,适应产业需求	探索企业职工培训新模式,完善培训服务体系,加快人才培养
工作原则	政府引导、行业参与、社会支持	政府引导、企业为主、院校参与
签订协议	校企签订合作协议	企业与教育培训机构签订合作协议
培养主体	职校学生(学徒培训生)	与企业签订六个月以上劳动合同的技能岗位新招人员和转岗人员
培养模式	校企合作、工学结合	企校双制、工学一体
试点目标	招生即招工、入校即入厂、校企联合培养	招工即招生、入企即入校、企校双师联合培养
培养周期	以专业学制为一个试点周期,一般为三年	学徒培养由企业结合岗位需要确定,培养目标以中、高级技术工人为主,培养期限为一到两年
政府补贴	以各地方政策为准	一般为 4000—6000 元/人/年,原则上不少于 4000 元/人/年,补贴期限不超过两年

(二)人才培养模式

要界定清楚人才培养模式的概念,首先需要明确何为"模式"与"人才培养"。"模式"是实际事物或过程的缩略形式,是某一事物内在机制和内外部关系的简约理论描述,主要反映的是事物或过程的主要结构,它是联结经验与理论、目标与实践之间的一种知识系统。利用模式有助于在不影响实质性问题的基础上,简化对复杂事物和过程的分析。因此,模式具有构造功能、反映功能、解释功能及预测功能。人才培养模式是指在一定教育思想或教育理念指导下,为实现特定的人才培养目标,有关人才培养过程的设计、建构、管理与评价的理论模型与操作样式,一般包括培养目标、培养过程、培养制度、培养评价四个方面。① 具体到职业教育领域,人才培养模式则是在职业学校管理者特定教育思想的指导下,以市场需求为导向,在指定的人才培养周期内,按照经济社会对劳动者知识、技能和综合素质的要求和职业学校现有办学条件,设定人才培养目标、课程体系、教学模式和管理方式的实施范式。② 由此可知,"人才培养模式主要是针对人才培养活动的整个过程而言的,其根本属性在于过程性,是对培养过程的设计、建构、管理"③与评估。人才培养模式的分类有很多种,而依据人才培养过程,可以将其分为两种:学校教育培养模式和社会实践培养模式。④ 前者主要指中小学教育、普通高等教育、高等职业教育等模式,后者指在职培训、师徒培养与自我培养等模式。

（三）现代学徒制人才培养模式

综上可知,现代学徒制人才培养模式是以稳固的师徒关系为载体,以学校与企业为主体的,通过育人目标制定、育人方式建构、育人过程保障与育人效果评价的过程培养技术技能人才的理论模式与实践样式。本研究以教育部主导的、以职业院校学生为培养对象的、以校企合作为载体的现代学徒制

---

① 郑群.关于人才培养模式的概念与构成[J].河南师范大学学报(哲学社会科学版),2004(01):187.

② 王启龙,徐涵.职业教育人才培养模式的内涵及构成要素[J].职教通讯,2008(06):21-24.

③ 王东梅,王启龙.现代学徒制人才培养体系:内涵、要素与特征[J].中国职业技术教育,2019(03):20.

④ 周明星.藩篱与跨越:高等职业教育人才培养模式与政策[M].武汉:华中师范大学出版社,2018:49.

技术技能人才培养模式为研究对象。

二、技术技能人才

从广义的人才概念出发,所谓人才就是指具有知识或技能的人。对人才的分类不会一成不变,而是会随着社会的发展而变化。现代社会各产业系统所需的人才既分层次又分类型,层次区分人才知识和能力的深度,类型区分人才知识和能力的结构。① 一般而言,人才分类与教育分类相对应,包括基于学术教育的学术型人才、基于工程教育的工程型人才、基于技术教育的技术型人才及基于职业教育的技能型人才四类。当然,虽然此种人才分类方法在某种程度上达成了一定共识并得到了多数人的认同,但也有部分学者持不同观点。"这是由于,随着社会和经济的不断变化,职业岗位也随之呈现出复杂多变性,人才的多样化发展愈加明显。教育分类与人才分类并非呈现一一对应关系,技术型和技能型人才的学历层次在不断提高,各类院校也并非只承担某一类人才的培养任务,而是相互之间已出现更多的交叉与衔接关系。"② 比如有学者认为工程型人才与技术型人才应该属于同一类型,不应划分为两类。比如技术型人才与技能型人才应该统一于职业教育的人才培养目标或范畴。社会对职业教育人才培养目标的价值期待主要体现在两个方面:一是培养合格的从业者或劳动者,二是培养合格的社会公民。培养合格从业者或劳动者是职业教育的特殊性所决定的,而培养合格社会公民则是教育的本质使然。③《国家中长期教育改革和发展规划纲要(2010—2020 年)》中,对人才培养目标的提法是扩大"应用型、复合型、技能型人才"的培养,着力培养"高

---

① 谈松华.新型城镇化与职业教育供给侧改革蓝皮书(上:综合篇)[M].上海:同济大学出版社,2018:23.

② 谈松华.新型城镇化与职业教育供给侧改革蓝皮书(上:综合篇)[M].上海:同济大学出版社,2018:23.

③ 周建松.高等职业教育人才培养目标下的课程体系建设[J].教育研究,2014(10):104.

素质专门人才""拔尖创新人才""技能型人才"。① 一般而言,职业教育的培养目标是"技能型人才",而普通教育中的基础性学科以"学术型人才"为培养目标,应用性学科以"应用型人才"为培养目标。然而,随着技术发展的日益复杂化与综合化,社会职业出现了专门化与交叉化的发展趋势。尤其是职业岗位技术含量的增加,促使部分岗位的人才需求出现由技能型向技术型转换的发展趋势。② 因此,职业教育的人才培养目标也应当做出相应调整,将技术技能型人才培养作为主要目标。

技术技能人才也叫"技术技能型"人才,是技术型人才与技能型人才的统称。它是一个随着科学技术产生和发展逐渐形成、变化与完善的概念。鉴于这一概念本身具有的发展变化性,又具有的相对确定性,所以在对这一概念进行定义的时候应当从动态中予以描述和分析,才能使人们对该概念有更加深入、全面、科学的了解与把握。③ 由于技术型人才与技能型人才存在日益交叉与重叠的趋势,二者边界的模糊在加大了区分难度的同时亦消解了对其进行二分的必要性。如果一定要做出某种意义上的划分,则可以从劳动组成的智力与体力成分占比方面进行某种区别。对于劳动组成中智力成分占比较大,对体力型动作技能要求较少的人员,可以将其划归为技术型人才;对于劳动组成中虽然对相关专业理论与技术知识有一定要求,但其主体仍为体力性或经验性的动作技能的人员,可以将其划归为技能型人才。④ 技能型人才主要包括知识技能型人才、技术技能型人才及复合技能型人才。知识技能型人才是指既具备较高专业理论知识水平,又具备较高操作技能水平的人员,其突出特征表现为:能够将所掌握的理论知识用于指导生产实践,创造性地开

① 国家中长期教育改革和发展规划纲要工作小组办公室.国家中长期教育改革和发展规划纲要(2010—2020 年)[EB/OL].(2010-07-29)[2019-10-23].http://www.moe.gov.cn/srcsite/A01/s7048/201007/t20100729_171904.html.

② 杨金土,孟广平.对技术、技术型人才和技术教育的再认识[J].职业技术教育,2002(22):5-10.

③ 佘绪新.权利与义务 权力与责任[M].北京:中国政法大学出版社,2014:11.

④ 郭静.高等职业教育人才培养模式[M].北京:高等教育出版社,2000:33

展工作;技术技能型人才是指在企业生产加工一线中从事技术操作,具有较高技能水平,能够解决操作性难题的人员,主要分布在加工、制造、服务等职业领域;复合技能型人才则指在企业加工一线中掌握一门以上操作技能,能够在生产中从事多工种、多岗位的复杂劳动,解决生产操作难题的人员。① 技术型人才主要包括技术研究型人才、技术开发型人才与技术应用型人才。② 其中,技术研究型人才主要通过研究不断完善技术开发的手段和方法及技术知识体系;技术开发型人才主要应用相关研究成果创造、发明新的技术工具;技术应用型人才则主要应用相关的理论知识操作、维护及修理技术工具。③ 不同类型的人才在社会功能及职能结构上存在一定区分度。

（一）技术技能

《辞海》对技术的解释是"泛指根据生产实践经验和自然科学原理而发展成的各种工艺操作方法与技能。如电工技术、焊接技术、木工技术、激光技术、作物栽培技术、育种技术等。除操作技能外,广义的还包括相应的生产工具和其他物资设备,以及生产的工艺过程或作业程序、方法"。④ 从技术的构成成分来看,技术可以分为理论技术和经验技术(见图 2-1):理论技术来自自然科学原理,经验技术来自生产实践,前者与心理学中的陈述性知识相对应,后者与心理学中的程序性知识相类似。⑤ 技能是"个体运用已有的知识经验,通过练习而形成的智力活动方式和肢体动作方式的复杂系统"。⑥ 个体技能的学习与获得无论是对知识的掌握还是能力的形成都具有非常重要的作用。心理学上以智力活动与肢体活动的差异为标准,将技能分为动作技能和心智技能(见图 2-2)。⑦ 动作技能是个体"在练习的基础上形成的按某种操作程序

① 雷海明.职业培训手册[M].太原:山西人民出版社,2008:36-37.

② 夏建国.技术本科教育概论[M].上海:东方出版中心,2007:76.

③ 夏建国.论技术本科教育[M].上海:上海交通大学出版社,2011:148.

④ 夏征农,陈至立.辞海:第六版彩图本[M].上海:上海辞书出版社,2009:1032.

⑤ 崔景贵,黄亮.心理学视野中的职业教育技术技能人才培养[J].中国职业技术教育,2015(24):87-91.

⑥ 朱智贤.心理学大词典[M].北京:北京师范大学出版社,1989:300.

⑦ 姜大源.技术与技能辨[J].高等工程教育研究,2016(4):71-82.

顺利完成某种身体协调任务的能力"，①心智技能是个体"借助内部言语在头脑中进行的认知活动方式，主要表现为思维活动的操作方式"。② 在具体的实践活动中，二者相辅相成。前者是后者形成的依据和外部表现，后者是对前者的调节与控制。

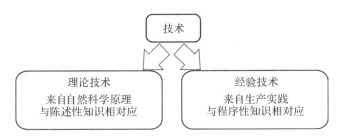

图 2-1　基于技术构成成分的技术分类

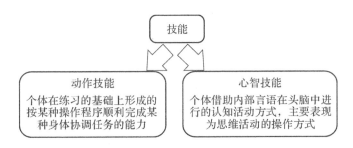

图 2-2　基于心理学的技能分类

　　基于技术与技能的心理学意蕴可知，"技术技能人才是一种兼具知识与技能的应用型人才"。③ 一方面，技术技能人才需要具备一定的知识理论基础，具有较强的综合应用各种知识解决实践问题的应变能力和组织能力；另一方面，技术技能人才要具备一定的动作技能与心智技能，在工作实践中能

够运用技术与能力进行实际操作。① 此外,技术技能人才不仅要具备显性的知识与能力,还要具备诸如"兴趣、意志、意识、动机、信念、理想"②等等潜在心理品质。因此,技术技能人才是在社会生产、经营、管理和服务一线工作,具有一定的技术知识基础和心理品质基础,能够应用专业技术和技能从事相关职业的应用型、复合型人才。③

技术技能人才培养是现代学徒制的核心功能与本质规定,也是其区别于其他人才培养模式的本质反映。那么何为"技术技能人才"呢?认识"技术技能人才",首先要正确认识技术技能以及技术与技能之间的关系。

（二）技术与技能的关系

对于技术技能人才的内涵与外延,学界虽尚未形成统一的认识,但基本认为必须在深入理解技术与技能关系的基础上来探讨这一问题。④ 技术哲学对二者关系的认识主要有三种代表性观点:一种观点认为技术的本质是技能,比如亚里士多德认为技术就是活动的技能⑤,埃吕尔也认为技术就是技能或技艺的理性活动⑥;另一种观点认为技术包括技能,技能是技术的一种构成要素,比如拉普认为技术是技能的过程或手段⑦,远德玉认为技能是技术形成的一个要素⑧,等等;还有一种观点认为,技能是技术的操作化与具体化,比如

① 孙凤敏,沈亚强.心理学视域下技术技能人才的内涵、特征与培养策略[J].中国职业技术教育,2017(05):6.

② 武文,刘凤.基于职业心理发展的市场营销专业人才培养[J].职业技术教育,2010(11):5-8.

③ 孙凤敏,沈亚强.心理学视域下技术技能人才的内涵、特征与培养策略[J].中国职业技术教育,2017(05):6.

④ 姜大源.职业教育:技术与技能辨[J].中国职业技术教育,2008(34):1+5.

⑤ Hendricks van. Risen Structure of Technology[J]. Research in Philosophy, 1979(02):43.

⑥ 高岩.高技能人才成长论[M].沈阳:辽宁大学出版社,2009:34.

⑦ F.拉普.技术哲学导论[M].刘武等,译.沈阳:辽宁科学技术出版社,1986:117.

⑧ 远德玉.过程论视野中的技术——远德玉技术论研究文集[M].沈阳:东北大学出版社,2008:15.

米切姆认为技术需要通过技能操作才能得以实现[①],姜大源认为技能是技术的"人化"或曰技能"开显"了技术。[②] 总而言之,技术具有一定的客观性、离身性,技能具有一定的主观性、具身性。如果将技术视为一种外在于人的客观力量,则技能就是一种内在于人的主观能力,二者是相伴相生且互动生成的关系。[③]

(三)技术技能人才

究竟何为"技术技能人才"呢,其与"技能型人才"的区别是什么? 一般而言,从人才结构理论出发,可以将人才分为学术型与应用型两类,前者是发现和研究客观规律的人才,后者是应用客观规律服务于社会生活的改革领域,为社会谋求直接利益的人才。[④] 其中,应用型人才又可以分为工程型、技术型与技能型三种。"技术技能人才"有广义与狭义之分:广义的技术技能人才是应用型人才的统称,包括工程型、技术型、技能型三类,这类人才的共有特点是运用具体技术、技能解决实际问题,既包括各类从事简单体力技能的技能型人才,也包括从事各类复杂智力劳动的技术工程人才;狭义的技术技能人才是一种介于技术型人才与技能型人才的复合型应用人才。[⑤] 实际上,技术与技能有时是难以分割的,技术是一种显性知识,技能是因为个体存在而存在的"具身技术",是技能内化于人的行动的结果。[⑥] 因此,可以认为:技术技能人才是工作在社会生产、经营、管理和服务一线,具有一定的技术知识基础,能够应用专业技术和技能从事相关职业的复合型人才。[⑦] 技术技能人才

---

① Carl Mitcham. Philosophy of Technology[M]. Macmillan Press,1980:309.

② 姜大源.职业教育"升级版"构建中转型与内生的发展[N].中国教育报,2013-06-20.

③ 肖坤,夏伟,卢晓中.论协同创新引领技术技能人才培养[J].高教探索,2014(03):12.

④ 谈松华.新型城镇化与职业教育供给侧改革蓝皮书(上:综合篇)[M].上海:同济大学出版社,2018:23.

⑤ 何文明,毕树沙.畅通我国技术技能人才成长通道的现实路径[J].中国职业技术教育,2021(02):60.

⑥ 吴国盛.技术哲学讲演录[M].北京:中国人民大学出版社,2009.

⑦ 张弛.技术技能人才职业能力形成机理分析——兼论职业能力对职业发展的作用域[J].职业技术教育,2015(13):8.

是既掌握明确语言表征的显性技术知识,又获得大量具有个人特质的默会技术知识的人才。①

三、企业责任

(一)企业

企业的产生、发展与演变,以社会生产力水平的不断提高及商品经济的不断发展为背景。② 作为社会的重要组成部分,企业对人类社会的发展与进步发挥着至关重要的作用。本研究"现代学徒制中的企业责任研究"中的责任主体为企业。因此,探讨企业责任首先要对企业及其本质有一个明确的界定。

作为一个历史概念,企业是商品生产与商品交换的产物,而不是随着人类社会的出现自然而然产生的。由于观察或分析视角不同,对企业的定义也难以达成一致的理解。比如,有研究者认为,企业是那些根据市场反映的社会需要来组织和安排某种商品(包括物质产品与非物质的服务)的生产和交换等活动,进行自主经营、自负盈亏、自担风险、实行独立核算、具有法人资格的社会基本经济单位。③ 其基本的资源要素包括人力资源、物力资源、财力资源、技术资源、网络资源及时空资源等。也有学者从传统观点出发,认为企业一般是以盈利为目的,综合各种生产要素,向市场提供商品或服务的组织,作为一种"资源配置的机制",企业不但能够实现整个社会经济资源的优化配置,同时还能降低整个社会的"交易成本"。④ 关于企业的本质,代表性的观点主要有经济学的经济组织说、社会学的社会组织说以及经济社会学的社会经济组织说三类。

---

① 肖坤,夏伟,卢晓中.论协同创新引领技术技能人才培养[J].高教探索,2014(03):12.

② 郑俊生.企业战略管理[M].北京:北京理工大学出版社,2020:3.

③ 郑俊生.企业战略管理[M].北京:北京理工大学出版社,2020:3.

④ 曹月娟,胡勇武.走向文化之路:新传播视域下的企业文化传播和企业形象构建[M].上海:上海交通大学出版社,2017:28-29.

经济学的经济组织说认为，企业是一个纯粹的经济组织。比如，新古典经济学认为，企业本质上是一个在技术约束与市场约束下进行投入与产出活动的生产函数；新制度经济学在沿袭了新古典经济学基本逻辑的基础上进一步提出，企业效率的实现并不能只依靠市场机制，还有赖于有效的制度安排。① 再如《企业社会责任的危险》一书中指出："追求利润是企业的责任，所以企业承担社会责任是一种危险的行为。"社会学的社会组织说认为，企业作为一个社会组织，其社会功能是促进社会目标的实现。社会的稳步运行建立在各类承担着社会运行职能的社会组织之上。经济社会学的社会经济组织说认为，企业是兼具经济功能与社会功能的社会经济组织。帕森斯认为，任何一种社会系统的生存与发展始终都离不开基本的功能条件，即适应功能、目标实现功能、整合功能和模式维持功能。也就是说，企业是兼具整合经济与社会功能的社会经济组织。本研究中对企业本质的探讨意在强调理解企业组织属性时所应当坚持的二元逻辑，即企业是经济属性与社会属性的统一体，且基于社会属性的社会价值视角的理解能够反作用于企业经济功能的发挥。

关于企业的概念，国内外尚未形成统一的表述。一般意义上，企业是指从事生产、流通、服务等经济活动，以产品或劳务满足社会需要并获取盈利，依法设立，实行自主经营、自负盈亏的经济组织。② 可以说，企业的生产经营活动在市场经济发展中起着决定性影响，离开了企业，整个社会经济活动都无法正常运转。从产权关系和法律形态来考察，企业制度经历了独资企业、合伙企业和公司制企业的发展过程。③ 20世纪后期，企业并不限于商业性或营利性组织。马克思的企业二重性理论，能够为研究企业的概念、性质、目的等提供理论依据。根据马克思的企业二重性理论，可以明确，企业是自然属

① 李伟阳. 基于企业本质的企业社会责任边界研究[J]. 中国工业经济，2010(9)：91.

② 林宏，余向平. 现代企业管理[M]. 杭州：浙江大学出版社，2007：7.

③ 周艳丽，谢启，丁功慈. 企业管理与人力资源战略研究[M]. 长春：吉林人民出版社，2019：2.

性和社会属性的统一体(见图 2-3)。一方面,它具有与生产力、社会化大生产相联系的自然属性;另一方面,它又具有与生产关系、社会制度相联系的社会属性。[①] 也就是说,企业性质具有二重性,即企业乃是技术与制度双重性质的统一。[②] 对企业相关问题的理解,均需基于技术—制度二重性的基本理论框架,将企业视为技术性质与制度性质的统一体。只有把二者结合起来才是对企业这一特殊生产组织形式的完整理解。因此,对企业技术与制度性质的理解应当是一个组合框架,而非二分。而基于演化的视角来看,从产生的意义上说,技术先于制度,任何制度的生成或变革都需要以一定的技术条件为基础,但这并不意味着制度是静态的或是锁定的路径依赖状态。某项制度的产生会对技术形成互构影响,即二者在互为因果与互动影响中协同演化。[③] 无论是马克思对技术决定性地位的强调,还是诺斯对制度影响性作用的重视,都只是问题分析视角的不同。从根本上说,企业是技术与制度的组合体,兼具技术性质与制度性质,二者的协同演化决定着企业组织形式的变迁。本研究"现代学徒制中的企业责任"中的"企业"指的是广义的企业,泛指所有参与我国现代学徒制试点以及与现代学徒制试点院校有合作关系的各种类型的企业。

图 2-3 企业二重性概念

(二)责任

基于学科背景与应用情境的不同,责任的使用也就不同,因而呈现出了

---

① 付平,吴俊飞.制造技术基础[M].北京:北京理工大学出版社,2019:234.
② 宋宪伟.企业的二重性质[M].北京:经济科学出版社,2015:79.
③ 宋宪伟.企业的二重性质[M].北京:经济科学出版社,2015:102.

多元的关系模式。① 弄清责任概念的含义以及应该在何种意义上定义和使用责任概念,是研究责任相关问题的基本前提。"责任"一词,人们耳熟能详,但至于什么是责任,却又莫衷一是。"责任"是一个使用频率很高的名词,作为日常用语中的常用概念,"责任"一词人人熟知,也是法学、伦理学、政治学中一个非常核心的概念,它连接在主体、行为、后果和评价之间,并将这些概念贯通。② 但由于责任概念本身具有多重语义,如果要对其进行概念界定,则不同文化背景及不同学科领域的研究者会存在较大差异与分歧。

在当代语境中,《现代汉语词典》中对责任的解释为:分内应做的事;没有做好分内应做的事,因而应当承担的过失。③ 基于这种解释,丁泗主张责任是"外界条件对行为主体的客观要求,是对人的行为的外在约束和规定",并据此认为责任应包括两种含义,"一是指任何一个有担当能力的人在社会生活中应承担的角色义务,属于道德范畴;二是指个人对自己的不良行为所应承受的后果,属于法律范畴"。④ 谢军也认为责任至少包括上述两方面的内涵,前者是我们日常所讲的"应尽的责任",后者是我们通常所讲的"应追究的责任"。而"分内"一词包含着能力的要求。在此基础上,他将责任定义为:由一个人的资格和能力赋予的,与此相适应的完成某些任务以及承担相应后果的道德和法律要求。⑤ 朱辉宇将责任的第一层意思理解为从积极意义上理解责任,表征的是各种社会规范对社会成员实现责任的客观要求,暗含了社会对责任主体的行为预期及责任主体的主动承担;责任的第二层意思属于消极意义上的责任,说明了社会对责任主体未履行或没有履行好应尽的义务、职责的事后处置。积极意义上的责任与消极意义上的责任是辩证统一的,前者是

①　Schiff J. Political Responsibility: The Problem of Acknowledgment. Hypatia, 2008(3):99-117.

②　王若磊.政治问责论[M].上海:上海三联书店,2015:51.

③　中国社会科学院语言研究所词典编辑室.现代汉语词典[M].北京:商务印书馆,2016:1637.

④　丁泗.论大学生责任观教育[J].中国高教研究,2006(12):56.

⑤　谢军.责任论[M].上海:上海人民出版社,2007:28.

后者的前提、基础;后者是前者得以实现的保障、支撑。① 荀明俐在认同以上责任概念界定的基础上,为避免对责任概念界定的认识偏颇,进一步指出:责任主体不仅指个体也包括群体组织;责任主要由责任主体的资格及其角色而赋予;责任过程不仅涉及责任意识的培养,还包括具体的责任行为与活动,更关涉相应后果以及相关评价等公共性问题。② 除了上述将责任的内涵严格界定为一种外在规定性的观点之外,也有学者表达了责任的内在规定性意蕴。如王一多认为,责任包括内在责任与外在责任两种,但从本质上讲,内在责任是根源于外在责任并由外在责任转化而来的。③ 由此可见,中国学界多从责任的"外在规定性"层面来解读"责任",多从强调责任的道德、法律意蕴层面来界定和使用"责任"一词。康德曾言:"每一个在道德上有价值的人都要有所承担,没有任何承担,不负任何责任的东西,不是人而是物件。"④康德提出"责任就是由于尊重规律而产生的行为必要性"⑤。在罗伯特·阿克曼和雷蒙德·鲍尔看来,责任的含义是承担义务,它强调的是动机而不是绩效。⑥ 由此可见,西方学界虽然对于责任的界定和理解还未达成一致,但主流观点都强调责任本质上不仅是一种外在的社会规定性,更是一种内在的自我规定性。⑦前者强调源自社会层面的控制与约束,后者则体现了基于个体层面的知觉与选择。

据此,本研究将责任概念界定为:责任就是个体或组织对在一定社会关

① 朱辉宇.正其义与谋其利:企业社会责任的伦理学研究[M].南宁:广西人民出版社,2015:81.

② 荀明俐.从责任的漂浮到责任的重构:哲学视角的责任反思[M].北京:中国社会科学出版社,2016.

③ 王一多.论"自由"和"意志自由"——关于道德责任和意志自由的问题[J].西南民族学院学报(哲学社会科学版),2000(10):63.

④ 姜丕之,汝信.康德黑格尔研究(第1辑)[M].上海:上海人民出版社,1986:10.

⑤ 康德.道德形而上学原理[M].苗力田,译.上海:上海人民出版社,2002:16.

⑥ Robert Ravmodb. Corporate Social Responsiveness: The Modern Dilemma [M]. Reston VA: Reston Publishing Company, 1976:6.

⑦ 叶浩生.责任内涵的跨文化比较及其整合[J].南京师大学报(社会科学版),2009(06):100.

系中因扮演某种角色或要发挥某种功能而应该和必须做的事以及因没有做好这些事而对相应后果的承担,是一种主体的内部规定性与客体外在规约性的统一体。"前一方面可称之为尽责(履行责任),后一方面可称之为问责(追究责任)。责任,就是尽责与问责两个方面的统一。"①(见图 2-4)本研究中的责任主要界定在公共领域,着眼于权力行使者的责任思维和责任实践。

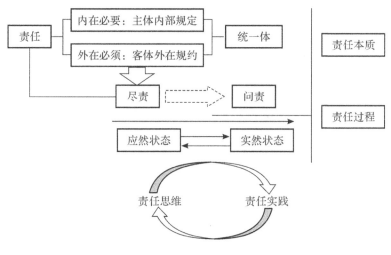

图 2-4　责任概念

(三)企业责任

企业责任可以分解为"企业"与"责任"两个词根,但企业责任并不是"企业"与"责任"的简单相加,而是指涉责任在企业组织世界中复杂的运作模式。责任的实质,其实就是责任主体分内应该和必须做的事以及由于没有做好分内之事而应该承担的过失。本研究探讨的企业责任含义对以上两个义项兼而有之。对企业及企业性质的理解不同,自然就会有不同的企业责任观。从企业的经济属性出发,企业便没有社会责任;从企业的社会属性出发,则会倾向于认同与倡导企业社会责任。鉴于此,对企业含义及形式的审慎思考是探

---

①　杨晓强."媒"田守望者:当代中国大众传媒社会责任研究[M].北京:新华出版社,2015:34.

讨企业责任的基础与前提。传统经济学理论强调企业的盈利动机,制度经济学学者则认为企业是市场"价格机制的替代物",产权经济学学者则把企业定义为"生产要素间的一组契约"。① 目前学者基于观察、理解角度的不同,对企业内涵与外延的界定并不完全一致。比如从企业的经济属性出发,企业是从事生产、流通、服务等经济活动,为满足社会需要并获取盈利,进行自主经营,实行独立经济核算,具有法人资格的基本经济单位②;从企业的法律属性出发,"企业是依法设立,从事生产、流通或服务等经济活动,独立核算,自负盈亏,独立承担民事责任的法人"③;从企业的社会属性出发,企业是以盈利为基本目的,并为达到此目的而向其他社会单位提供商品或劳务的"社会实体"④。近年来兴起的企业公民理论则将企业看成是社会的公民,认为企业要成为一个好公民,不仅要遵守法律的规定,而且也要受到伦理道德的约束,承担其应当承担的道义伦理上的义务。⑤ 总体来看,企业兼具道德属性、经济属性、社会属性及法律属性。本研究中的"现代学徒制中的企业责任"不是一个宽泛的概念,即不是对企业作为一个经济组织或社会组织所承担的宏观责任的探讨,而是具体到现代学徒制这一职业教育校企合作双元主体育人活动中的企业责任,具有一定的育人实践活动指向。

基于责任本质的内外部规定性与企业本质属性的二重性,本研究将"现代学徒制中的企业责任"界定为:作为兼具用人需求与育人功能主体的企业,在现代学徒制这一技术技能人才培养活动中应该和必须做的事(见图 2-5)。一方面,作为生产性、交易性的经济组织,稳生产、促发展是企业生存的第一要务,而生产与发展的关键是人才,但企业自身并不具备规模化培养技术技

① 李建新,王飞雪.企业法新论[M].北京:中国工商出版社,2006:1.

② 严亚明.晚清企业制度思想与实践的历史考察[D].武汉:华中师范大学,2003:1.

③ 李立清,李燕凌.企业社会责任研究[M].北京:人民出版社,2005:59.

④ 李雷鸣,陈俊芳.关于不同企业起源学说的述评与补充[J].江苏社会科学,2004(1):64-67.

⑤ 赵怡晴,等.企业社会责任动态理论与评价技术[M].北京:煤炭工业出版社,2016:28.

能人才的天然优势,因此,需要与职业院校在分工合作的基础上,共同培养能够满足其产业转型升级发展所需的大量创新型、复合型技术技能人才;另一方面,作为具有社会属性的社会组织,企业需要承担一定的社会责任,为在职员工提供教育培训的教育责任是企业履行社会责任的重要方面与直接体现,虽然企业并不是专门的教育部门,但这并不意味着企业不具备教育功能。在职业教育领域,尤其是在技术技能人才培养活动中,企业可以发挥技术技能人才实践技能培养的功能,这是由企业的天然场域与产业优势决定的,能够为技术技能人才提供工作场所学习,并以工学结合的方式实现技术技能积累。

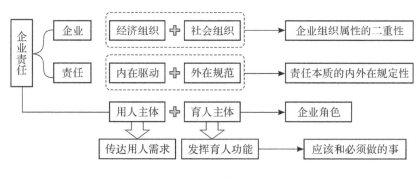

图 2-5 企业责任概念

第二节 研究思路、方法与创新点

一、研究的整体思路

本研究要解决的核心问题是如何使企业积极参与到现代学徒制人才培养模式中来,承担起其责任,进而促进现代学徒制中校企合作问题的解决。围绕这一核心主题,按照逻辑顺序,本研究可以拆分为如下几个子问题(见图2-6)。

（一）现代学徒制中企业责任生成的内在逻辑——为何

现代学徒制中企业责任生成的内在逻辑是回答"企业为什么在现代学徒制中有责任"的问题。现代学徒制中的企业责任一方面源自现代学徒制本质属性对企业责任主体的规定性。之所以有这样的规定性，则是因为现代学徒制是一种校企双主体育人的实践活动，企业作为双主体中的一方，扮演了育人主体的角色，就应该承担相应的主体责任。另一方面源自企业内外部技能形成对现代学徒制的客观需求。

（二）现代学徒制中企业责任内容的应然向度——应何

目前，关于"现代学徒制中的企业责任内容"这一问题的研究，始终缺乏丰富的分析视角，难以构建系统的企业责任内容分析框架。本研究基于现代学徒制中的企业责任内容的价值导向、权责对等的基本原则、需求导向的内容来源等对校企合作育人内容的应然规定，结合试点验收材料、相关政策文本及访谈材料的三角互证，通过对上述文本材料的三级编码，构建出了现代学徒制中企业责任内容分析的四个维度，即育人目标制定、育人方式构建、育人过程保障及育人效果评价。

（三）现代学徒制中企业责任履行的实然表征——何态

不同国家的现代学徒制人才培养模式各异，尤其表现为参与现代学徒制人才培养模式的不同利益相关主体在现代学徒制人才培养实践中的角色或作用不一。分析我国现代学徒制中企业责任履行的实然表征，就是要呈现企业责任履行现状。客观审视我国现代学徒制试点的现实情况可知，企业参与现代学徒制的责任缺位是目前推进过程中面临的突出问题，主要表现出企业责任意识弱化、责任能力不一、责任行为冲突及责任保障缺位四个方面的问题。现代学徒制中的企业责任行为是企业生存发展的内在规定因素"技术"与外在规定因素"制度"综合作用的结果。

（四）现代学徒制中企业责任履行的保障机制——如何

笼统地谈责任，还不足以对能否实现责任得出结论。因此，有必要对"责任"进行分解。按照制度设计的需要，从责任主体身份、责任内容、责任内容的存在载体和追责主体四个维度来观察，可以将责任分解为履责意识、履责能力、履责行为、履责制度四个方面。基于此，为落实企业在现代学徒制技术技能人才培养中的履责行为：首先，需要构建合作育人机制，提高企业履责意识；其次，需要建立权利保障机制，增强企业履责能力；再次，需要构建利益整合机制，规范企业履责行为；最后，需要建立社会认同机制，完善企业履责制度。

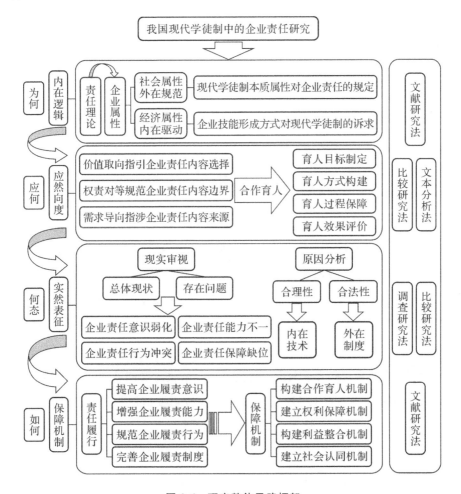

图 2-6　研究整体思路框架

二、研究的主要方法

研究方法即研究过程中采取的具体研究方式。教育研究方法包括宏观上的研究方法论、中观上的研究方式与微观上的具体研究方法。[1] 任何社会科学研究,既要接受哲学方法论的指导,又要遵循学科共同体惯用的研究范式,还要采用具体的方法和技术,因而研究方法实质上是由方法论、研究范式和具体方法三者构成的方法体系。[2] 其中,方法论是关于方法的理论,是研究过程中的思想、原则及理念指导。研究范式一般包括定量研究、定性研究及混合研究。习惯上,定量方法与客观主义相联系,通过搜集"客观的"资料来理解这个世界;而定性方法与建构主义相联系,致力于发现意义和解释以及动机和目的。[3] 混合研究是将定量与定性数据或技术综合或混合在同一项研究或紧密联系的一组研究中的研究方法。[4] 由于是出现在定量研究与定性研究之后的第三种研究方法,因而其发展程度还比较低,其潜在优势仍需在实践中得以发挥,但混合研究可以使定量和定性研究同时得到强化。具体研究方法包括文献研究法、比较研究法、历史研究法、调查研究法等。社会学家韦伯认为:"没有一种特定的探究方法,会比其他的方法来得正确,因研究方法的选择是根据研究中应用的机会与研究主体而确定的。"[5] 英国学者卡尔·波普尔在其著作《科学发现的逻辑》中亦指出:"任何一种论证方法,只要其论证合乎逻辑,就是科学的正确的研究论证手段。"研究所采用的方法取决于研究本身要解决或要回答的问题,作为一个跨界性的问题,对现代学徒制中企业责任的探究需要借助多学科的理论,在解

---

[1]　陈向明.质的研究方法与社会科学研究[M].北京:教育科学出版社,2000:5.

[2]　江新华.大学学术道德失范的制度分析[D].武汉:华中科技大学,2004:8.

[3]　朱迪.混合研究方法的方法论、研究策略及应用——以消费模式研究为例[J].社会学研究,2012(04):148.

[4]　拉里·克里斯滕森,伯克·约翰逊,莉萨·特纳.研究方法设计与分析[M].赵迎春,译.北京:商务印书馆,2018:330.

[5]　侯怀银.教育研究方法[M].北京:高等教育出版社,2009:3.

释主义与实证主义方法论的指导下,综合运用文献研究法、比较研究法、访谈调查研究法及文本分析法等方法探究现代学徒制中企业责任的相关问题。

（一）文献研究法

教育基本理论研究对文献研究法具有较强的依赖性,哲学、伦理学、法学、社会学、教育学等不同学科领域的相关文献,为本研究系统了解理论视角、全面把握并使用分析工具提供了基础。[①] 不同于观察法与调查法需要从研究对象那里直接获取研究资料,作为一种非接触性的研究方法,文献法通常通过查阅文献间接获取研究资料。作为一种单独的研究方法,文献研究是所有社会科学研究中最为常用的一种方法,通过搜集大量与研究主题相关的专著和论文,阅读大量的中文和外文文献,尤其是与研究相关的前沿论点,达到对研究主题相关领域熟练掌握的目的。本研究使用文献研究法获取现代学徒制中企业责任研究的现状与不足,不仅可以为本研究提供立论基础,而且可以为有关论点的形成提供思路。本研究在"核心概念界定""现代学徒制中企业责任的理论阐释""现代学徒制中企业责任的应然向度"及"现代学徒制中企业责任的实现机制"等内容上都用到这一研究方法。可以说,文献研究法贯穿整个研究过程的始终,是所有研究最基础也是最基本的研究方法。

（二）比较研究法

一般来说,比较研究法需要明确比较什么、如何比较、比较的标准、比较的目的和内容等。为明晰我国现代学徒制中的企业责任内容,本研究主要在两个层面运用比较法,一方面是国内现代学徒制试点企业间的比较。本研究在"我国现代学徒制中企业责任的实然表征"部分论述了我国现代学徒制中企业责任的履行现状,比较了不同试点企业单位企业责任现状的差异,以凸显企业责任的主体性与有限性。另一方面是立足我国现代学徒制中的企业责任,将中西方的企业责任进行比较。本研究在"现代学徒制中企业责任的应然向度"部分主要应用了这一方法,对国外现代学徒制发展运行较好的美国、英国、德国、瑞士等国中企业承担的责任进行横向比较与纵向考察,从而

---

① 赵苗苗.学校责任问题研究:以中小学为例[D].武汉:华中师范大学,2014:18.

为我国现代学徒制中企业责任内容的确定提供启示与经验借鉴。

（三）访谈研究法

访谈研究法是借助于受访者彼此的对话交流，获取受访者个人对社会事实的认知或态度。访谈可以以面对面的形式展开，还可以以电子化的方式进行，如网络访谈、电话访谈。这些访谈可能是不同步的（互动发生在一段时间里），也可能是同步的（互动是实时发生的）。[①] 企业责任本身既具有一定的主观性，又具有很强的实践性，故要了解现代学徒制中的企业责任现状、问题及成因，就必须进行调查研究。本研究主要采用调查研究法中的访谈法，深入了解直接或间接参与现代学徒制试点的企业责任履行现状，从而发现试点实践过程中企业在责任履行方面存在的问题，为影响企业责任履行的因素分析提供事实依据及分析视角。具体而言，在第五章"现代学徒制中企业责任履行存在的问题"及"现代学徒制中企业责任问题的原因分析"中主要应用了这一研究方法，受访对象主要包括试点职业院校现代学徒制项目负责人、双师型教师或专职教师及参与现代学徒制试点班的学徒（学生）。来自不同受访对象的访谈资料之间可以相互印证，从而提高研究结论的信度与效度。

（四）文本分析法

责任行为是主体意识、态度、情感或价值观的表征。通过对我国现代学徒制试点企业单位验收材料或年检材料的分析与挖掘，可以客观了解现代学徒制中企业责任的内容、现状及其参与现代学徒制的动机或态度。本研究中，第四章"合作育人规制现代学徒制中企业责任的内容模型"部分及第五章"我国现代学徒制中企业责任的履行现状"部分主要应用了文本分析法。具体而言，以参与我国三批现代学徒制试点的 17 家企业单位的验收材料或年检材料文本、对直接或间接参与现代学徒制试点的企业搜集的访谈文本以及现代学徒制相关政策文本为材料来源，在遵循材料来源三角互证的原则下，应用三级编码的方式，构建出了我国现代学徒制中企业责任的内容模型并结合

---

① 拉里·克里斯滕森,伯克·约翰逊,莉萨·特纳.研究方法设计与分析(第 11 版)[M].赵迎春,译.北京:商务印书馆,2018:51.

相应的统计分析得出了相应的责任履行现状。

三、研究的创新之处

其一,基于责任伦理与企业伦理视角,从责任本质的内外规定性探讨现代学徒制中的企业责任问题。已有研究多从外在规定性层面理解责任,研究视角的综合性不足,从而导致研究的系统性与深度不够。唯有从内源动力出发,注重政策引导、制度保障、资金支持等外源作用力,通过企业重构价值定位、激发责任主体意识等内生动力的共同驱动,才能不断增强企业在现代学徒制中的责任感与使命感。因此,本研究从责任的内在必要与外在必须两个方面论证企业应该也必须承担其在现代学徒制育人活动中的责任,既尊重了现代学徒制双主体运行的客观要求,又关照了企业合理的利益诉求,有利于推动企业参与现代学徒制的自主性嵌入。

其二,提出企业在现代学徒制中需承担责任的具体内容及责任内容的分类依据。以往对现代学徒制中企业责任内容的研究或是基于宏观的经济责任、法律责任、道德责任,或是未能提出责任内容维度划分的依据。本研究基于现代学徒制中的企业责任内容的价值导向、权责对等的基本原则、需求导向的内容来源等,对文本材料进行三级编码,构建出了现代学徒制中企业责任内容分析的四个维度,即育人目标制定、育人方式构建、育人过程保障及育人效果评价。

第三,运用文本分析法探究现代学徒制中企业责任行为的影响因素。与其他分析方法相比,文本分析具有的独特优势主要表现在可有效深入了解个体或群体的价值观、意图、态度和认知模式方面。责任行为是主体意识、态度、情感或价值观的表征。通过对我国现代学徒制试点企业单位验收材料或年检材料的分析与挖掘,可以深度了解企业参与现代学徒制的复杂动机或多元态度。在资料搜集中,主要以对试点验收材料的分析为主,并辅以对企业管理者、职业院校负责人(现代学徒制项目负责人或双师型教师)、现代学徒制试点班学徒(学生)的访谈文本以及国家现代学徒制相关的政策文本,通过访谈资料的三角验证,以保证资料获取的真实、客观与全面。

第三章

现代学徒制中企业责任生成的
内在逻辑

现代学徒制中企业责任生成的内在逻辑即回答"企业为什么在现代学徒制中有责任"的问题。基于责任理论可知,现代学徒制中的企业责任源自现代学徒制本质属性对企业责任主体的规定性以及企业技能形成方式对现代学徒制技术技能人才培养方式的现实诉求。具体而言,《现代汉语词典》里将"责任"解释为"分内应做的事;没有做好分内应做的事,因而应当承担的过失"。对于为什么会是"应做的事",这里可以有两种解释:一种是外在规范要求个体必须去做,一种是个体自身认为应该去做。① 这两种解释对应两种不同的哲学理论:前一种以外在社会需求为标准要求个体按照社会规范践行责任,后一种是个体以自身内在需求为基础自主要求实现责任。由此可知,责任生成的根据有二:一为外在社会规范,二为内在需求驱动。同样,企业之所以在现代学徒制中有责任,一方面是现代学徒制本质属性对企业责任的规定性,另一方面是企业内在需求的驱动。前者主要是因为现代学徒制是一种校企双主体育人的实践活动,企业作为双主体中的一方,扮演了育人主体的角色,就应该承担相应的育人主体责任;后者则表现为企业内部技能形成对现代学徒制育人方式的内在需求。也就是说,现代学徒制中的企业责任源自企业内部技能形成对现代学徒制育人方式的需求及现代学徒制本质属性对企业育人主体的规定。企业不仅是现代学徒制人才培养模式的需求主体,亦是现代学徒制人才培养模式的育人主体,作为兼具用人主体与育人主体双重角色的企业,有责任在现代学徒制人才培养活动中传达企业最新用人需求,并发挥育人功能,与职业院校合作育人。

———————————

① 黄瑶.王阳明责任思想研究[D].南京:南京师范大学,2021:136.

第一节　责任理论及其核心旨要

正如马克思所说:"作为确定的人,现实的人,你就有规定,就有使命,就有任务……这个任务是由于你的需要及其与现存世界的联系而产生的。"①也就是说,责任体现了人的一种社会必然性,马克思的这一论述揭示了责任含义的两个层面:主体自身发展的内在需要及这种需要与社会的外在关联性。在现代社会中,人们提到责任往往无法感受到自在与自得,而是感到被动与压力,这往往体现的是对责任理解的片面性,是一种将责任外化的结果。当责任被看作是一种外在的规范与强制,人们承担责任的动力只能是强制性的要求或者是对惩罚的恐惧。② 因此,唯有从内在出发,将责任看作个体的自主选择与内在要求,而不是以外在性的方式看待责任,主体才不会以逃避的姿态面对责任,而是在主动承担之中积极实现自身的价值与追求。换言之,人们之所以承担责任不是因为外在的强制,而是因为自身的需求。

责任问题是一个既古老又年轻的话题。说责任古老,是从责任存在与发展的现实根基出发,其产生于人类诞生的那一刻,并随着人类社会的不断发展而发展;说责任年轻,则是从责任的应用场景及内涵的丰富性考量,不同文化或历史背景下的责任解读纷繁复杂且历久弥新。西方学者对责任的理解建立在个体自由意志的基础之上,强调责任来源的内在性;而国内学者对责任的阐释则建立在群体主义的基点上,强调责任生成的外在性。西方传统的自然法则和近代以来的自然权利法论强调人的自然权利,强调人身自由、个人尊严和支配自己行为的权利,即"天赋人权",这使得西方理解的责任更多

---

① 中共中央马克思恩格斯列宁斯大林著作编译局.马克思恩格斯全集(第 3 卷)[M].北京:人民出版社,1960:329.
② 黄瑶.王阳明责任思想研究[D].南京:南京师范大学,2021:140.

的是一种契约型的责任,而中国儒家文化信奉"天人合一"理念,传统儒家的责任观提供了与西方截然不同的主体形成条件。[①] 当代社会的"责任"概念深受西方法治文化的影响,以法治思想为内核的"责任"被看作是与具体身份相联系的特定义务,具有什么样的身份就要承担相应的责任,这样的理解使得责任依附于外在条件,从而丧失了其中所蕴含的德性意蕴。[②] 以外在性的方式看待责任容易将责任视为一种负担而总是想方设法地逃避责任。因此,有必要将"责任"纳入德性的范畴来考察,从而减少或有效规避各种逃避责任的现象或行为的发生。履行责任需要知行合一,从内在出发落实于对他者的主动回应之中。只有将"责任"视为一种内在自主性与外在规范性的统一体,才能为责任主体自主承担、主动作为提供不竭的内生动力。同时,这也符合哲学上的内外因辩证关系原理。

一、责任理论阐释

探究责任的生成逻辑即找寻责任的形成基础或来源。对责任概念的理解不同,则会得出不同的责任生成逻辑。中西方对责任问题的理解存在一定差异。从历时性的角度来看,对责任概念的认识存在传统责任观与现代责任观的区分。传统责任观作为西方哲学中的关键范畴,认为责任产生于自由意志,因此人必须为自己的选择负责;责任首先应该指向个体、自我,自我负责是自由意志的必然要求。而对自我负责,也是对社会、对国家负责的基础与前提。西方人认为,人有自由意志,自由意志意味着不可规定性,因此,人必须为自己的选择担负责任,而不是寻找外在根据和援引权威力量来为自己行为的后果进行辩解;而传统中国人的"自由"是一种"无意志的自由",认为人的行为是无法选择的,因此,无须负责,责任来源于天命或一种外在力量,是

---

① 胡道玖.以责任看发展:多元视阈的"责任发展观"研究[M].上海:上海交通大学出版社,2014:11.

② 黄瑶.王阳明责任思想研究[D].南京:南京师范大学,2021.

不可改变且不由自己决定的,此时的自我要么被群体淹没,要么脱离群体,"自我"的缺失带来的是责任的消解。① 在现代责任观中,中国语境下的责任概念不仅强调主体应该履行对他人、对社会的责任,而且更表现在行为主体或多或少的自我牺牲上,它要唤起的是人们对社会整体利益和幸福实现的责任意识;同时,不但应当而且完全有必要考虑对责任的报偿,使有责任者得福,无责任者受惩,从而创建一个"事修而赞兴、德高而利来"的责任激励机制。② 西方语境下的现代责任,更多地体现为一种伦理责任,是在对"现代性"的反思与批判过程中发展起来的。比如康德认为责任是尊重规律而产生的行为必要性;马克斯·韦伯在人的行动的价值领域区分了责任伦理与信念伦理,认为人类的政治行为,必须从政治义务和行为的后果出发,而不是从善良意愿、良好的动机、伟大的信念等出发;汉斯·约纳斯强调自然对人的责任和人对自然的责任,恪守价值客观主义,坚信自然的生命与有机体都有独特的价值和尊严:一方面,他仍然强调"责任首先是对人的责任",另一方面,要以对待人的态度来对待自然。也就是说,西方责任伦理学中的责任概念,以未来的行为为导向,是一种"预防性的责任"或"前瞻性的责任""关护性的责任"。概而言之,中西方现代责任意识与传统意识的区别在于:第一,旧责任是聚合性的,以个体行为为导向,而新的责任模式是发散性的,以许多行为者参与的合作活动为导向;第二,旧的责任模式是追溯性责任,代表着一种事后责任,它专注于过去发生的事情,是一种消极性的责任追究,而新的责任模式,属于前瞻性责任,代表着一种事先责任,以未来要做的事情为导向,是一种积极性的行为指导。③ 当然,现代责任观并不意味着对传统责任观的替代或置换,而是对传统责任观的一种扩展、补充、增加或发展。责任理念不仅是现代性社会的基本规范,也是应用伦理学的核心范畴。

————————

　① 胡道玖.以责任看发展:多元视阈的"责任发展观"研究[M].上海:上海交通大学出版社,2014:14.

　② 谢军.责任论[M].上海:上海人民出版社,2007:155.

　③ 燕道成.媒介化风险与传媒责任伦理[M].长沙:岳麓书社,2011:70.

（一）责任生成逻辑的学理辨析

关于责任生成逻辑的研究主要有三种视角：身份赋予责任、契约赋予责任与自然赋予责任。第一种观点是身份论。身份论认为，主体的责任源于其在一定社会分工中的地位。在相当长的历史时期中，人类为解决生存问题、提高劳动效率，必然要实现社会分工，而社会分工以固定的形式造成了社会的各个等级与各种身份，并且每一个等级和每一种身份都有与之相适应的责任，作为责任的个体只有履行了这些责任，才能契合自己的身份。[①] 不同身份的人只有各守其位，各负其责，才能促进社会秩序的良性运作，并发挥社会分工的优越性。身份包括两种，一种是自然身份（或先赋身份），一种是社会身份（或自致身份）。人的责任或义务首先由人类自然身份赋予，然后由其社会身份赋予，前者具有天赋义务的性质，后者具有人为约定义务的性质，这便是人类责任的双重来源。[②] 第二种观点是契约论。契约论认为责任产生于契约。随着封建等级关系的解体，人在法律上的独立与自由代替了等级与身份，此时，人与人之间的社会联系与社会分工便不再以身份的形式出现而是以契约的形式维系。英国法学家梅因曾言："所有进步社会的运动，都是一个'从身份到契约'的运动。"[③]契约的本质是平等主体之间的互利与共生。第三种观点是自然论。自然论认为，责任产生于人类本性。人从一出生就自然被赋予了某种自然责任，这种责任来自人之为人的自然权利。西塞罗认为自然赋予人类两种本性：一种是普遍的本性，这种本性衍生出一切道德和恰当，依靠这种本性才能够明确我们的责任；另一种是分配给每个人的特殊的本性。[④]

从某种意义上看，无论是身份论还是契约论都是一种基于外在社会规范的角色论，而自然论则是一种基于内在需求的驱动。综上可知，责任存在根

① 贺琛.传播伦理：新闻传播者的道德责任研究[M].西安：西安交通大学出版社，2016：57.

② 万俊人.清华哲学年鉴2003[M].保定：河北大学出版社，2004：6.

③ 梅因.古代法[M].沈景一，译.北京：商务印书馆，1959：97.

④ 贺琛.传播伦理：新闻传播者的道德责任研究[M].西安：西安交通大学出版社，2016：71.

据的学理依据可以概括为角色论与自然论两种。这两种理论分别代表了责任的两种来源,一种为主体内在发展需求的驱动,一种为外在社会发展需求的规范。

（二）责任内容表现的二维向度

根据我们对责任的界定,责任的内涵主要有两个方面:分内应做之事;没有做好分内之事应当承担的过失。如果将前者理解为尽责,后者则可被理解为问责。尽责是责任的主体方面、积极方面、内在方面或柔性方面,问责是责任的补充方面、消极方面、外在方面或刚性方面。如果某一主体已经积极地履行了自己的责任,那么就没必要再对责任进行追究。追究责任是为了使自觉性不足的人更加主动地履行责任。因此,在作用机理上,责任是德性与制度的统一。在思维逻辑上,责任是动机与效果的统一。动机论强调行为出发点的道德意义,只要是出于善的动机的行为均可被视为一种道德行为;而效果论者强调效果的道德意义,不仅要考察善的动机,还追求善的结果。只有二者兼具,才可被视作一种道德行为,如果只有善的动机而没有达成善的效果,也不能被视为一种道德行为。将责任问题放置到伦理学视野中进行考察的一个重要启示是:一定社会活动中的主体要履行好自己的责任,不仅要有善的责任动机,还要努力发挥自身作用或功能,通过自觉自愿的尽责行为,将责任动机转化为实实在在的责任行为并最终达成善的责任结果,从而承担好自身应承担的责任。

（三）责任的实现需要内外统一

责任问题研究的逻辑旨归是责任的实现。从这个意义上来说,责任并不是脱离个体的外在伦理规范与要求,而是在对他者的回应之中打通内外的自主选择。① 责任的实现需要内外统一,即责任主客观因素的统一,从而达到责任之"知"与责任之"行"的合一。积极意义上的责任是责任主体对自身行为的积极掌控与把握,有利于主体行为得当;消极意义上的责任,则需要外在社会规范的约束。由此可知,责任的实现需要"知行合一"。倘若"知先行后"必

---

① 黄瑶.王阳明责任思想研究[D].南京:南京师范大学,2021:72.

定导致知行两分。正如陈立胜所说,"先知后行"也就意味着将"知"限定在"内在的""隐秘的"生活领域、心理活动领域,而"行"则严格限定在"外显的""公开的"举止行动领域。

二、责任特征探讨

分析责任的特征有助于进一步理解责任内涵及外延,从而为区分责任与相关范畴提供理论支撑。

(一)责任的主体性

自由是责任的前提,"探讨责任与自由、意志自由的关系,就不能回避主体性问题"。[①] 马克思说:"主体是人。"[②]作为主体的人不能脱离实践而存在。主体性实际上就是实践主体或主体实践的特性。[③] 我为性与为我性是主体性中相辅相成的两个方面。离开我为性的为我性,则无法为作为对象的客体负责;离开为我性的我为性,则只是将自身作为服务于外在目的的手段,毫无主体性可言,是一种对主体不负责任的行为。因此,在现实的生活中需要协调好主体性的两个方面。所谓责任的主体性,实质上就是在人类的实践活动中,人自身对自己及对其他主体是否有责任、有多大责任及有什么样的责任的问题。

(二)责任的选择性

在马克思看来,价值问题的实质是利益问题,即客体对主体是否有用。有用,则有价值;反之,则无价值。个体趋利避害的本能决定了其行为选择的个体理性。也就是说,任何个人都倾向于做出有利于自身生存与发展的选择。当然,存在于各种复杂社会关系中的个体,会面临各种选择,而每一种选

① 荀明俐.从责任的漂浮到责任的重构:哲学视角的责任反思[M].北京:中国社会科学出版社,2016:58.

② 中共中央马克思恩格斯列宁斯大林著作编译局.马克思恩格斯全集(第2卷)[M].北京:人民出版社,1979:103-104.

③ 袁贵仁.马克思的人学思想[M].北京:北京师范大学出版社,1999:101.

择折射出的都是个体的价值选择。责任作为个体自由意志的表征,具有一定的选择性。责任的根本意义就在于指导人们生活实践。依据不同的事件,责任要求人做出不同的道德选择,开展责任教育的意义就在此。①

（三）责任的客观性

责任是社会生活和社会关系对现实的人的客观要求。② 马克思指出:"作为确定的人,现实的人,你就有规定,你就有使命,就有任务,至于你是否认识到这一点,那都是无所谓的。"③也就是说,无论是外在的社会规定、个体自身的历史使命或角色要求,都是对处于一定社会关系中个体的客观要求。社会发展有自身的客观规律,作为社会整体一部分的个体,自然也需要在遵循社会发展规律的基础上开展个体行动。任何人都不可能脱离社会而单独存在。康德认为:"责任就是出于对规律尊重的行为的必要性;而规律,是先天的,并且是至高无上的尊严。人的一切都来自规律毋庸置疑的权威,来自对规律无条件的尊重。"④

（四）责任的社会性

人的社会性的重要体现之一,就是人的责任性,承担责任是人之为人的基本规定性之一。⑤ 责任的核心内容是其内在规定而非外在规范,因为即使是外在社会规范也需要转化为内在的情感、信念或意志,才能内化为主体的思维方式或行为规范。⑥ 如果人的本质是各种社会关系的总和,那么责任就是处于一定社会关系中的人的责任。人的社会属性规定了责任的社会性特征。从某种程度上可以说,责任的存在与个体的社会关系紧密结合在一起。离开一定社会关系谈责任,将虚化责任存在的社会前提,责任问题自然也就

---

① 丁文敏.大学生责任教育概论[M].济南:山东人民出版社,2012:11.
② 宁业勤,刘玲.职业素质与职业发展[M].杭州:浙江大学出版社,2020:36-37.
③ 中共中央马克思恩格斯列宁斯大林著作编译局.马克思恩格斯全集(第3卷)[M].北京:人民出版社,1960:329.
④ 康德.道德形而上学原理[M].苗力田,译.上海:上海人民出版社,2005:33.
⑤ 谢军.责任论[M].上海:上海人民出版社,2007:1.
⑥ 宁业勤,刘玲.职业素质与职业发展[M].杭州:浙江大学出版社,2020:37.

无从谈起。

（五）责任的强制性与自律性

责任是一种内在必要与外在必须的统一体。责任的客观外在性决定了责任的强制性，责任的主观内在性决定了责任的自律性。前者体现了外在社会规范对个体提出的行为要求，这种要求不以个体意志为转移，是客观存在的。如果这种社会要求与个体的利益相悖或存在某些冲突，个体便不会自愿遵守，此种情形下，就需要一定的强制措施，发挥他律的约束与规范作用。当然，多数情况下，社会利益与个体利益是统一的。后者则表现为主体将外在社会规范或外部要求转化为内在的自觉意愿和行动，属于自律发挥作用的范畴。两者分别体现了责任的强制性与自律性，且二者是对立统一的关系。责任的自律性把被动的服从变成主动的律己；责任的强制性则为责任的落实提供了保障。[①]

（六）责任的应然性与实然性

"应然"与"实然"从休谟提出来以后逐渐成为哲学社会学中的一对基本范畴。简单来说，实然即"实际怎样"，应然就是"应当怎样"。责任的实然性即人们提出的现实责任要求，应然性即对人们提出的理想责任要求。虽然责任应然性的存在并不依赖于它的实然性，但责任的实际状态与理想状态之间必然存在某种客观差距。因为责任的应然性通常表征的是主体意欲改变责任现状的某种价值要求或理想追求。但这种要求或追求的达成通常需要主体充分发挥自身的主观能动性，努力去超越或克服各种现实障碍。而责任的实然性则要求主体以客观存在的社会现实为行动参照，不能忽视主体的现实处境与能力水平，否则只会逐渐堕入虚无主义的深渊。也就是说，责任具有应然性与实然性的特征。从对责任的追求来看，可以将责任追求视为一个无限的过程；但是，从责任履行的现实条件来看，主体责任的履行会受到主体自

---

① 张瑞.大学生责任教育新编[M].济南:山东人民出版社,2014:11.

身历史局限性与时代局限性的影响,因此,其能履行的责任又只能是有限责任。[①] 责任的追求是一个无限的过程;但责任的实践则是有限的。综上,在具体的责任履行过程中,要始终秉持应然性与实然性相统一的价值取向,既要看到责任价值追求的无止境,又要看到责任履行的有限性,坚持价值与事实的统一。

第二节　现代学徒制本质属性对企业责任的外在规定

一、现代学徒制的本质属性及其基本特征

(一)现代学徒制的本质属性

现代学徒制的本质问题是一个长期困扰职业教育学界的基本理论问题,至今尚无一致意见。虽然人们承认现代学徒制具有多重属性,但难以确定何为其本质属性。现代学徒制的本质,是现代学徒制现象所固有的、必然的联系,是现代学徒制的内在规定性和根本性质。现代学徒制的本质是现代学徒制本体论中的核心命题,在整个现代学徒制理论中具有极为重要的地位。

显然,当前国内对现代学徒制本质属性的认识与理解并不统一,基于不同的视角,便会得出不同的现代学徒制内涵。"从研究视角来看,既有教育学视角的辨析,也有制度学视角的解读;从研究领域来看,既存在实践层面的经验总结,也有理论层面的推理分析;从所持观点来看,既有把现代学徒制视为

① 荀明俐.从责任的漂浮到责任的重构:哲学视角的责任反思[M].北京:中国社会科学出版社,2016:19-21.

教育制度的制度观,也有把现代学徒制看作人才培养模式的模式论"①,还有把现代学徒制看作个体技能形成的学习方式论。综上可知,对现代学徒制本质属性的解释一般聚焦在三个维度,即职业教育制度、人才培养模式、技能形成或学习方式。现代学徒制最为本质的方面是改变技能的学习方式,但学习方式的改变需要人才培养模式的支撑,而人才培养模式的实施需要教育制度的保障。② 也就是说,现代学徒制既是一种校企合作的职业教育制度,也是一种校企共同进行技术技能人才培养的人才培养模式或育人模式,还是一种技能积累或技能形成的学习方式或教学方式。③ 三者是从不同角度对现代学徒制属性或特征进行的描述。但无论是制度层面、模式层面还是个体层面的解说,都体现出以校企双主体为育人主体的根本特征和以技术技能人才培养为育人目标的核心宗旨。质言之,现代学徒制的核心属性是校企双主体育人,其中校企双主体体现了现代学徒制的双主体性、协作性与跨界性,育人活动及育人方式体现了现代学徒制的教育性与师徒化,育人目标则是培养技术技能人才,这一人才培养目标体现了现代学徒制的技术技能性与公共性。基于此,现代学徒制的本质属性由育人主体的双元性、育人目标的技术技能性及育人方式的师徒化共同规定(见图 3-1)。

（二）现代学徒制的基本特征

"育人"一词包括"育"和"人"两个方面的意涵。"人",涉及的是方向问题,即育"什么人";"育"涉及的是主体问题与方式问题,即"谁来育"人与"如何育"人。只关注育什么人,忽略究竟由谁来育人以及如何育人,不可能高质高效育出经济社会发展所期待的人;只关注谁来育人和如何育人,却忽视到底要育什么人,则更有可能育出精致的利己主义者也未可知。对作为一种育

---

① 吴学峰,徐国庆.我国现代学徒制发展中的"关键问题"——基于国内文献研究的思考[J].河北师范大学学报(教育科学版),2017(03):54.

② 徐国庆.职业教育现代学徒制理论研究与实践探索[M].北京:经济科学出版社,2021:2.

③ 李岷,李一鸥,李岩.基于对现代学徒制再认识下体制机制构建的思考与探究[J].中国职业技术教育,2018(10):41-45.

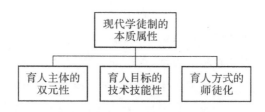

图 3-1　现代学徒制的本质属性

人活动的现代学徒制而言,其本质属性的彰显,也应该聚焦"育"人的主体、"育"人的方式及育"人"的目标三个维度,探讨其与他种育人活动的不同之处。由此可知,现代学徒制的基本特征主要表征为育人主体的双元性、育人目标的技术技能性及育人方式的师徒化。

1.双主体:育人主体的双元性

所谓校企"双主体"育人,是指企业与职业院校共同作为育人主体,参与现代学徒制技术技能人才培养。其主要特征为:一是校企双主体育人,企业成为育人主体;二是学校的理论知识学习与企业的实践技能培养交替进行;三是在职业学校的教育场域与企业的工作场域两个教育场域进行人才培养;四是学生具有职业院校学生与企业员工的双重身份。此时的校企双方不再是松散的合作关系,而都是以主人的身份和平等的地位参与人才培养的全过程,如在人才需求分析、专业设置优化、人才培养方案制定、课程开发、教材编写、教学资源建设、双师结构教学团队和实训基地建设、课程的讲授与实训等教学任务的完成、课程考核、教学质量评价、学生技能(设计、作品)竞赛、就业指导等,都全程参与并充分发挥各自的优势。① 首先,校企"双主体"不仅包括单个学校与单个企业一对一的合作,也包括单个学校与一批企业的合作、学校的单个专业与一个或一批企业的合作、专业群与企业群的合作,其最终目的在于培养经济社会发展所需的技术技能人才,具有明显的集聚效应与规模效应。其次,校企"双主体"中的学校和企业在技术技能人才培养过程中既是

---

① 刘惠坚,李桂霞.对高职教育校企"双主体"人才培养模式的思考[J].黑龙江高教研究,2012(01):100.

一个有着共同利益追求的利益群体，又都有自身异质的主体利益诉求。再次，企业作为现代学徒制人才培养活动的主体有其历史合理性，因为职业教育产生于企业，在其产生之初就曾是企业的一个有机组成部分。最后，现代学徒制中的校企"双主体"是一种"校企共同体"，二者在技术技能人才培养活动中有着共同愿景，二者权力平衡、利益共享、责任共担。"双主体"论是在学校和企业这两种分属于不同活动领域中的两个主体，相互依存、共同发展的基础上提出的：一方面，它认为学校主体和企业主体并不是相互对立、相互排斥的关系，而是相互依存、相互补充的关系；另一方面，它强调学校主体和企业主体在发展过程中的协调与统一，在两者相互作用中，学校发展促进了企业发展，企业发展也带动了学校发展，双方互利互补。① 此时的校企"双主体"形成了一种"校企共同体"，是"学校和企业为了共同的目标和利益而共同建立的一种实体联盟，主要从事技术开发、产品生产与开发、生产性实习实训、科学研究、教育培训、社会服务等方面的实体合作"②。

2.双场域：育人目标的技术技能性

现代学徒制是职业教育人才培养的一种有效模式，其有效性集中体现在：作为一种将生产和教育高度融合的职业教育校企合作人才培养模式，其产教融合的跨界逻辑要求其培养的不是基于技术导向或工具导向的单向度的"技术人"，而是知识、能力、态度、情感、价值观等全面发展的技术技能人才。职业院校应发挥其基础性作用，为每一个学习者掌握必需的知识与技能、发展智力与涵养精神提供基础。③ 任何一个"职业人"身上都应该体现出技术知识、职业技能与职业道德的某种聚合，"一个社会的经济和技术发展过

---

① 叶鉴铭.校企共同体：企业主体学校主导——兼评高等职业教育校企合作"双主体"[J].中国高教研究,2011(03):70.

② 叶鉴铭,周小海.试论"校企共同体"的共同因素及其特征[J].学术交流,2010(03):198-201.

③ 雅斯贝尔斯.什么是教育[M].邹进,译.北京:生活·读书·新知三联书店,1991:33.

程的速率大部分是被其工作人员的知识、技能和适应性所决定的"。① 也就是说,在进行职业教育技术性构建的过程中不能仅仅关注人的技术性发展和技术性生存,也应更多关注人的精神需求和艺术审美需求等其他非理性需求。②"全面发展的技术技能人才"应当是"不仅掌握技术知识和能力,同时应具有技术的思想和方法以及技术态度和情感",③而且这四个方面相互联系,相互影响,是一个综合性、整体性的素养结构。技术知识是全面发展的技术技能人才的基础,技术能力是全面发展的技术技能人才形成的核心,技术思想和方法是全面发展的技术技能人才培养的灵魂,技术态度、情感、价值观则是全面发展的技术技能人才形成的主导。现代学徒制要培养的完整技术技能人才,即"在学生学习的过程中通过对技术的全面认识,将技术伦理原则内化为自身的行为准则,以指导技术实践活动,习得技术应用,开发和创新应有的伦理价值和态度等,从而实现个体的全面发展"。④ 也就是说,现代学徒制应注重"人的全面发展",注重技能培养的全面性,并尽可能通过多样化的方式、方法或手段,在遵循技术技能人才成长规律的基础上,以"育人"为根本价值取向。

3.双身份:育人方式的师徒化

现代学徒制主要以师带徒的方式进行技术技能人才培养。师带徒是学徒制育人模式的典型特征,也是个体技能形成的主要方式。瑞士苏黎世大学Philipp Gonon 认为:"学徒制是一种以教育年轻人使其获得工作与社会生活必备的资格为目的的,聚焦于某一特定的学习场所以及一种合法的组织背景形式的学习模式。"⑤现代学徒制建立的关键是在融合传统学徒制基本要素的

① 泰勒.职业社会学[M].张逢沛,译.台北:复兴书局,1972:258.
② 唐锡海.职业教育技术性研究[D].天津:天津大学,2014:202.
③ 陈向阳.试论高职院校中的技术伦理教育[J].中国高教研究,2006(02):64.
④ 唐锡海.职业教育技术性研究[D].天津:天津大学,2014:160.
⑤ Philipp Gonon. Apprenticeship as a Model for the International Architecture of TVET[M]. Assuring the Acquisition of Apprenticeship in the Modern Economy,2011:33

基础上,发挥现代学校教育的优势,实现言传与身教的有机结合。① 在职业教育中存在两种形态的知识结构,即显性知识与隐性知识。显而易见,我们常见的知识是可编码的和可明确表达的,能以规范化、系统化、结构化方式储存和传播的知识,即显性知识。② 这类知识由于具有一定的规范性与系统性,因而可以通过文字、图像或图形等方式进行储存或传播。即使脱离具体的、实际的、真实的使用环境,这类知识依然可以在专门的教学场所进行高效讲授,这也就是我们当前的职业学校教育。然而,除显性知识之外,还存在大量的难以编码和不易表达的,由于高度个性化、无序化、分散化而难以表述、记录、存储、传播的主观知识,即隐性知识。③ 这类知识难以编码且具有高度的个人化和具身性,因此,难以在以学校为主的教学场所中传播。对现代学徒制而言,作为一种校企双主体育人的模式,对于显性的职业技术知识,可以在学校场域中进行,对于隐性的职业技能知识则需要在企业具体的工作场所学习中以师带徒的方式进行。隐性技能知识也是职业知识的一部分,可以在具体的职业行动中部分地转化为显性职业技术知识。④ 当然,由于这种显性化了的隐性职业技能知识建立在他人加工与整理的基础上,因而从本质上看,仍然是一种间接知识,是一种去情境化与离身性的知识。⑤ 唯有通过师带徒的方式,在企业真实的工作场所中进行实境操作与岗位体验,隐性职业技能知识才能够被愈加高效地传递。⑥

① 杨小燕.现代学徒制:理论与实证[M].成都:西南交通大学出版社,2019:155.
② 吴全全,姜大源.隐性知识管理——职业教育教学论探索的新视野[J].中国职业技术教育,2004(19):10-12+24.
③ 迈克尔·波兰尼.个人知识——迈向后批判哲学[M].许泽民,译.贵阳:贵州人民出版社,2000:73.
④ 郑作龙,等.行动视域下隐性知识探析——基于波兰尼视角和“行动的体现”理论的考究[J].科学学研究,2013(10):1453-1458.
⑤ 魏文婷,高忠明,盛子强.国内关于职业教育中的隐性知识研究述评[J].职教论坛,2015(03):34-38.
⑥ 贾文胜,徐坚,石伟平.技能形成视域中现代学徒制内在需求动力的研究——从知识结构的角度[J].中国高教研究,2020(09):101.

二、现代学徒制育人模式对企业责任的规定性

现代学徒制作为一种校企双元主体的育人模式,企业是当然的育人主体之一。各国职业教育办学的实践已经证明,企业是职业教育育人模式的关键主体之一。单凭学校是无法培养出满足社会需求的高素质技能人才的,这也被瑞士和德国等国家卓有成效的职业教育"双元制"或"三元制"学徒制模式体系反复印证。在西方国家现代学徒制的运行过程中,企业的育人主体地位非常突出。社会的进步,人类有组织的社会分工构成了企业的基础。① 从一般意义上来讲,企业作为进行商品生产与服务供给的经济组织,经济责任是其自然且必然的组织责任。但是,这并不意味着企业只具有单一的经济责任或经济职能而无须承担经济责任之外的任何其他社会责任。事实上,任何组织都是既具有组织自身特质又兼具组织共性特质的统一体,社会责任是任何组织存在与发展应该或应当的选择。尤其是随着组织社会分工的日益综合化与复杂化发展,组织间呈现出了基于社会分工的协作性需要。现代学徒制作为一种以校企组织合作为基础的育人模式,尤其需要发挥校企异质性组织能力,在提供双元教育场域的基础上,为学生或学徒供给不同的知识与技能,促成技术技能人才的培养。其中,与企业相关的知识主要包括三种,即生产性知识、制度性知识与管理性知识。这些知识的产生、使用和扩散,以及由这些知识的生产和使用所形成的组织能力的扩散,使不同的企业组织各自积累了自身所需的知识和能力。其中,生产性知识的形成及使用,是企业组织赖以建立的技术基础;制度性知识的形成及使用,则是通过一定的契约安排形式使企业组织形成了以分工为基础的协作;而与一定的生产性知识和制度性知识相适应的管理性知识的形成和使用,有效保证了企业组织对生产的协调和控制。② 现代学徒制育人模式对企业责任的规定性主要体现为校企双元主

---

① 马宗连.企业管理概论[M].沈阳:东北财经大学出版社,1998:201.

② 赵宝华.企业组织演变与企业制度规范[M].北京:知识产权出版社,2007:131.

体育人对企业责任主体的规定性、技术技能人才培养对企业责任主体的规定性以及师带徒的育人方式对企业责任主体的规定性（见图 3-2）。

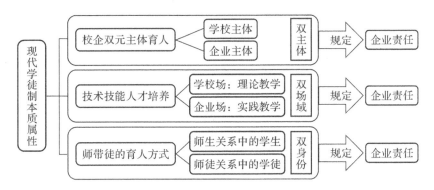

图 3-2　现代学徒制本质属性对企业责任的规定性

（一）校企双元主体育人对企业责任主体的规定性

现代学徒制是一种"行业订立标准、校企共同培养、政府充分保障"的人才培养模式。[①] 人才培养目标的实现涉及人、财、物等资源的调度与匹配，各主体参与目标多元且复杂，既包括政治目标、经济目标，又包含教育目标、社会目标等，因此，现代学徒制突破了各治理主体的原生领域，本质上是一种跨域治理。[②] 开展现代学徒制，跨界培养技术技能人才，多方主体在多方资源联动方面的跨界调配，可以为技术技能人才的培养提供全方位的教育资源保障。现代学徒制的运行涉及多个复杂主体，有以政策形式推动现代学徒制试点的政府部门，有作为学习主体的学校、提供轮岗实训的企业，以及评价指导现代学徒制实施的行业。[③] 作为一项典型的利益相关者互动活动，追求自身利益最大化，是现代学徒制参与各方主体的基本诉求及内在动力。

────────────

　①　李海东.现代职业教育背景下广东中高职衔接体制构建的理论与实践[M].广州：广东高等教育出版社，2018：26-27.

　②　卢子洲，崔钰婷.现代学徒制利益相关者治理：从"碎片化"到"整体性"——基于整体性治理视角[J].现代教育管理，2018(11)：103-107.

　③　许悦，彭明成.多中心治理理论视角下现代学徒制质量保障机制研究[J].中国职业技术教育，2018(36)：11.

与学校教育供给导向的人才培养模式不同,现代学徒制是一种典型的需求导向人才培养模式,由于企业的全过程参与,它能直接体现劳动力市场对劳动力知识结构、职业能力及职业素养的最新要求。也就是说,企业作为校企双主体中的一方,在现代学徒制人才培养的起始阶段就将其对人才培养的规格与要求进行渗透,并在参与技术技能人才培养的全过程体现企业的育人功能。而现代学徒制作为一种校企双主体的人才培养模式,既可以发挥企业在职业技能培训方面的优势,又可以发挥学校在职业技术教育方面的优势。校企双方通过结构化的人才培养方式进行紧密合作,从而提高技术技能人才的培养质量。作为现代学徒制双主体育人的重要一方,企业之所以参与到技术技能人才培养过程中来,主要是通过获得企业未来产业转型升级与创新发展所需的技术技能人才,从而确保企业在市场竞争中获得比较优势。人才是企业发展的重要根基,缺少了可用的人才,再多的资金,再好的设备,再先进的技术也无法得到应用,也无法给企业带来好的效益。① 作为技术实践和知识生产的组织载体,企业组织的异质性源于其具有的知识创造和使用能力。② 因此,无论是从企业内在发展诉求来看,还是从技术技能人才职业技术教育与职业技能训练综合发展的成长规律来看,企业都是现代学徒制人才培养活动的重要主体。能否获利是影响企业参与积极性的主要因素,而合作关系也对企业参与现代学徒制有着间接影响,资源禀赋状况则是影响企业参与现代学徒制的现实因素。③ 因此,将企业作为现代学徒制的育人主体之一具有一定的合理性。

　　作为一种事实判断与科学论证的准则,合理性不仅可以为客观要求与理性标准提供保障,而且是一种基于现实的科学判断与价值反思。④ 它不仅可

　　① 洪宁.企业技术人才培养存在的问题及对策[J].山东社会科学,2016(A1):179.

　　② 王皓.知识逻辑下的企业组织设计与优化[M].北京:中国经济出版社,2018:26-27.

　　③ 柴草,王志明.企业参与现代学徒制的影响因素、缺失成因与对策[J].中国高校科技,2020(05):83-87.

　　④ 魏薇,陈旭远.教师专业决策运行的合理性准则:为何、何为与何以[J].教育发展研究,2014(12):61-65.

以为现代学徒制中的企业责任行为提供论证依据和衡量标准,还可以在一定程度上规避企业责任行为的低效或无效。现代学徒制中企业责任的合理性就是分析企业何以能够成为现代学徒制人才培养活动重要责任主体的研究。对于该问题的解答可以从"国家技术技能形成的规律性""企业技术技能累积的目的性""个体师徒技能传承的规范性"三个视角切入:其一,企业参与现代学徒制合乎国家技术技能形成的规律性;其二,企业参与现代学徒制符合企业技术技能累积的目的性;其三,企业参与符合现代学徒制个体师徒技能传承的规范性。合规律性、合目的性与合规范性这三个方面分别体现着客观社会规律、主体价值取向和社会行为约束对企业参与现代学徒制人才培养活动的影响与规定。只有按照三者相统一的尺度来确立企业在现代学徒制人才培养活动中的行为范式,才能不断推动企业与客观世界的关系走向更为和谐发展的阶段,并在此基础上实现企业自身的和谐发展。

（二）技术技能人才培养对企业责任主体的规定性

职业教育的人才培养经历了传统学徒制—班级授课制—现代学徒制的历史演变过程。现代学徒制在改变以往理论与实践相脱节、知识与能力相割裂、教学场景与实践情境相分离的局面方面发挥着至关重要的作用。因此,现代学徒制是实现职业教育功能定位与技术技能人才培养目标的有效实现形式。现代职业教育人才培养模式的创新与变革,将学校及企业作为人才培养的双元主体,将技术技能的传承作为育人内容载体,将师徒关系作为育人方式载体,成了后工业时代技术技能人才培养的有效模式。[①] 在经济增长方式由粗放型向集约型转变的大背景下,我国现代学徒制试点政策的提出,旨在将单一的"学校人"培养为综合的"实践人",从而更加提高人才培养与经济社会发展的适配度。[②] 可见,现代学徒制具有的情境性与生成性特征对以技术知识学习为主的技术技能人才培养意义重大。多年的实践表明,基于学校

---

① 　李政.职业教育现代学徒制的价值审视——基于技术技能人才知识结构变迁的分析[J].华东师范大学学报(教育科学版),2017(01):61.

② 　郑永进,操太圣.现代学徒制试点实施路径审思[J].教育研究,2019(08):100.

本位的职业教育与培训模式尽管存在正规化、规模化、系统化等方面的诸多优势,但它也只能让学生获得基础性的技术知识,而在获取实际工作技能的实践环节却难以保证,学生无法获得精深的技术知识和解决实际问题的能力以及对真实工作环境的适应能力。[①] 现代学徒制不仅是职业教育作为一种类型教育的发展需求,同时也是提升职业教育人才培养质量的时代需要。经济社会的迅猛发展与产业结构的升级变革,对职业教育人才培养无论是在数量方面还是质量方面都提出了更高的要求。现代学徒制很好地整合了学校与企业两个主体的教育力量,不仅传承了传统学徒制的质量优势,而且进一步发挥了现代职业学校教育的效率优势。

(三)师带徒的育人方式对企业责任主体的规定性

职业教育最本真的特点在于其是人的技术生存与教育理想的综合体,此为职业教育"是其所是"的根本。[②] 德国职业教育研究专家劳耐尔(Felix Rauner)认为"仅有专门的工作经验是不够的,因为它缺少专门学科的理论知识,而后者也不能直接形成实践能力,只有将专门的工作经验与相关理论知识的获得结合在一起,才能构成职业教育与培训的基础"[③]。现代学徒制以技术技能人才培养为目标,而技术技能人才的培养要求"理实一体、做学合一",因此,需要分别发挥职业院校在理论教学方面的优势,以及企业在实践教学方面的优势。现代学徒制的人才培养过程是"做中学"的典型,与情境学习理论相吻合。技术技能人才培养过程的实质也是技能形成的过程。现代学徒制政策是为了有效应对产业转型升级所造成的技能短缺,目标是要实现技能形成模式从外部技能形成向内部技能形成的转型,本质上是利益相关者围绕

---

① 王建.职业教育促进产城人融合发展[M].上海:同济大学出版社,2018:200.

② 徐宏伟,庞学光.职业教育本体探析——对职业教育存在"合法性"的哲学论证[J].全球教育展望,2015(06):102.

③ Rauner F. Plural Administration in Dual Systems in Selected European Countries [C]. Rediscovering Apprenticeship, 2010:31.

技能形成的利益重塑。① 因此,现代学徒制人才培养模式是一种有效地将校企优势资源对接与整合的校企协同育人模式,校企紧密围绕人才培养目标,校企双导师通过"做中教",学徒通过"做中学",连续地、非跳跃式地进行历时性和聚焦性的技术技能累积。② 这种基于校企双元主体的人才培养过程不仅可以实现学徒个体技术技能的累积,而且可以实现校企组织技术技能的累积。因此,为实现技术技能人才的培养,校企双方应立足于共同的利益诉求,从而达到更好的培养质量与培养效果。行业企业作为技术技能人才培养的主体之一,可以为技术技能人才的实操、实训、实习提供相应的师资力量和物质资源,是技术技能人才培养动态调整的主要"参与者"和相关者,也是数据、资源的"提供者";职业院校作为办学主体,是技术技能人才培养的"主阵地"和主要"执行者",也是校本人才培养信息的提供者。③

从现代学徒制的实践层面看,实践是现代学徒制实施的重要方式。理论与实践是哲学范畴的一对概念。职业教育所讲的"理论"不是从学科出发的,而是从技术的实践性出发的,技术理论与实践密不可分。④ 技术知识包括两种,一种为技术理论知识,一种为技术实践知识。两种不同类型的技术知识广泛存于技术活动领域,具有明显的情境性、过程性特点。可见,实现技术理论知识与技术实践知识的整合在于"实践",脱离了实践活动,学生缺乏对理论知识应用价值的深刻体悟,造成技术理论知识与实践知识的割裂,将不利于完整意义上知识的构建。⑤ 现代学徒制是一种由校企共同培养技术技能人才的育人模式,在人才培养过程中有效融合了学校与企业两个育人主体,不仅可以通过学校教育强化理论知识,而且可以通过企业培训提高实践能力。

① 王亚南.我国现代学徒制政策执行阻滞的形成逻辑——基于国家技能形成的三螺旋理论[J].职教通讯,2020(04):1-11.

② 门洪亮.基于技术技能积累理念的现代学徒制人才培养探析[J].中国职业技术教育,2019(27):88-91＋96.

③ 柯玲.高职教育技术技能人才培养质量提升路径研究:基于产业链的集群式人才培养模式探索与实践[M].成都:西南交通大学出版社,2016:118-119.

④ 唐锡海.职业教育技术性研究[D].天津:天津大学,2014:139.

⑤ 唐锡海.职业教育技术性研究[D].天津:天津大学,2014:139.

无论是理论教学还是实践教学,其核心与焦点都在于提升学生的实践操作技能。现代学徒制的实施,实现了校企双方在人才培养过程中的深度融合,主要表现为理论教学与实践教学的交替进行与互动融合。

第三节　企业技能形成方式对现代学徒制的内在诉求

技能是一个国家经济增长的重要引擎之一,技能形成是一个关乎技术技能人才培养制度构建与完善,又关乎国家、企业、教育之间合作制度构建与完善的宏观战略问题。[①] 一国经济社会的发展,需要以技能形成与积累为基础;组织技术创新与技能传承的实现需要以师徒制的方式进行,国家技术技能人才供给侧与需求侧的脱节,需要通过现代学徒制的方式来解决。[②] 作为一种技能形成与积累制度,现代学徒制不仅是传统校企合作模式的创新,也是一种人才培养范式的探索。[③] 作为一种以多方主体合作促进技能形成的职业教育制度,基于现代学徒制的技能形成主要包括三个维度:个体维度、组织维度及国家维度。从技能形成的要素来看,则涵盖了技能投资、技能供给、技能使用、技能评价、社会合作五个方面的内容。作为技能供给与技能需求的核心组织载体,企业在技能形成体系建设中发挥着至关重要的作用。责任是企业未来发展的内在需求,萌发于"校企合作"共同促进技能型社会形成的关系之中,这样的关系也有利于企业外部技能的形成以及企业自身价值的实现。企业作为组织技能形成的组织载体之一,其技能形成方式不外乎外部技能形成

　　① 张弛,赵良伟,张磊.技能社会:技能形成体系的社会化建构路径[J].职业技术教育,2021(13):6.

　　② 王亚南.我国现代学徒制政策执行阻滞的形成逻辑——基于国家技能形成的三螺旋理论[J].职教通讯,2020(04):3.

　　③ 李政,徐国庆.现代学徒制:应用型创新人才培养的有效范式[J].江苏高教,2016(04):141.

与内部技能形成两种形式。作为两种不同的技能治理模式,企业组织选择其中一种技能形成方式还是两种技能形成方式的综合使用,取决于企业采取了何种技术创新方式。一般而言,企业的技术创新模式主要有激进式技术创新和累积式技术创新两种。① 而无论是何种技能形成模式,若想实现企业技术创新,就需要借力现代学徒制,发挥其在应对产业转型升级造成的技能短缺、推动外部技能形成向内部技能形成转变及促成利益主体围绕技能形成的利益重塑方面的优越性。

一、技能形成的组织载体

(一)技能形成的社会学分析

关于什么是技能形成,目前无论是学术界还是政府政策都对之缺乏系统深入的研究,本研究将立足经济社会学视角就技能形成进行学理讨论。技能是现代人类社会不可或缺的生产生活要素。技能不但是一国经济增长的重要引擎,同时也是社会质量提升的基本路径。② 马克思主义劳动社会学的劳动过程理论曾对工业革命进程中的技能形成进行过分析,认为技能及形成实质上是生成控制权问题,是劳动过程中劳资冲突的焦点,"去技能化"的流水线模式是资本控制劳动力的重要手段。③ 这一理论还认为,技术变革与组织变迁容易导致技能替代现象的发生。对于这一观点,有研究者持不同观点。因为技术进步带来的是知识生产过程的简化而非对熟练劳动工人需求的下降,且技能的附加值也相应提高。也就是说,所谓的技能替代并非对全部技能的替代,被替代掉的只能是企业那些技能附加值相对较低的一般技能,而那些高附加值的特殊技能则不会被轻易替代。从广义上讲,作为人力资本的

---

① 李玉珠.中国技能形成模式与制度构建研究[M].北京:首都经济贸易大学出版社,2019:137.
② 张海东.社会质量研究:理论、方法与经验[M].北京:社会科学文献出版社,2011:10.
③ 王星.技能形成、技能形成体制及其经济社会学的研究展望[J].学术月刊,2021(07):133.

一部分,人们在社会上习得的一切能力都属于广义的技能,是社会人力资本积累的重要组成部分。无论是舒尔茨还是贝克尔都认同技能是人力资本的一个组成部分的观点。人力资本理论是技能形成相关研究的重要理论基础。以卢卡斯为代表的新增长理论认为,人力资本可以分为一般人力资本与专业人力资本两类,两种类型的人力资本分别代表了学校与生产实践在人力资本形成中的不同作用。① 学校教育是一般人力资本形成的主导模式,专业人力资本一般通过"做中学"的生产实践在人力资本形成中发挥重要作用。卢卡斯进一步强调,一般人力资本具有"内部效应",强调正规学校的教育效应,而专业人力资本具有一定的"外部效应",是经济增长和创新的重要动力,具有一定的经济效应。二者的区别在于,专业人力资本形成的周期会更长且难以与经济社会发展的速度相同步,因而难以产生规模效应。从这个意义上来说,如果将实践学习纳入正规的学校教育,则可促成专业人力资本的规模化发展。②

本研究将技能形成界定为一种通过学校的理论学习与企业的生产实践经历获得未来职业发展所需的工作能力的过程,这一过程包括在学校的技术知识学习与在企业车间或工作场所技能经验累积两个部分。③ 技能知识学习与技能经验累积之间需要前后紧密衔接,只有将基于正规学校的知识学习与基于实训车间的经验累积进行有机互动才能促成有效的技能形成。由此可知,"技能形成"既是一个个体意义上的技术与技巧能力,也是一种国家、集体层面的社会技术与技能。④ 与教育培训不同,技能形成的关注点更为复杂,其涉及的利益相关主体既包括政府部门与劳动力市场,还包括教育系统与行业

① 王星.技能形成、技能形成体制及其经济社会学的研究展望[J].学术月刊,2021(07):132-143

② 小罗伯特·E.卢卡斯.经济周期模型[M].姚志勇,鲁刚,译.北京:中国人民大学出版社,2003:21.

③ 王星.技能形成、技能形成体制及其经济社会学的研究展望[J].学术月刊,2021(07):137.

④ 尚珂,唐华茂.劳动科学论坛[M].北京:知识产权出版社,2017:12.

企业,需要协调与平衡好上述多方主体的利益。① 完整的技能形成过程同时涵盖上述两个环节,任何形式的割裂或区隔,都无法形成整体性的技能。② 作为技能形成过程中的关键行动者,政府、职业院校、企业与学生之间的互构推动着技能形成制度的演化。

（二）不同层面的技能形成载体

个体、组织、国家都是技能形成的载体。个体层面的技能形成是前提,组织层面的技能形成是保障,国家层面的技能形成是关键。这些承载技能的载体始终处于动态变化之中,技能的内容也会随着技能载体的不同而存在较大差异。③

1.个体层面的技能形成

技能形成是一个生命周期过程,人在自我发展与自我完善过程中逐步形成了多种技能。④ 具体而言,个体层面的技能可以分为学术技能、技术技能与行为技能三种。⑤ 21世纪,个体层面的技能形成是指学习者个人知识、技能的学习与获得,主要以学校职业教育与企业技能培训的方式习得。个体层面的技能形成是所有超越个体层面技能形成的基础,因为组织、国家都是由个体组成的,只有个体了解职业知识、掌握职业技能与形成职业素养,才能实现组织直至国家总体层面的社会技能形成。当然,个体层面的技能形成也不能脱离组织、国家的影响。

2.组织层面的技能形成

组织层面的技能形成是技能形成体系建设的基石,高质量的组织技能形成有利于国家宏观层面社会技能的有效形成。当然,组织层面的技能形成除

① 张弛,赵良伟,张磊.技能社会:技能形成体系的社会化建构路径[J].职业技术教育,2021(13):7.
② 王星.技能形成的多元议题及其跨学科研究[J].职业教育研究,2018(05):1.
③ 伍俊晖,刘芬.校企合作办学治理与创新研究[M].长春:吉林大学出版社,2020:99.
④ 汪丁丁.新政治经济学评论(第26卷)[M].上海:上海人民出版社,2014:99-100.
⑤ 经合组织发展中心.世界变革中的产业政策[M].徐清军等,译.上海:上海人民出版社,2015:133.

了要以个体层面技能形成为前提外,还需要在国家层面技能形成的规制下进行。尤其是在当今生产方式发生根本性变革、生产技术日新月异,而学科知识体系的更新却相对滞后的时代,工作场所学习的重要性日益凸显。[①] 单一性质的组织无法促成完整、系统、充分的技能累积,唯有发挥异质组织技能载体之间的沟通、交流与协作,才能克服单一性质组织在技能形成中的局限性。因此,校企合作在组织技能形成中的互补与依赖效应明显。企业可以弥补学校教育在促进工作技能提升方面的现实局限性,学校则可以弥补企业在技能知识获得方面的局限性。

需要强调的一点是,由于企业的教育功能在市场经济体制改革中被剥离,企业的行业属性被进一步淡化。[②] 尤其是职业院校划归教育行政部门管辖后,企业与学校的物理场域疏离,导致了企业技术技能需求无法及时准确传达到学校,"校冷企热"现象的发生成了客观必然。[③] 如何发挥校企在技能形成中的合力,促成社会化、规模化的宏观技能形成,成了不得不思考的现实命题。需要注意的是,企业兼具双重角色,它们既是技能的供给方,也是技能的需求方,与职业院校一起完成技能的联合生产,以组织间合作促进技能形成。

3.国家层面的技能形成

技能形成作为一项社会建构活动,建立于不同类型社会组织跨界合作的基础之上。在这种合作关系中,政府作为主导,是从宏观层面构建一国技能形成体系的主要责任人。[④] 影响一国技能形成的因素是非常复杂多样的,且技能形成过程本身也非常复杂。如果单一个体的劳动者提高技能或使用技

① 许竞.试论国家的技能形成体系——政治经济学视角[J].清华大学教育研究,2010(04):30.

② 郝天聪,石伟平.从松散联结到实体嵌入:职业教育产教融合的困境及其突破[J].教育研究,2019(07):102-110.

③ 李政.增强职业技术教育适应性:理论循证、时代内涵和实践路径[J].西南大学学报(社会科学版),2022(02):133-143.

④ 姚静.技能形成视阈下职业教育产教融合载体研究[J].中国高校科技,2020(03):90.

能的方式是一种个体行为,那集体层面劳动者提高技能或使用技能的方式则是一种社会行为,需要由政府部门出面,协调好教育系统、培训系统,甚至劳动力市场的相关关系,才能促成不同利益主体目标的一致性。作为一个源自演化经济学的学术概念,技能形成是一项通过社会合作培育社会技能的复杂制度,需要国家对社会各部门、各主体的利益关系进行全方位协调。英国卡迪夫大学的布朗教授认为,对技能形成问题的研究与考察需要基于一国的具体政治、经济与制度背景,因为无论是技能的获得还是技能的使用都需要以社会行为为载体,这些社会行为甚至影响着教育公平与社会公正等社会根本性问题的解决。[1]

二、企业组织的内外部技能形成方式

考察当前世界各国的技能形成体系可知,目前主要存在两种类型的技能形成方式,一种以自由市场经济为代表,一种以协调性市场经济为代表。前者是一种注重标准化、灵活流动的外部技能形成方式,以英美两国为代表;后者是一种注重个别化、积累性的内部技能形成方式,以德日两国为代表。[2] 上述四国的技能形成体系均是在应对本国产业转型升级的过程中形成的,但它们的技能形成路径却不尽相同,这既与各国的产业发展政策有关,也与各国的技能治理策略有关。也就是说,对一个国家而言,选择何种技能形成方式不仅取决于该国的技能治理模式,而且取决于该国的产业发展类型。这足以说明技能形成不是孤立存在的,而是所有利益相关者在复杂博弈后进行的社会建构。选择何种技能形成方式,一方面需要考虑一定的产业基础,另一方面需要匹配的制度环境。企业获得技能供给的方式,包括外部技能形成方式

---

① Brown P. Globalization and the Political Economy of High Skills[J]. Journal of Education and Work,1999.

② 王星.技能形成的社会建构——中国工厂师徒制变迁历程的社会学分析[M].北京:社会科学文献出版社,2014:7,297.

和内部技能形成方式两种。① 企业选择何种技能形成方式也同时由两种要素决定：一种是产业基础，一种是企业内部的技能治理模式。

（一）企业组织的两种技能形成方式

企业的技能形成一般有两种供给模式（见图3-3），其一为内部技能形成，即企业通过内部培训或委托外部培训机构来满足企业技能需求的方式；其二为外部技能形成，即企业通过正式雇用或临时聘用的方式从外部劳动力市场上获得技能供给。当前，我国企业普遍采取外部技能形成方式，这是一种去技能化的技能形成战略。随着我国由计划经济向市场经济的转型发展，尤其是企业包括教育职能在内的非生产性功能的剥离，导致了培训与就业、招生与招工的分离，此种情形下，企业势必需要从外部的劳动力市场招聘技术技能人才。

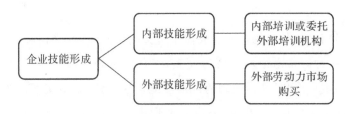

图3-3 企业组织的两种技能形成方式

（二）企业组织技能形成的现实困境

企业组织的技能形成模式与技能形成困境与我国经济体制的发展及变革密切相关。计划经济体制时期，无论是职业院校还是企业，都具有"国有"属性，接受政府计划管理。计划经济下的职业院校由行业部门负责，技工学校则直接由企业负责，此时的教育系统与产业系统是一体化发展的，相应的产教也是一体的。由于是行业企业办学，学生的教学、实习与产业发展高度相关。市场经济改革后，企业"办社会"的功能及与之相应的教育功能都被剥

---

① 王星.劳动安全与技能养成：一种政治经济学的分析[J].江苏社会科学,2009(05):107-113.

离出去。[①] 此后不再强调企业的教育职能,也不再需要企业承担相应的职业教育责任。因此,企业完全成为一个负责提供商品与服务的经济实体。职业院校开始慢慢脱离行业企业并划归教育部门主管,职业教育与产业之间渐行渐远。然而,职业教育作为一种与产业发展密切关联的教育类型,不可能脱离产业办学。因此,职业院校开始寻求与企业合作办学、合作育人、合作共赢以实现可持续发展的道路。从企业视角出发,其未被赋予相应的育人权利,导致其在人才培养过程中的失语与失位。尤其是人才留用权的缺失,导致企业只能追求看得见的眼前利益,与学校进行一些浅层次、表层化或私人性的合作,从而达到满足企业短期利益的目的。完整的技能形成过程需要发挥职业院校与企业组织的合力,因为无论是通用技能还是专用技能均有其存在的价值和意义,对企业而言,更是如此,而专用技能则是提高企业竞争力的关键。源自企业内部培训形成的专业技能一则缺乏可持续性,二则规模小,无法满足企业产业转型升级及创新发展的新要求。基于此,需要借力职业院校,与职业院校合作培养技术技能人才,甚至在人才培养的初始环节就渗透企业的产业需求与发展需求,形成更多符合企业未来发展所需的技能。

三、现代学徒制在企业内部技能形成过程中的优势

如果从技能获取的源头上看就会发现,不同国家的技能形成模式存在较大差异。唯有校企深度合作才能破解人才需求侧与供给侧的结构性脱节。以校企双主体运行的现代学徒制在技能形成过程中展示出一定的优越性。现代学徒制的优越性之一体现为其在弥合"理论"与"实践"鸿沟中的优势。应该说学徒制是一种具有情境性、实践性与互动性的学习模式,因此,除了其内蕴的教育性之外,还有效地融入了各种社会性因素,是理实一体化教学的理想运行载体。现代学徒制的优越性之二体现为其在促进育人共同体形成

---

① 郝天聪.职业教育何以成为类型教育?——基于国家技能形成体制建设的观察[J].苏州大学学报(教育科学版),2020(04):63-72.

中的优势。作为一种校企双元育人的模式,现代学徒制的主角有两个,即学校与企业,但它又不是传统的校企合作模式,不是一般意义上"学校+企业"的校企结合,而是学校以其教育因素融入企业工作场域,企业以其产业因素融入学校学习场域,二者的深度合作不仅可以促成各自组织利益的实现,而且可以通过育人共同体的实践样态达成利益共同体的理想目的。因此,现代学徒制是一种建立在校企双赢基础上的校企合作育人、利益共生模式。"共同体"强调不同组织在合作与共生基础上产生"1+1>2"的化学效应,是不同组织要素在新的合体中的自由组合与跨界流动。以现代学徒制为载体的技能形成模式就是围绕不同组织载体的跨界互动形成的技术理论知识与技术实践能力的互构与生成。基于真实工作场景的知识学习、技能训练、职业精神养成等都将在工作中同步开展且互相促进,告别了以往在教学要素分割基础上的技能形成模式。技能形成绝非单一的教育系统或单一的企业培训系统就能达成的社会目标。既然是社会层面的问题,就需要不同社会主体的系统参与与复杂互动,并在统一目标的基础上达成共同愿景。然而,目前的学术研究中基于教育系统内部的研究多,立足国家或社会层面的研究少。无论是从理论层面看还是从实践过程审视,唯有从站位更高、眼界更开阔的宏观社会系统视域考察,才能洞悉我国现代学徒制政策出台的初衷,直面我国现代学徒制运行的障碍,达成这一政策的最终目标。基于技能形成的视域审视我国现代学徒制政策的优越性可知,现代学徒制政策实践的推进,一则有利于应对产业转型升级造成的技能短缺,二则能推动外部技能形成向内部技能形成转向,三则可促成利益主体围绕技能形成的利益重塑。

(一)有利于应对产业转型升级造成的技能短缺

技能是支撑产业转型升级发展的重要基础,也是制约产业转型升级发展的主要瓶颈。随着信息时代与数字时代的到来,市场需要大量符合新型产业发展需求的技术技能人才。但是技术技能人才总量短缺、质量滞后与供需不匹配的技能短缺现象时有发生,亟须通过供给侧结构性改革,提升技能适配性。产业转型升级是供给侧结构性改革的重中之重,其意义主要体现为两个方面:其一,产业转型升级意味着要素的重新流动与配置,通过帕累托改进,达成经济效率提升的目的;其二,产业转型升级意味着落后产能的淘汰以及无效或低效供给的减少以及有效供给与产业层次的提升,从而达到提高全要素生产率的目的。① 从内容上看,产业转型升级既包括产业内部的升级也包括产业结构的调整优化。所谓内部升级主要体现为产业链由低技能、低附加值向高技能、高附加值的演进,比如流程、产品及功能等的升级。产业结构的升级则体现为产业由低端向高端的转移,比如第三产业比重的增加,第二产业中轻工业比重的下降与重工业比重的上升。目前我国劳动力市场上存在的技能供给与技能需求的结构性错位或脱节,严重影响着我国由制造业大国向制造业强国转型战略的实现。现代学徒制作为一种以产教融合、校企合作为载体的技能形成制度,有利于弥合技能供给与技能需求之间的鸿沟,在提高技能供给与技能需求的适配度、应对我国由于产业转型升级造成的技能短缺问题中具有显著优势。

（二）能推动外部技能形成向内部技能形成转向

随着我国产业结构由劳动密集型产业向资本密集型与技术密集型产业的转移,以外部技能形成为主的技能供应模式已经无法满足行业企业对技术技能人才尤其是专用性技术技能人才的需求。基于此,需要发挥企业在技能供给中的主导作用,促成企业技能形成战略的内部化转向,才能切实满足企业市场竞争力与技术创新、产业升级的新要求。技能短缺包括外部技能不足与内部技能缺口两个方面:外部技能不足是指企业在外部劳动力市场上无法招聘到符合企业发展要求的技术技能人才的现象;内部技能不足是指企业现有员工队伍技能水平不足以达到企业经营目标要求的现象。② 随着农业经济向服务经济转型,工作场所对技能要求也从劳动密集型向知识密集型转变,劳动者从工作稳定到频繁更换工作,"一张文凭用一生"的时代已经结束,"终

---

① 彭程甸,等.政府与社会资本合作(PPP)的理论探索与实践应用研究[M].湘潭:湘潭大学出版社,2019:2.

② 杨伟国.劳动经济学[M].大连:东北财经大学出版社,2010:269.

身学习"进入了人们的视野。① 生产模式的不断改进与跃升,对技能的供给类型与质量提出了新要求,需要通过现代学徒制这种内外部技能形成相结合的模式实现行业企业专用性技能的有效供给。

（三）可促成利益主体围绕技能形成的利益重塑

作为一项技能形成制度,"现代学徒制的核心是各利益相关者之间相对稳定的合作关系及其必须遵守的规则,它既是约束政校行企等各利益相关者的手段,又为各利益相关者合作提供平台条件"②。一般而言,技能形成制度包括五个层面的制度内容:技能投资、技能供给、技能认证、技能使用及社会合作等。作为技能形成的主体之一,企业在现代学徒制中的角色主要体现为技能的投资者、供给者、使用者、评价者、合作者,所以企业的责任内容也相应地体现在进行技能投资、技能供给、技能认证、技能使用与社会合作五个层面。为了实现社会层面、组织层面及个体层面的技能传承,现代学徒制通过协调不同行动者的利益诉求与规范不同主体的社会行为,形塑了一个基于技能形成场域的互动与博弈系统。在这一宏观的运行系统中,有代表公共利益的政府、代表行业利益的行业协会、代表产业利益诉求的企业、代表教育利益诉求的职业院校、谋求个人职业发展的企业师傅以及为了实现自身技术技能提升的学徒等③(表3-1)。

技能形成的方式或体系多种多样,但现代学徒制却是一种兼具开放性、灵活性与适应性的技能形成模式。所谓的开放性,是指现代学徒制中技能形成主体的多样性与跨界性;所谓灵活性,是指现代学徒制中技能形成场域的交替性与动态性;所谓适应性,则指现代学徒制中技能形成方式及内容的可调节性。因此,现代学徒制政策出台的最大优势在于,它可以围绕技能形成这一社会实践活动来重塑不同利益相关者的利益格局。所以,如何发挥好企业在技能供需中的主导作用,是促成国家技能形成方式从外部技能向内部技

---

① 王一丹.21世纪的核心能力与技能[J].职业技术教育,2008(30):73.

② 姚静.技能形成视域下职业教育产教融合载体研究[J].中国高校科技,2020(03):90.

③ 贾文胜,潘建峰,梁宁森.高职院校现代学徒制构建的制度瓶颈及实践探索[J].华东师范大学学报(教育科学版),2017(01):48.

能形成转型的关键点。

表 3-1　现代学徒制利益相关主体及其主要利益诉求

参与主体	主要利益诉求
政府	促进经济发展,保障社会稳定
行业协会	确保行业内技能传承的秩序与行业竞争力的提升
企业	获得优质的人力资源,实现技能替代与传承,增强企业竞争力
职业院校	节约办学成本,提高人才质量,获得优质办学资源
企业师傅	获得经济报酬和企业或行业内的地位与声望
学徒	提高技术技能,有较好的工资待遇与良好的职业生涯发展前景

第四章

现代学徒制中企业责任内容的
应然向度

现代学徒制人才培养模式主要回答"培养什么样的人"和"怎样培养人"这两个根本性问题。基于现代学徒制的本质属性可知,现代学徒制是技术技能人才培养的有效实现方式;责任是应该和必须做的事。因此,探究现代学徒制中企业责任的应然就是要回答企业在技术技能人才培养过程中应该和必须做的事。目前,关于"现代学徒制中的企业责任内容"这一问题的研究,始终缺乏分析视角,难以构建系统的企业责任内容分析框架。首先,既有研究多见于零散的论述中或依托自有逻辑展开,缺乏可依托的成熟理论框架对现代学徒制中的企业责任内容展开系统理论研究;其次,传统的企业责任研究多从企业主体的横向维度展开,将企业责任分为经济责任、法律责任、道德责任、伦理责任或社会责任,鲜有学者从企业主体的纵向维度划分现代学徒制中的企业责任,并提炼出企业责任的纵向分析维度。探究"现代学徒制中企业责任内容的应然向度"就是要回答企业在技术技能人才培养过程中应该和必须做什么,即现代学徒制中企业责任的内容。本研究基于现代学徒制中的企业责任内容的价值导向、权责对等的基本原则、需求导向的内容来源等对校企合作育人内容的应然规定,并结合试点验收材料、相关政策文本及访谈材料的三角互证,通过对上述文本材料的三级编码,构建出了现代学徒制中企业责任内容分析的四个维度,即育人目标制定、育人方式构建、育人过程保障及育人效果评价。

第一节　价值取向指引现代学徒制中企业责任的内容选择

马克斯·韦伯根据手段与目的之间的关系将理性分为两类,即工具理性和价值理性。企业作为一种兼具经济属性与社会属性的组织,在现代学徒制这一具体的职业教育人才培养活动中,需要在经济目标导向下的工具理性与社会目标导向下的价值理性之间做好取舍与平衡。

现代社会充斥着各种实际行动,人们已无暇反思价值和原则问题,大家只关心"怎么办"的理论,却很少去思考"结果会怎样"。[①] 责任选择总是以一定的价值观念与利益考量为基础。在现代学徒制人才培养活动中,企业的责任承担总是要在多种可能性之间进行,而且需要在责任冲突中进行抉择。一般而言,某一事物的价值可以分为作为手段的价值和作为目的的价值,即工具理性与价值理性。前者是主体在实践中为达到某种目的所运用的中介手段,侧重于"怎么做";后者是人类对价值和价值追求的自觉意识,也是目的理性,侧重于"做什么"。现代学徒制是一种主要由校企双主体进行技术技能人才培养的职业教育活动,企业作为双主体中的一方,需要履行好其在现代学徒制中的主体责任、角色责任,从而助力现代学徒制的顺利实施。现代学徒制是一个多元利益相关者共治的人才培养活动,企业不可避免地要与政府、学校、学徒、家长及第三方评价组织等不同利益主体进行互动,这就要求企业在多重复杂的互动关系中秉承多元的价值向度,在不同的社会关系或社会互动中做出不同的价值选择。在现代学徒制这一具体的技术技能人才培养活动中,企业作为一种兼具经济属性与社会属性的组织,需要在经济目标导向下的工具理性与社会目标导向下的价值理性两个维度之间做好取舍与平衡。

---

① 特里·L.库珀.行政伦理学:实现行政责任的途径[M].张秀琴,译.北京:中国人民大学出版社,2010:2.

一、自然且必然：经济责任导向下经济组织的工具理性取向

作为经济组织的企业，在经济责任导向下，工具理性是其自然且必然的选择。一方面，企业的自然属性为经济人，作为经济实体，企业具有一切经济人所具有的特征，这一特征决定其应履行经济责任；另一方面，作为经济组织，企业的首要目标是经济目标，为实现一定的经济目标，企业往往成为追求自身利益最大化的理性人，秉持工具理性取向追求纯粹工具性的经济利益。这一目标导向下的企业，往往只追求工具的效率。工具理性"通过对外界事物的情况和其他人的举止的期待，并利用这种期待作为'条件'或者作为'手段'，以期实现自己合乎理性所争取和考虑的成果"。① 在现代学徒制中，企业会将能否获利作为参与与否的重要考量。虽然，政府多次从政策层面倡导企业要发挥好其在现代学徒制中的重要主体作用，学校也主动寻求与企业在技术技能人才培养项目中的多方面、多领域合作，但校企合作总体上仍停留在订单培养、顶岗实习等非实质性层面，这与校企深度合作、校企利益共生的现代学徒制还存在较大差距。"校热企冷"现象的出现，与作为经济组织的企业在经济目标导向下采取的工具理性不无关系。也就是说，能否获利是企业是否参与现代学徒制的重要考量，多数企业不可避免地都打上了"效率至上"的工具烙印。尽管在现代学徒制人才培养活动中，企业这种"天经地义"的工具理性逻辑具有一定的客观必然性，但是，如果企业继续只遵循工具理性，将在一定程度上销蚀企业组织活动的价值理性。长此以往，不仅会直接导致企业组织活动负外部性的膨胀，而且还会使企业失去内在的持续发展动力，最终陷入"得不偿失"的窘境。

---

① 马克斯·韦伯.经济与社会(上卷)[M].林荣远,译.北京:商务印书馆,1997:56.

二、应该或应当：社会责任导向下社会组织的价值理性取向

作为社会组织的企业，在社会责任导向下，价值理性是其应该或应当的选择。价值理性更为关注主体行为本身的价值，而不是主体行为的手段或后果。① 企业社会责任是指企业在追求利润最大化目标的过程中所必须承担和履行的社会义务或承诺，这种义务或承诺是社会道义方面的要求，是企业作为社会组织所应该或应当履行的。② 现代学徒制作为职业教育人才培养的重要模式，需要校企双方的深度合作。学校与企业作为异质的社会组织，各自在现代学徒制中发挥着不同的功用。企业可以通过参与职业教育人才培养活动强化其人力资本储备。虽然企业参与现代学徒制的直接动因在于满足自身生存和未来发展对于人才的需要，但更为重要的是，企业作为职业教育办学的重要主体，在资金、技术、设备、师资、管理等方面具有天然优势，能够与学校就技术技能人才培养进行资源交换与共享。长期以来，公众总是偏狭地认为企业的行为均基于经济利益，因此，对于难以确保利润产生的现代学徒制投入，多数企业会采取消极回避的方式或态度。"企业逐利"固然是企业本质属性的彰显，但作为社会的重要组成部分，企业不可能脱离社会而孤立存在，其生存与发展有赖于社会、国家提供诸如物质资源、人力资源、文化资源以及安全保证。③ 尤其是在"产业不断转型升级、人口红利逐步殆尽、人力资源要素提升的经济大环境下"④，企业已经意识到了人力资源的重要性。也就是说，企业开始在与学校的合作中考虑人力资源的长期储备，从而提升企业的核心竞争力。职业院校培养的人才并不能为企业直接所用，而企业通过

① 陈宁.中国中小企业政策的反思——由工具理性走向价值理性[J].中州学刊，2011(01)：59.

② 黄恩，李娟，刘静.管理学[M].延吉：延边大学出版社，2018：35.

③ 邓集甜.企业责任论[D].长沙：湖南师范大学，2003：23.

④ 杨进.职业教育校企合作双主体办学：治理创新与实现途径[M].北京：高等教育出版社，2019：268.

单一的内部培训也不能培养出适应企业未来发展的创新型人才。在此情形下,企业需要通过参与现代学徒制与学校合作,培养适合企业岗位日益频繁更新换代所需的多样化高技术技能人才,从而填补企业未来转型升级可能带来的大量技术技能人才缺口。因此,作为社会组织的企业应遵循社会目标导向下的价值理性逻辑,积极参与到现代学徒制人才培养活动中来,从而为社会培养更多应对未来产业转型升级所需的技术技能型人才。

　　综上,企业组织属性的二重性(经济组织、社会组织)决定了其价值取向的双重维度(工具理性、价值理性)。一方面,作为经济组织,企业需要履行其自然且必然的经济责任,即必然会遵循功利主义或实用主义的工具理性逻辑而行动,将是否获利作为其行动的主要考量,并以企业生产效益为最终目的;另一方面,作为社会组织,企业应该或应当履行其相应的社会责任,即应该遵循价值主旨或价值基础的价值理性逻辑,将是否对社会有利作为其行动的重要参照,并以社会利益的增长为行动目标。在现代学徒制人才培养活动中,企业组织属性的二重性是既对立又统一的关系。二者的对立表现为,企业作为经济组织与社会组织在现代学徒制人才培养活动中,因角色不同而导致的利益分殊;二者的统一则表现为,企业二重性的身份由其作为经济实体发挥其在现代学徒制人才培养活动中的作用与功能得以体现。"从这个意义上看,企业作为社会组织的属性是从属于其经济属性的。也就是说,企业首先是一个有益的经济组织,其次才谈得上是社会组织。"①在现代学徒制人才培养活动中,如果企业不能发挥好其经济组织的作用,它也就不可能成为一个在现代学徒制人才培养活动中不可或缺的社会组织。

　　①　郑林.中国式企业管理模式导论[M].郑州:河南人民出版社,1989:08.

第二节　权责对等规范现代学徒制中企业责任的内容边界

现代学徒制中企业责任的内容边界是指对现代学徒制人才培养活动负责任的企业行为的性质认定和内容构成。因而企业责任边界是现代学徒制中企业责任理论研究的基础问题,也是获得一个有着明确实践指向的企业责任概念的关键。然而,学界对现代学徒制中企业责任边界概念的语焉不详,使其无法成为一个可以指导现代学徒制具体实践的有效概念。现代学徒制中的企业责任边界既是职业教育理论界争论不休的基础理论问题,也是当前现代学徒制中企业责任理论研究与实践推进的突出难题。长期以来,现代学徒制中企业责任概念的模糊及履行责任边界的不清晰,始终困扰着如火如荼开展中的现代学徒制实践,也影响着企业参与现代学徒制的广度与深度。基于不同视角对企业责任的不同认定,是产生不同企业责任边界观的根本原因。基于此,有必要立足一定的现实原则,对现代学徒制中企业责任的内容进行反思与重新定位,并以权责对等的原则,来规范并科学界定现代学徒制中企业责任的内容边界。权责对等原则,顾名思义就是权力与职责必须一致的意思。因此,有多大权力,也就必须承担多大的责任。权力与责任对等,当然很难从数量上画上等号,但从逻辑上讲,这是必然的结果。[①] 企业在社会中拥有诸如财力、物力、技术和管理等方面的能力和权力,因此,也必须承担相应的责任,这样企业才不会违背公众利益,从事不负责任的活动。权责对等原则是伦理学的一种行动论原则,对现代学徒制中企业责任内容边界的规范,需要基于行动伦理视角的审视与考察。三者关系如图 4-1 所示。

从伦理学的角度看,现代学徒制中的企业责任内容遵循权责对等的行动论原则。也就是说,现代学徒制中企业责任遵循从利益到权力再到责任的自

---

① 陈国钧,陆军.管理学[M].南京:南京师范大学出版社,1997:289.

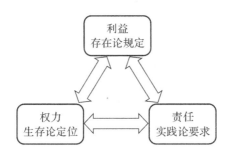

图 4-1　权责对等原则

我生成的过程。现代学徒制中企业责任内容的生成过程中,利益、权力与责任分别从不同维度为企业责任内容的认知提供规定性。来自利益的存在论规定、来自权力的生存论定位及来自责任的实践性要求,在权责统一原则的指导下共同构成现代学徒制中企业责任内容认知的行动导向。权责对等原则指向主体行动,构成规范主体认知的行动导向,并通过对具体实践活动中的利害权衡与选择的行为规范得以实现。

权责对等原则对主体行动的要求主要体现在两个方面:一方面,主体对责任的担当是主体权力运用的前提。[①] 对现代学徒制中的企业责任而言,企业在现代学徒制中主体权力的获得,需要企业首先履行其应当履行的教育职能,企业教育职能发挥得越充分,育人的主体地位才能越凸显,企业在技术技能人才培养中的话语权才越有保障。另一方面,主体权力的享受必然要求相应的责任担当。[②] 虽然这种对等关系是理论意义上的,具体的实践过程中难以量化,但是不代表这一原则没有指导与规范意义。对现代学徒制中的企业责任而言,我们不能要求企业承担超出其权力范围之外的责任,如果对企业责任的要求大于企业权力,就会造成企业在育人活动中的劳动付出大于企业利益的获得、企业的贡献大于企业能获得的实际报酬。显然,如果不借助外力的干预,企业是不可能有参与现代学徒制的动因的,且这种对企业的要求

---

① 唐代兴.生境伦理的规范原理[M].上海:上海三联书店,2014:87.

② 唐代兴.生境伦理的规范原理[M].上海:上海三联书店,2014:88.

也是不合理、不正当的。同样,企业在现代学徒制中担当了一份责任的同时,也要赋予企业相应的权力,比如企业参与了育人活动,就应当使企业享有相应的人才培养权、使用权、留用权或人才的优先选择权。

一、利益:现代学徒制中企业责任内容的存在论规定

作为一个关系性概念,责任本质上是一种对自我与他者存在的行动关切,这是责任的存在论规定。对责任的存在论思考,即回答责任为何生成。责任生成的原初动力是人的利益。凡是责任,必定属于功利的范畴,超越功利,便成了义务。也就是说,责任以利益为动机。在人类伦理史上,存在过两种伦理思潮,一种是道义论,一种是功利论。前者讲"义",后者论"利"。两者对应超越利益与利益至上两种不同的生存伦理,其实也就是美德与道德两个维度的伦理规范。但无论是道德对共同生存的追求还是美德对个性发展的张扬,归根结底都是对利益的追求,其区别在于前者是对物质层面利益的追求,后者是对非物质层面利益的追求。所以,如果聚焦生存论视角便会发现,所有主体或基于生存或基于发展的追求或企图,实质上都会以某种形式的利益为实质内容。当然,这里的利益所指不仅包括实体形态的物质利益,还包括精神形态的非物质利益。

利益问题自人类社会诞生起,就一直伴随着人类社会生活的始终。[①] 那么利益与责任之间存在怎样的相互作用关系呢?德谟克利特认为公共利益是责任的基础,培根则把责任看作维护社会整体利益的一种善;韦伯在关注公共利益的同时也对个体利益给予了充分肯定。[②] 基于此可知,个体责任行为的内在动力源自某种利益诉求。同样,现代学徒制中的企业责任行为亦是

① 张玉堂.利益论——关于利益冲突与协调问题的研究[M].武汉:武汉大学出版社,2001:1.

② 马克斯·韦伯.新教伦理与资本主义精神[M].于晓,陈维纲,译.北京:生活·读书·新知三联书店,1987:127.

源自满足企业的某种利益需求。但是由于企业组织属性的二重性,当作为经济组织的企业与作为社会组织的企业出现利益冲突时,企业责任行为的选择也会影响企业履行责任的内容。当对相互冲突的利益必须进行道德选择以决定履行何种责任时,主体往往会陷入矛盾冲突之中。现代学徒制中企业责任冲突的根本原因是利益冲突。在我国现代学徒制事业发展过程中企业责任的缺失,既有主观方面的原因,也有客观方面的原因。揭示企业责任缺位的原因与实质,可以为解决我国现代学徒制中企业责任选择的困难、促进企业责任的承担提供理论支持。

在现代学徒制人才培养活动中,利益冲突是引发现代学徒制中企业责任冲突的根本原因。利益冲突,是指在责任冲突中,履行某种责任往往会以损害某些人的利益为代价。也即对责任主体而言,其常常会面临其所代表的公共利益与其自身所具有的私人利益之间的冲突。当然,这两种利益并不总是处于冲突状态,两者也有一致的时候。但是作为两种领域不同且性质各异的利益,难免会存在维护一方利益而损害另一方利益的情况,甚至可能导致对立。企业与政府及其他事业单位的根本区别是它的经济性,经济责任是企业内在的中心责任。向社会提供产品和服务是市场经济条件下企业获取利润的前提,而企业的长期运作也离不开对利润最大化这一目标的永恒追求。如果企业自身都不盈利,不能正常发挥其基本的经济功能,别的功能自然也就无从谈起,也就更不可能有余力为社会提供服务。古典经济理论说明了追求利润是企业经营的根本。但随着企业社会影响力的不断增加,其被要求承担的社会责任也越来越大。也就是说,企业责任不仅包括追求利润最大化的经济责任,还包括保护和增加社会福利的社会责任。在现代学徒制技术技能人才培养过程中,企业作为校企双主体中的一方,不仅是现代学徒制人才培养活动的直接受益者,更是技术技能人才培养活动的主要参与者。企业只有参与现代学徒制人才培养活动的全过程,才能培养出真正符合企业实际需求的高技术技能人才。因此,国家曾多次从政策层面倡导发挥企业的重要主体作用。但从我国现阶段现代学徒制的运行机制来看,企业参与的收益与成本缺乏保障机制,且其参与技术技能人才培养的过程有时会在一定程度上影响其正常的生产活动,甚至会造成前期成本投入与后期收益的失衡,从而制约着企业参与的积极性与主动性。前者强调企业社会责任的履行,后者影响企业经济责任的履行,两种责任的冲突增加了企业参与现代学徒制的顾虑。

　　企业的自然责任是指企业作为社会存在承担着与企业能力相当的责任。这是企业作为社会成员的一种自然能力责任,是不可取消、不受社会制度影响的且应当承担的责任,如生产、服务、交易、盈利等。它主要依赖于企业自觉自愿的努力。但企业作为一个社会组织,它还有对员工、债权人、消费者、社会公益、环境和资源的责任,并且有责任遵从政府的管理、接受政府的监督。企业是现代学徒制人才培养活动的重要主体,作为双主体中的重要一方,需要承担重要的主体责任。在现代学徒制中,企业有与学校合作共同培养技术技能人才的责任。在责任发生冲突的时候,如何正确、合理地选择责任,需要通过对私人利益和公共利益的分析,为企业提供一个可资借鉴的理论依据。在现代学徒制中企业有为学徒提供实习岗位、签订劳动合同及提供场地或设备的责任,也有通过生产与经营的盈利来为社会谋福利的责任。但是,如果大规模的员工培训活动会减少企业当前的收入甚至影响眼前的经济效益,那么在上述两类责任之间企业又该如何选择?这就取决于企业自身的价值取向,是着眼于当前的短期利益还是立足未来的长远利益。

　　综上可知,冲突其实是基于同一价值客体不同主体需求之间利益的矛盾或对立。我们需要价值的指引,以便评价结果和事实,并权衡各种冲突的利益。① 现代学徒制中企业责任冲突的根源是利益冲突,而其中企业责任冲突的实质则是企业不同价值观念之间的冲突。企业在利益冲突下的选择,决定其在现代学徒制中的责任内容。在具体的现代学徒制技术技能人才培养活动中,既不允许企业只享受利益而不履行责任,也不能让企业只履行责任而不享受相应的利益。利益和责任应该而且必须统一起来,只有坚持这一原则,才能促进现代学徒制中企业利益与企业责任之间的平衡,推进企业在技

---

　　① 陈东升.冲突与权衡:法律价值选择的方法论思考[J].法制与社会发展,2003(01):49-56.

术技能人才培养活动中完成其应该履行的责任。

二、权力:现代学徒制中企业责任内容的生存论定位

任何责任担当都指向实际的生存行为。责任与权力是相伴而生的客观存在。[①] 关于权力,功利主义思想家约翰·斯图亚特·穆勒认为:从某种意义上讲,权力是对主体自由的干涉,其目的在于保护他者的自由,减少或防止对主体之外的另外主体自由的侵犯。[②] 因为任何主体的自由都不是绝对的没有限制的自由,否则只会滋生更多危险。而有自由就有责任,可以说责任同自由一样,都是与生俱来的。[③] 当然,有选择自由的同时也意味着需要对自身的行为承担全部责任。权力与责任之间互相依存、相伴相生。不能离开权力来言说责任,也不能脱离责任来要求权力。也就是说,权力与责任之间,离开任何一方来谈论另一方都同样是不可想象的。[④] 一方面,主体对权力的拥有以主体对责任的履行为条件。从积极的方面看,责任是对权力的确认与保护;从消极的方面看,责任是对权力的制约与惩戒。另一方面,主体对责任的履行需要以拥有权力为条件。拥有怎样的权力,就要履行怎样的责任。

基于权力与责任同生共存的机理,现代学徒制育人过程中的企业责任也要遵循权责对等或相称的原则,确保企业作为现代学徒制人才培养活动的权力主体的权力与其所承担的责任相对称。既不应当只强调企业在现代学徒制中享有的权力而不明晰其需要履行的责任,也不应该只强调企业在现代学徒制中应该履行的责任而不赋予其相应的权力。无论是有权无责还是有责无权,都可能造成企业在现代学徒制育人过程中缺乏积极性、主动性而消极履责或避责,从而导致现代学徒制试点项目推进面临诸多困难。当然,也不

---

①　鲁敏.当代中国政府概论[M].天津:天津人民出版社,2019:154.

②　唐代兴.生境伦理的实践方向[M].上海:上海三联书店,2015:228.

③　胡道玖.以责任看发展:多元视阈的“责任发展观”研究[M].上海:上海交通大学出版社,2014:47.

④　刘淑华.俄罗斯高等教育分权改革研究[M].北京:光明日报出版社,2010:237.

能只强调企业的育人权力,还要明晰企业的育人责任,如果责任内容模糊,就会导致企业育人权力的滥用而发生诸多不负责任的行为,势必也会影响到现代学徒制育人系统运行的效果与技术技能人才培养的质量。概而言之,对现代学徒制育人活动中的企业而言,赋予其一份权力的同时必然有一份相应的责任去约束它。

现代学徒制人才培养过程看似一个有关权力下放、分化与重组的过程,实则是政府将权力下交或转移,让以校企双主体为核心的其他社会主体在行使权力的同时承担相应的责任。当然,现代学徒制中所有权力主体的责任都不是无限责任,而是承担有边界的责任。即权力主体只需要承担与其能力相符的责任。如果要求人们对控制不了的事情负责,那么现代学徒制人才培养系统将无法正常运行。当然,还需要各主体根据自身掌握的权力和资源建立明确的责任追究机制,这就涉及对现代学徒制中各权力主体的问责与追责问题。不同主体之间的权责对等,是指不同主体的权力应有一个恰当的对应比例,不应使权力过多地偏重某一方面。只有给企业足够的权力,才能进一步推进企业责任的实现,把权力和责任结合起来,才能真正做到权责对等。

三、责任:现代学徒制中企业责任内容的实践论要求

从利益出发,经历对权力的考察,最终必然指向对责任的省思。在"利益、权力、责任"这一道德三角形原理中,"责任"属于实践论范畴。责任是一个实践性概念,具有高度的确定性。一方面,责任是能够在社会交往实践中真正得以实施的行为,另一方面责任也必须是处于一定实践互动关系中的主体力所能及的行为。也就是说,凡责任,必定与人的实践活动高度相关,因为责任来源于社会实践的需求,且责任的实现最终要以是否履行了相应的社会实践行为为归宿。[①]"凡责任,必须指向实践。因为只有实践,责任才成为责

---

① 谢军.责任论[M].上海:上海人民出版社,2007:28.

任。"①责任应该是一切行为的实践必然性。②

第一,对现代学徒制中的企业责任而言,作为组织形态的企业责任,是一种组织责任。任何责任都需要落实在具体的个体主体上,否则无法构成实实在在的责任。人人有责,只会导致人人无责,因为以集体或群体状态存在的责任,会因为找不到具体的追责主体而只会被悬空而沦为无责。组织责任就是这样一种集体或群体责任。笼统地谈企业责任,而不将企业责任置于具体的育人环节或不将育人要素划归为具体个体的责任,现代学徒制中的企业责任也会如空中楼阁般虚无缥缈。也就是说,需要将企业责任具体化,这种具体化不仅仅是责任内容的具体化,更为关键的是责任主体的具体化。在实际的现代学徒制实践过程中,不能以组织形态的企业谈论责任,而应该将企业责任具体化到企业管理者、企业负责人、企业现代学徒制项目负责人、企业师傅等具体的个体,并通过这些具体个体的行为来落实责任。否则,抽离掉具体实践行为个体的企业责任,实则只能是虚无且难以把握的责任。

第二,既然责任是基于一定社会实践或存在于一定社会实践关系中的,那么探究作为一项育人社会实践活动的现代学徒制中的企业责任,至少应该廓清责任主体与责任客体这两个基本实践活动主体。因为所有的责任都需要由具体的主体来承担,责任只能是某一具体主体的责任,脱离责任主体的责任是不存在的。同时,责任一定指向特定的对象,这一对象便是责任的客体。责任的主体与客体互相依存,没有无客体的责任主体,也没有无主体的责任客体。对现代学徒制中的企业责任而言,企业的责任对象是学徒(学生),而责任则指在技术技能人才培养活动的不同环节中,企业应该做什么。当然,无论是从技术技能人才的成长规律来看,还是从企业自身育人功能的有限性上来看,企业都需要通过与职业院校合作或分工来完成技术技能人才培养。所以,从这个角度上来看,企业(作为责任主体)还有与职业院校(作为责任客体)的合作责任。

　① 唐代兴.生境伦理的规范原理[M].上海:上海三联书店,2014:116.
　② 康德.道德形而上学原理[M].苗力田,译.北京:商务印书馆,1960:83.

第三节　需求导向指涉现代学徒制中企业责任的内容来源

现代学徒制中企业责任的产生绝非偶然,它既是现代企业自身技术进步与科技创新对技能积累的客观诉求,也是现代学徒制向"现代化"演进过程中的必然要求。一方面,现代企业通过技能积累形成内部技能的过程需要现代学校教育的助力;另一方面,现代学徒制"双元主体"育人的模式要求企业也作为育人主体参与到技术技能人才培养活动中来。显然,现代学徒制中的企业责任源自企业自身发展的诉求以及现代学徒制"双主体"运行的客观需求。但无论是哪种来源,根本上都聚焦于技术技能人才不同层面的技能形成需求。厘清现代学徒制中企业责任内容的来源,应从运行现代学徒制模式要解决的根本问题——技能形成的需求出发。基于此,以技能形成为主线,在技术与制度内外部要素的共同规定下,可以将现代学徒制中的企业责任内容分别从宏观制度结构层面、中观组织行为层面及微观主体行动层面界定为:承接国家技能形成体系建设的责任、推动技术技能知识系统积累的责任和保障师徒技术技能有效传承的责任三个维度。

一、宏观制度结构层面:承接国家技能形成体系建设的责任

凯瑟琳·西伦(Kathleen Thelen)认为,技能系统体系是受国家教育体系结构变化影响的一系列制度的组合。① 一个国家或地区的技能形成体系主要包括全日制的技能培养体系、在职培训体系以及应对劳动力市场的各种专门

① Kathleen T. How Institutions Evolve:The Political Economy of Skills in Germany Britain the United States and Japan[M]. Cambridge:Cambridge University Press,2004.

化培训项目。① 技能形成的过程具有历时性、复杂性与跨界性。如果将个体技能的获得、提高与使用视作一种个体行为,那群体化、组织化技能的获得、提高与使用,其意义则不再局限于个体层面,而是一种社会层面、国家层面的行为。因为这种集体化、规模化的技能形成不仅可以提高一个国家劳动者整体技能水平,而且可以促进技能型社会的构建。虽然技能形成的组织载体主要包括现代学校与现代企业,但是却需要教育部门、人社部门与劳动部门等多种社会职能部门的相互协调与合力推进。一般而言,一国的技能形成方式无外乎两种:一种是外部技能形成,一种是内部技能形成。前者主要指基于学校的职业技能教育,后者主要指基于企业的职业技能培训(见图 4-2)。现代学徒制作为我国技能形成的一项制度安排,是由职业院校与企业围绕技术技能人才培养开展合作的方式完成的。显然,我国现代学徒制属于内部技能形成方式与外部技能形成方式相结合的一种技能形成体系。当然,所谓的内部与外部,不是基于技能形成的物理空间,而是以技能教育或技能培训成本的主要承担者来区分。

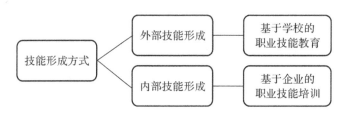

图 4-2　技能形成方式

作为一种技能形成制度,现代学徒制的核心是各利益相关者之间相对稳定的合作关系及其必须遵守的规则,它既是约束政校行企等各利益相关者的手段,又为各利益相关者合作提供平台条件。在现阶段,校企合作已经成为

---

① Rita Almeida, Jere Behrman and David Robalino. The Right Skills for the Job?: Rethinking Training Policies for Workers[R]. World Bank, 2012.

中国技能形成的最主要力量。① 现代学徒制作为校企合作的制度载体和有效实现形式,是我国国家技能形成体系的一系列重要制度安排合集。技能形成体系的复杂性决定了参与主体的多元性。虽然政府是构建技能形成体系的主要责任人,但与自上而下的行政式命令相比,多元化、网格化的合作伙伴关系,更有利于技能形成体系的健康运行与发展。在典型的国家技术技能积累模式中,作为自由竞争的市场经济体制的美国,采取"以学校为基础"的技术技能积累机制,而政府主导型市场经济体制的日本和德国分别采取以"企业为基础"和"企业＋学校"为基础的技术技能积累机制。

二、中观组织行为层面:推动技术技能知识系统积累的责任

技术技能作为生产力的实现方式,在人类社会发展中起着决定性作用。② 政府、学校、行业、企业作为技术技能积累的主体,因其性质、职能等的差异对技术技能积累的侧重有所不同。政府侧重技术技能积累的政策制定和方向引导,从宏观层面进行技术技能积累的国家决策;行业侧重行业结构的布局、调整及协调,从中观层面决定技术技能积累的方案和路径;而企业和学校侧重微观层面的具体实践,比如企业的关注点在于如何以技术技能的积累促进企业生产的发展与技术的革新,学校的关注点则在于如何培养或培训出掌握熟练技术技能的人才,就两者的关系而言,学校和企业是互补、互动、互惠、互赖的。③《国务院关于加快发展现代职业教育的决定》中曾指出,要强化职业教育在技术技能积累中的重要作用,可以通过制定多方参与的支持政策,推

① 吴俊强,朱俊.结构、治理与效率:跨国视角下技能形成的制度比较[J].中国职业技术教育,2017(12):74.
② 周建松.优质高职院校建设指南[M].杭州:浙江工商大学出版社,2017:110.
③ 周建松.优质高职院校建设指南[M].杭州:浙江工商大学出版社,2017:111-112.

动政府、学校、行业、企业联动,促进技术技能的积累与创新。[①] 现代学徒主要是一种由职业院校与企业合作进行技术技能人才培养,从而实现双方组织技术技能系统积累的人才培养模式。

"组织是技能的载体,其储存和承载的技能不是其成员所拥有技能的简单叠加,而是作为一个具备自身特性的载体存在,并深刻影响着个体层面的技能运用和技能形成。不同的组织因其类型、领域和规模的差异,在承载的技能方面有着鲜明的差异,企业和学校所承载的技能就因其性质和目标的差异而有着显著的不同。"[②] 就现代学徒制而言,其技能形成主体主要包括职业院校和企业。职业院校的主要目标是育人,企业的主要目标是盈利,二者组织类型、组织性质及组织目标的不同决定了其承载的技能类型不同。由于组织的异质性,作为组织的职业院校和企业,在技能形成上都有其难以克服的先天不足。"企业培训在技能形成方面具有'经验'优势,能弥合理论与实践的分割,但它培养效率较低,无法系统获取理论知识;职业教育以符号化知识的传递为主,能高效地学习系统理论知识,但对技能的总结和提升不足。可见,技能是职业院校与企业利益关系的结合点,企业对技能的需求是校企之间利益关系的根本。"[③]

三、微观个体行动层面:保障师徒技术技能有效传承的责任

作为职业教育的最早形态,学徒制从始至终都是职业教育人才培养的重要形式。[④] 作为一种古老的技术技能传承方式,学徒制是在实际生产过程中,

---

① 中华人民共和国教育部. 国务院印发《关于加快发展现代职业教育的决定》[EB/OL].(2014-06-22)[2021-06-28]. http://www.moe.gov.cn/jyb_xwfb/s5147/201406/t20140623_170695.html.

② 李俊.组织、协作关系与制度——从技能形成的不同维度透视职业教育发展[J].教育发展研究,2018(11):43.

③ 姚静.技能形成视阈下职业教育产教融合载体研究[J].中国高校科技,2020(03):90.

④ 关晶.西方学徒制的历史演变及思考[J].华东师范大学学报(教育科学版),2010(01):81-89.

师徒共同劳动,徒弟在师傅的指导和影响下习得知识或技能的基于真实工作场景的学习方式。在高度情境化的职业场域中,学徒通过观察师傅的实践与操作,并通过自己的理解与领悟进行实践锻炼,从而循序渐进达到习得某种职业技能的目的。① 构建良好且稳定的师徒关系,是高质量实现技术技能的传承与创新,切实落实好现代学徒制的关键。② 现代学徒制政策想要达成的初衷是培养出符合企业或市场所需的技术技能人才,但作为一项教育制度或人才培养模式变革的制度,现代学徒制"现代性"的关键,是要尊重技术技能人才的成长规律,只有将技术技能人才发展的需求与企业技术技能人才的需求结合起来,才能形成出完整、合理、科学的现代学徒制。③ 也就是说,现代学校教育因素的融入,使得学徒制不再是单一的技术技能传承,更是一种与现代教育个性化理念相结合的更加关注学生完满、全面发展的社会教育模式。在新型师徒关系下,学徒显性职业技能的获得固然重要,但更为重要的是学徒隐性职业素养的提升,只有"硬技能"与"软技能"兼具的学徒才是全面发展的学徒,才是社会经济发展所需的技能人才。可以说,现代学徒制是一种兼顾社会需求与技能人才学习或成长需求的教育过程。④ 因此,现代学徒制中的师徒关系摆脱了片面"技艺授受",转向"技艺授受与人才培养",是工具理性与价值理性的辩证统一。

对技术技能人才个体而言,需要企业与职业院校合作构建稳定的师徒关系,来保障个体技术技能的有效传承。师徒制,是一种需要在企业工作场所学习中存在的技术技能人才培养模式。对企业而言,为保障师徒技术技能的有效传承,一方面需要选聘一支实践经验丰富和业务水平突出的能工巧匠组

---

① 滕勇.基于现代学徒制的顶岗实习教学模式研究[M].北京:北京理工大学出版社,2017:10.

② 李博,马海燕.现代学徒制师徒关系重塑研究[J].教育与职业,2020(23):56.

③ 王亚南.我国现代学徒制政策执行阻滞的形成逻辑——基于国家技能形成的三螺旋理论[J].职教通讯,2020(04):3.

④ 郝延春.现代学徒制中师徒关系制度化:变迁历程、影响因素及实现路径[J].中国职业技术教育,2018(31):40.

成企业师傅队伍,为学徒配备相应的导师;另一方面需要提供相应的设备、场地,为师徒关系开展实践教学提供物质条件。企业师傅作为技术的掌握者,无疑是人力资本、技术资本的突出代表,学徒在与企业师傅的互动、合作与交流中,不仅可以验证自己在学校学习的理论知识,并结合具体的实践活动,提升自身的实践能力;而且可以通过师傅职业精神的感染逐步提高自己的职业道德素养,从而更加明确学徒自身未来的职业生涯发展规划。

第四节 合作育人规制现代学徒制中企业责任的内容模型

目前,对于企业在现代学徒制中的责任内容与边界,理论界尚没有一个清晰的划分与界定。开展现代学徒制培养,是创新职业教育技术技能人才培养模式的重要举措。推进现代学徒制试点行动计划的顺利开展,需要发挥企业在校企协同育人中的主体作用。现代学徒制作为一种校企双元主体的育人模式,其育人主体不再是单一的职业院校,而是学校与企业,让企业承担起相应的育人责任是现代学徒制校企双主体合作育人的题中之义。

一、现代学徒制中企业责任内容的维度判定

既然现代学徒制是职业教育领域内的一种技术技能人才培养模式,那么,要构建现代学徒制中企业责任的内容模型,就需要明确两个基本理论前提,即什么是人才培养模式以及人才培养模式的核心构成要素有哪些。人才培养模式涉及培养什么人、如何培养人、培养的人如何以及如何保障人才培养质量等一系列问题。广义的人才培养模式泛指一切可用来培养人的结构、体系或机制,狭义的人才培养模式则专指某种教学方式。本研究将人才培养模式界定为"在一定教育思想或教育理论的指导下,为实现人才培养目标(包含人才培养规格)而采取的某种标准构造样式和运行方式,它们在实践中形

成了一定的风格或特征,具有明显的系统性和范型性,具有重复性、稳定性和可操作性"。①

现代学徒制人才培养模式不同于传统意义上的校企合作,尽管其中也采用了校企合作的形式,但却以工作场所学习和师带徒的方式培养产业发展所需的技术技能人才。现代学徒制人才培养模式是指在现代职业教育校企合作、产教融合理念指导下,职业院校与合作企业围绕技术技能人才培养确定培养目标、培养内容、培养方式及保障机制的实践范式或运行方式。基于技术技能人才的成长规律及现代学徒制的本质属性可知,现代学徒制中的企业责任的内容主要体现在培养什么样的人、如何培养人以及培养效果如何三个方面。具体而言,主要体现为企业作为需求导向者、资源供给者、过程管理者及质量评价者在育人目标制定(培养什么人)、育人方式构建(以何种方式培养人)、育人过程管理(在何种环境中培养人)及育人效果评价(培养效果如何)四个层面具有责任。对三批现代学徒制试点单位中 17 家企业 20 万字左右的验收材料进行文本分析并编码后,本研究得出了育人目标制定、育人方式构建、育人过程保障及育人效果评价等四个维度的企业责任内容。

(一)研究方法及数据获取

本研究采用质性研究方法,利用质性文本分析工具 Nvivo12 软件进行文本挖掘和可视化分析。研究通过文本选择、编码分析、比较归类、可视化呈现、模型建构等研究环节,形成不同层次的概念范畴和类属关系,探寻适合既定研究目的的"企业责任内容建构"的因素结构关系,最终建构出当下我国现代学徒制中企业责任内容的指标体系。研究将我国现代学徒制三批试点的17 家企业单位的 20 万字左右的验收材料作为文本数据。

(二)数据编码与分析

本研究将 17 份现代学徒制试点企业验收报告全部文本内容进行三级编码,提取出了现代学徒制中企业责任内容的四个维度。

---

① 刘海蓝.地方本科院校人才培养模式的变革与转型[M].北京:中国经济出版社,2020:9.

1.现代学徒制中企业责任内容提取

为了获得现代学徒制人才培养模式中最真实可靠的企业责任内容,本研究对 17 家试点企业验收材料进行开放性编码,对文本中出现的企业责任行为的初始概念进行命名和分类,形成 123 个概念。在此基础上,对这 123 个概念进行进一步范畴化,得到 14 个范畴,并进一步将 14 个范畴归纳为育人目标制定、育人方式构建、育人过程保障及育人效果评价 4 个主范畴。

2.现代学徒制中企业责任内容建构的指标确定

研究通过质性分析工具分三个研究阶段来完成,最终形成了涉及 123 个编码参考点、14 个基本范畴、4 个核心范畴的系统化分析体系,这成为本研究的立论基础。通过对 14 个基本范畴及其内在联系的比较分析,发现 14 个基本范畴最终归纳为育人目标制定、育人方式构建、育人过程保障、育人效果评价 4 个核心范畴。根据这 4 个范畴,得出了现代学徒制中企业责任内容的分析模型(见图 4-3 和表 4-1)。

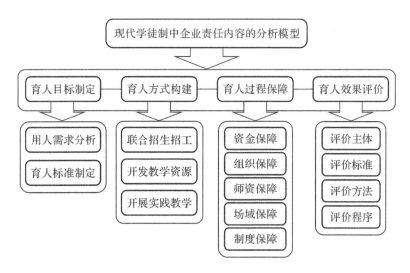

图 4-3　现代学徒制中企业责任内容的分析模型

表 4-1　现代学徒制中企业责任的主范畴、子范畴与初始概念

主范畴	子范畴	初始概念
育人目标制定	用人需求分析	行业人才新需求;企业对人才需求;学校育人需求;企业用人需求及发展战略;形成以企业需求为主导的人才培养体系;企业岗位用人需求;企业实际岗位需求情况;实际岗位核心能力需求,选择典型生产任务
	育人标准制定	知识目标:基础知识—专业知识—综合知识; 能力目标:基本技能—专业技能—岗位综合技能; 素养目标:基本素养—专业素养—职业素养
育人方式构建	联合招生招工	先招生后招工; 先招工后招生; 同步招生招工
	开发教学资源	制定人才培养方案;确定岗位标准;确定教学标准;开发课程体系;制定教学计划;组建教学队伍;制定聘用标准;明确选拔、培养、考核、激励机制
	开展实践教学	实践教学组织:实训教学;工作场所学习;师徒结对 实践教学管理:学徒管理;学籍管理;教师管理
育人过程保障	资金保障	资金:津贴;奖学金;交通费;住宿费;保险费
	组织保障	育人利益共同体;现代学徒制试点工作领导办公室;现代学徒制试点项目领导小组和工作小组;现代学徒制项目工作领导小组;现代学徒制人才培养试点工作领导小组;校企合作理事会;人才培养与员工培训共同体;专家委员会
	师资保障	内训师;高级工程师;能工巧匠、业务骨干、技术能手;工程师、技术骨干;教练型教师、工匠型师傅;优秀员工;企业专家;专业技术人员;公司在岗员工;一线服务和管理人员、技术人员;驻校企业教师、岗位教师、市场教师;行家里手;高管和国家级大师、高级技师
	场域保障	实训场所;实训基地;实践中心;实践学习基地
	制度保障	教学管理制度;师资管理制度;学徒管理制度;顶岗实习管理制度;课程考核评价制度

续　表

主范畴	子范畴	初始概念
育人效果评价	评价主体	企业主体;学校主体;校企双主体;行业;企业导师;引入第三方岗位导师及店长评价;顾客评价;学徒自我评价
	评价标准	学徒综合职业能力;学习考核与就业评价相结合的综合考核与评价标准;学生综合职业能力;毕业与就业标准;学习考核与就业评价相结合的综合考核与评价标准;采用教学、生产、鉴定并行的方式进行综合评价;职业技能大赛;学校的课程考核、实操鉴定;企业对课程学习效果测试;对文化符合度、日常行为要求、工作态度、专业技能、工作绩效等进行全方位考核
	评价方法	过程性评价和结果性评价的双评价;毕业时通过上述双评价与国家职业资格考试(高级)即可获得职业资格证书和毕业生双证书。出师考试;技能竞赛;形成性评价;导师评价、学徒自评互评相结合;考核主要包括带教师傅和校内导师的双导师评价、人力资源部评价及顾客满意度评价
	评价程序	阶梯晋级式考评管理;"双向共管"人才培养质量监控;建立了定期检查与反馈、线上线下督导等形式多样的教学质量监控体系

二、现代学徒制中企业责任内容的指标细化

(一)育人目标制定责任

育人目标,从总体上说,就是育人实践所要达到的预期结果,这种预期结果以观念的形式存在于育人主体与育人客体的思想中。育人目标之所以重要,是因为育人主体只有理解了育人目标,才能很好地安排或设计育人活动的各个环节;育人客体只有理解了育人目标,才能够集中自己的时间和精力,不断地改进和修正自己的学习进度,从而获得最大可能的进步与发展。所以,不理解育人目标,整个育人活动就会失去根本的方向。任何一项教育实践活动都有其所要追求或达到的目标,现代学徒制作为一项育人实践活动自然也不例外。育人目标是现代学徒制人才培养实践的核心概念与核心要素,

是现代学徒制人才培养模式的决定性因素与质的规定性因素。目标即人们行动意欲达到的目的及主体行动之后想到达到的结果。[①] 培养目标则是基于一定的教育目的与客观现实,对教育活动或教育对象预期结果与发展状态的规定。[②] 培养目标一般具有定向功能、调控功能和评价功能,不仅体现为一种具体的、现实的教育预期与标准,也表现为一种教育理念或教育思想的形成,影响着教育实践活动的形式、内容及方向。[③] 现代学徒制中企业在育人目标制定中的责任主要表现为由企业雇主主导或引领学徒制标准的制定。

职业教育的人才培养目标定位是在对技术与技能关系深刻认识之上形成的,因此,把育人目标定位为技术技能人才具有一定的合理性。一般意义上,人们倾向于把人才划分为四种,科学型人才、工程型人才、技术型人才与技能型人才。随着信息时代与数字时代的来临,当今社会呈现出明显的学科交叉、技术集成与知识融合特征,这就决定了企业需要基础扎实、操作技能全面、知识面广、竞争力强、素质全面、创新意识好、具备适应复杂任务的知识背景和实践能力,能够从事综合型、复杂型工种与岗位的交叉性、创新型人才。[④] 因此,技术型人才与技能型人才边界日渐模糊,差别正在消失,对二者泾渭分明的强调已经不再是科技进步对人才需求的大势所趋。然而,技术技能人才的培养是单一的学校或单一的企业无法完成的。现代学徒制是一种有效结合传统学徒制与现代学校教育优势的新型人才培养模式。现代学徒制的人才培养目标包括理论与实践两个层面的要求,既需要厚实的理论基础,又需

① 沃尔夫冈·布列钦卡.教育科学的基本概念:分析、批判和建议[M].胡劲松,译.上海:华东师范大学出版社,2001:96.

② 文辅相.中国高等教育目标论[M].武汉:华中理工大学出版社,1995:16.

③ 徐辉,季诚钧.独立学院人才培养的理论与实践[M].杭州:浙江大学出版社,2007:39.

④ 柯玲.高职教育技术技能人才培养质量提升路径研究——基于产业链的集群式人才培养模式探索与实践[M].成都:西南交通大学出版社,2016:21.

要较好的实践能力、职业素养与专业技能。[①] 技术技能人才的培养除了要发挥学校教育在传授显性技术理论知识方面的优势外,还需要发挥企业在技术实践知识与岗位职业能力培养中的优势,这是现代学徒制人才培养模式的优势所在。但同时,也要求发挥企业在现代学徒制育人目标制定中的责任,通过用人需求分析与育人标准制定参与到现代学徒制育人目标制定的过程中来。

（二）育人方式构建责任

作为一项培养人的社会实践活动,现代学徒制兼具职业性与教育性。不同于简单的职业技能培训,现代学徒制要培养的是完满的职业人和自由劳动者,而非简单的"工具人"。现代学徒制技术技能人才培养最直观的特征表现为"师徒关系"。当然,这种师徒关系的形成是基于校企合作的基础,涉及学生、学徒双重身份。因此,不同于建立于传统产业、私人关系上的师徒关系,这种师徒关系是建立在现代学校教育、现代企业培训与现代产业基础上的平等交流、教与学的新型师徒关系。现代学徒制育人活动是师傅与学徒之间的双边互动,教学过程中师徒之间的交流沟通为现代学徒制教学意向的实施提供了社会基础。良好的师徒关系是完成学徒制育人任务的重要保障,也是优质学徒制项目教学所要追求的目标之一,对整个育人活动至关重要。当然,良好的师徒关系是师带徒育人方式的核心,而师徒关系是建构的、生成的过程,而不是给定的,这一关系需要建立在师傅与徒弟双方彼此了解的基础上。一般而言,师徒双方对彼此的认识与了解需要经历三个主要阶段:第一是常识性阶段,在这一阶段,师徒双方主要根据过往或当前形成的师傅观和学徒观来认识和看待对方。第二是感性阶段,在这一阶段,师傅开始认识学徒的每一个特点,并致力于与学徒建立独特的人际关系;学徒在这个阶段也开始寻找师傅独特的品格与教学特色,并将不同的企业师傅进行比较,出现有倾向性的交往动机。第三是理性阶段,在这一阶段,常识性的认识与个体感性

---

① 刘彤,等.新建本科院校应用技术转型的"现代学徒制"路径研究[M].成都:西南交通大学出版社,2019:17.

的认识实现了有机整合,并被加以系统化、理论化与可操作化。此时,师傅眼里所看到的学徒既不是一般意义上的学徒,也不是完全个体意义上的学徒,而是既有一般特征又有个别差异的学徒;学徒眼里的师傅既不是没有任何差别的师傅,也不是没有任何共性的师傅,而是集师傅的共性与个性于一体的师傅。因此,构建良好师徒关系的过程,就是一种师徒双方不断从常识认识和感性认识走向理性认识的过程。

由于是依托于校企合作的一种育人方式,现代学徒制育人方式的首要特点是全程育人,即企业师傅亲历学徒从"边缘参与"到"准员工"的全过程,学徒需要基于不同的分工或工序,掌握某项完整的职业技能,因此,在这种方式下培养出的学徒不仅有着对于行业的全面了解,还有着专业的技能水平。师带徒育人方式以技能形成为目的,师傅通过技术经验的示范、演示与操作,帮助学徒形成自身的技能;师带徒是一种现场学习,工学交替、工学结合,在实际的生产过程中边看、边干、边学。① 师带徒的育人方式是本真职业教育人才培养模式的反映,对破解传统职业学校教育理论与实践相脱节的弊病意义重大。现代学徒制师带徒育人方式中的企业责任主要体现在联合招生招工、开发教学资源及开展实践教学三个方面。

(三)育人过程保障责任

一般而言,可以从过程和结果两个方面来规范现代学徒制的人才培养过程。过程保障是育人活动的主要环节,是整个育人活动质量保障的核心,也是最复杂、难度最大的部分,其主要作用在于对育人环境进行资源供给。因此,为了生存需要,组织之间需要形成资源相互依赖的关系网络。② 基于此,作为一种校企双主体育人模式,在现代学徒制技术技能人才培养活动中,校企作为异质组织,需要通过资源优势互补实现共生发展。具体而言,发展学生实践能力需要投入大量的资金、场地、人力及社会资源,在政府拨

① 石伟平.比较职业技术教育[M].上海:华东师范大学出版社,2001:6-7.
② 申晓伟.高职院校校企合作育人理论与实践研究[M].北京:中国广播影视出版社,2014:19.

款不能满足职业院校需求的情况下,需要企业与职业院校建立合作关系,共同提供技术技能人才实践技能发展所需的资金、场地、组织、师资、制度等资源,校企合作共同达成技术技能人才培养的目标。以全面提高技术技能人才培养质量为目标的育人过程保障体系建设是一个复杂的系统工程。结合现代学徒制技术技能人才培养的特殊性及双主体合作育人的跨界性,其育人过程保障主要包括资金保障、组织保障、师资保障、场域保障及制度保障五个方面。

（四）育人效果评价责任

由于教育是一种培养人的社会实践活动,兼具育人性与实践性,因此,教育评价是一种为人和人为的实践活动。[①] 前者体现教育的根本目的与价值旨归,表明教育的目标在于促进与实现人的全面发展;后者体现教育评价的主体是人,教育效果如何由人来衡量。基于此可知,教育评价首先是一个过程,其次是一个有目的、有计划的活动,再次是一个由评价者与被评价者组成的活动,最后是一种价值判断的过程。育人效果评价属于教育评价的一种,是一种依据一定标准对人才培养的目标、方式、过程、质量做出价值判断的过程。[②] 科学评价制度的建立,对育人效果具有一定的激励与引导作用。

现代学徒制作为一种技术技能人才培养模式,对其育人效果的评价主要体现为对技术技能人才培养质量的评价。一般而言,对技术技能人才的评价包括三个方面,即知识、能力和素质。知识方面的评价包括基础知识和专业知识两个方面;能力方面的评价主要包括学习能力、问题解决能力、创新能力和实践能力;素质方面的评价主要包括职业道德素养、工匠精神培育,团队协

---

① 刘志军,徐彬.教育评价的实践定位及其实现——基于实践哲学的视角[J].中国电化教育,2022(04):64.

② 徐辉,季诚钧.独立学院人才培养的理论与实践[M].杭州:浙江大学出版社,2007:44.

作能力,职业习惯与态度等。① 人才评价机制包括系统的人才评价制度、评价机构、评价标准、评价能力、评价对象等等。因此,构建符合实际的评价指标,运用多元评价技术与方法,并实行分类考核,才能对技术技能人才的知识、能力与素养进行合理测量与科学评定。具体而言,企业在现代学徒制育人效果评价中的责任主要包括评价主体(谁来评价)、评价标准(评价什么)、评价方法(怎么评价)与评价程序(如何监督)四个层面。

① 裴小倩,严运楼.高校创新创业教育协同机制研究[M].上海:上海交通大学出版社,2018:100-101.

第五章

现代学徒制中企业责任履行的
实然表征

责任问题是一个关涉情感、态度、价值观的问题,具有高度的情境性与主体间性。现代学徒制中的企业责任问题是在技术技能人才培养这一具有高度实践性、情境性的活动中,校企之间围绕各自复杂的利益目标进行的主体间互动。因此,利益关系的交互性、互动情境的复杂性以及行为动机的多样性,决定了质性研究对于本研究的适切性。此外,本研究虽然需要客观把握试点企业的现状,但鉴于试点企业数量有限,本研究仅聚焦17家参与试点的企业进行了统计分析,而不是通过规模化的样本调查了解我国现代学徒制中企业责任的概况。本研究是聚焦微观的、具体的现代学徒制人才培养活动,通过深度访谈,挖掘企业责任缺位的深层原因。为客观了解我国现代学徒制中企业责任的实然表征,本研究在对三批现代学徒制试点的17家企业单位的验收或年检材料进行统计分析的基础上,应用调查研究法中的访谈法,通过对部分参与现代学徒制试点的职业院校单位、合作企业、学生(学徒)进行实地走访或网络访谈,得到参与现代学徒制试点的企业及与试点职业院校有合作关系的企业责任履行现状,从而分析企业在参与现代学徒制过程中存在的问题及影响其责任行为的内外在因素。现代学徒制中企业责任履行的实然表征要呈现的是企业责任履行现状如何的问题。客观审视我国现代学徒制试点的现实情况可知,企业参与现代学徒制的责任缺位是目前推进过程中面临的突出问题,主要表现为企业责任意识弱化、责任能力不一、责任行为冲突及责任保障缺位四个方面的问题。现代学徒制中的企业责任行为是企业生存发展的内在规定因素"技术"与外在规定因素"制度"综合作用的结果。也就是说,企业在现代学徒制中有责任是由企业生存发展的内在规定因素"技术"与外在规定因素"制度"综合作用的结果。考察现代学徒制中企业责任的形成不仅要分析技术创新等内在因素,还必须分析制度等外在因素,以及参与技能形成博弈互动的政府、企业、职业院校、学生(学徒)等行动者之间合作互动的影响。

第一节　我国现代学徒制中企业责任履行的现实审视

一、我国现代学徒制中试点企业的总体描述

根据教育部公布的数据,我国现代学徒制试点企业总共占全部试点的3.02%,企业参与教育部试点区域分布情况如图 5-1 所示。

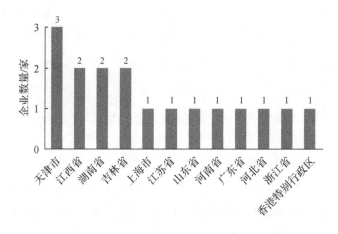

图 5-1　现代学徒制试点企业区域分布数量

本研究以我国现代学徒制试点单位验收材料中的 17 家企业为样本,其中包括第一批试点企业 8 家、第二批 5 家、第三批 4 家(见表 5-1、图 5-2)。时间跨度为 2015—2021 年。17 家试点企业共涉及十二个省(区、市)。

表 5-1　17 家试点企业基本情况

编号	企业名称	试点批次	验收结果	所属行业	企业性质	企业规模	生产要素
1	天津海鸥表业集团有限公司	第一批	√	制造业	民营企业	大型企业	劳动密集型
2	天津渤海化工集团有限责任公司	第一批	√	制造业	国有企业	小微企业	资金密集型
3	招商局物流集团上海有限公司	第一批	×	服务业	国有企业	小微企业	资金密集型
4	海澜集团有限公司	第一批	√	服务业	民营企业	大型企业	劳动密集型
5	江西省建材集团公司	第一批	√	服务业	国有企业	小微企业	资金密集型
6	济南二机床集团有限公司	第一批	√	服务业	国有企业	小微企业	资金密集型
7	郑州宇通客车股份有限公司	第一批	√	制造业	国有企业	大型企业	资金密集型
8	博世汽车部件（长沙）有限公司	第一批	√	制造业	民营企业	大型企业	资金密集型
9	天津市圣纳科技有限公司	第二批	×	服务业	民营企业	小微企业	技术密集型
10	吉林大药房药业股份有限公司	第二批	√	服务业	民营企业	小微企业	技术密集型
11	吉林省汽车工业贸易集团有限公司	第二批	√	服务业	民营企业	小微企业	劳动密集型
12	九江明阳电路科技有限公司	第二批	√	制造业	民营企业	大型企业	技术密集型
13	长沙五十七度湘餐饮管理有限公司	第二批	√	服务业	民营企业	小微企业	劳动密集型
14	深圳市讯方技术股份有限公司	第三批	√	服务业	民营企业	小微企业	技术密集型
15	廊坊精雕数控机床制造有限公司	第三批	√	制造业	民营企业	大型企业	资金密集型
16	浙江海亮股份有限公司	第三批	√	制造业	民营企业	大型企业	资金密集型
17	香港雅姬乐集团有限公司	第三批	√	制造业	民营企业	中型企业	劳动密集型

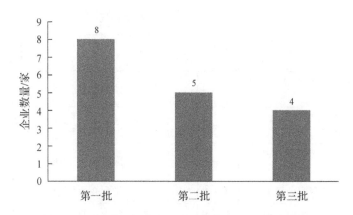

图 5-2　三批现代学徒制试点企业数量

　　通过对三批试点单位中 17 家试点企业总体状况的统计分析可知,17 家企业中有 15 家企业顺利通过试点验收,通过率为 88%;从企业所属行业类型来看,主要为制造业与服务业两大类(见图 5-3);从企业性质来看,包括国有企业与民营企业两大类,其中民营企业试点单位占比多于国有企业(见图 5-4);从企业规模来看,中小型企业占比多于大型企业(见图 5-5);从产业类型来看,劳动密集型企业有 5 家,资金密集型企业有 8 家,技术密集型企业有 4 家,不包含知识密集型企业(见图 5-6)。

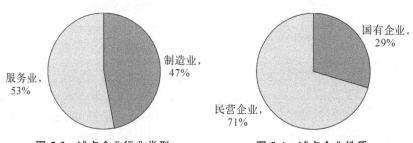

图 5-3　试点企业行业类型　　　　图 5-4　试点企业性质

总体而言,试点企业主要表现出以下特点。

(一)试点企业专业覆盖面单一

　　目前的现代学徒制试点,多以专业的形式开展,而且主要以制造业企业与服务业企业为主。虽然试点企业已经覆盖多个专业门类(见图 5-7),但"尚

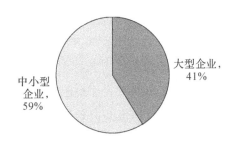

图 5-5　试点企业规模

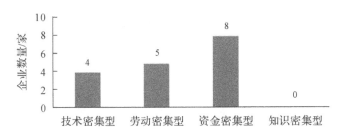

图 5-6　不同产业类型的试点企业数量

未涉及第一产业及新兴产业"[①],这说明现代学徒制人才培养模式的应用具有一定的专业适用性,即并非所有的专业都适合应用现代学徒制这一育人模式。从广义上讲,现代学徒制人才培养模式可以应用于所有的职业或岗位,但如果从人才培养模式的必要性或人才培养的效率出发,则现代学徒制未必适用于所有岗位或职业。"从知识论的视角来看,现代学徒制解决的是一个具备复杂知识特征的技术技能人才培养的问题,对于那些只需要简单或单一知识的岗位而言,现代学徒制的应用未必能够为人才培养带来正面效应。"[②]基于此,实施现代学徒制需要注重专业适用性问题,这一人才培养模式的优势并非在所有岗位与专业上都能得到发挥与体现。[③] 也就是说,某一产业是

---

① 孙翠香.现代学徒制政策实施:基于企业试点的分析——以 17 家现代学徒制企业试点为例[J].中国职业技术教育,2019(03):7.

② 徐国庆.职业教育现代学徒制理论研究与实践探索[M].北京:经济科学出版社,2021:231.

③ 刘晶晶.我国现代学徒制建设的产业逻辑与融合机制[J].职教论坛,2021(06):39.

否适合或需要借助现代学徒制来进行人才培养,不仅取决于该产业对应的岗位是否具有明显的工学结合特征与师带徒培养模式需求,而且取决于这一产业自身以何种方式运行、包含哪些生产工艺过程以及生产组织形式为何。①因此,为提高教育资源供给的有效性与人才供给的适配性,需要综合考虑某一专业对应岗位的行业特性、产业特点及区域性特征等因素,才能做出是否适用现代学徒制人才培养模式的科学判断。

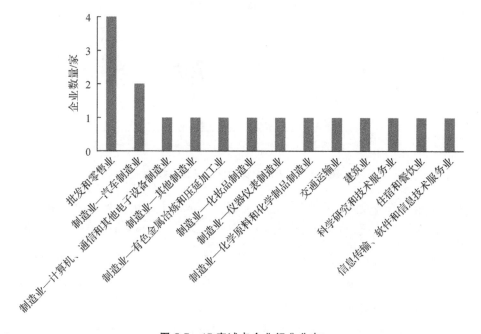

图 5-7   17 家试点企业行业分布

(二)试点企业区域代表性不足

目前我国现代学徒制的试点企业在区域分布上体现出一定的偏好性,即基本分布在东部与中部地区,整体呈现出区域分布不均衡的问题,缺乏来自

---

① 濮海慧,徐国庆.我国产业形态与现代学徒制的互动关系研究——基于企业专家陈述的实证分析[J].华东师范大学学报(教育科学版),2018(01):112-118.

西部、东北部地区的试点企业。[①] 东北部地区老工业基地发达,其在响应国家新一轮东北振兴战略推进时,面临更为严重的技能短缺问题。无论是从东北地区老工业基地振兴的内生动力出发,还是基于东北地区人才外流造成的技能短缺现实考虑,东北地区都具备试点现代学徒制的地域优势与产业优势。西部大开发首先是人力资源的开发,尤其是以职业教育为引擎的技术技能人才的开发。民众整体职业素养的提升直接关系着西部大开发战略的成功。随着西部大开发战略实施的深入推进,技术技能人才需求的数量不断增加,如何发挥好现代学徒制在批量化、高质量培养技术技能人才方面的巨大优势,为西部大开发贡献职业教育力量,意义重大。综上,如何发挥好不同区域的企业在技术技能人才培养中的作用与功能,促进区域职业人才就业的均衡发展,尚面临诸多挑战。

（三）试点企业中小型占比较大

影响现代学徒制中企业责任行为的因素还有企业规模。处于不同生命发展周期或不同发展状态的企业,对校企合作育人有着不同的诉求。理论上来讲,大型企业占据着更多的社会资源,具有较高的社会知名度、社会影响力和社会期望值,理应承担尽可能多的、层次尽可能高的学徒培养任务,进而扮演好企业公民的角色,引领更多企业承担职业教育责任。然而,试点企业中的中小型企业占比却大于大型企业,一方面是因为大型企业声望高、实力强,本身对人才有着较好的吸引力,而且其有着较好的社会支持度与丰富的社会资源,即使不通过现代学徒制人才培养模式,也能通过各种方式或途径获得企业发展所需的各类技术技能人才,所以,大型企业参与现代学徒制的需求并不强烈。[②] 另一方面,中小型企业由于处于谋求上升与发展的阶段,对技术发展的需求相对迫切,但是又无法从外部人才市场招聘到其所需的技术技能

① 孙翠香.现代学徒制政策实施:基于企业试点的分析——以17家现代学徒制企业试点为例[J].中国职业技术教育,2019(03):10.

② 贾文胜,徐坚,石伟平.企业参与高职院校现代学徒制改革动机初探[J].中国高教研究,2021(06):105.

人才,因此,需要通过与职业院校合作培养的方式获得其所需的人力资源。

二、我国现代学徒制中企业责任的履行现状

对我国现代学徒制中企业责任履行现状的考察主要应用了访谈调查法与文本分析法。其一,访谈调查法。通过对天津、山西、山东、广西等与现代学徒制试点院校有合作关系的企业进行实地考察或访谈(线上＋线下),了解我国现代学徒制中企业大体的责任态度与现状。其二,文本分析法。一方面,分析我国现代学徒制相关法律法规、政策对现代学徒制中企业责任的规定情况;另一方面,通过对我国现代学徒制试点工作管理平台中三批现代学徒制试点单位的实施方案/任务书与验收/年检材料以及各试点单位的官网介绍或相关材料进行材料提取与挖掘,了解我国现代学徒制试点企业责任现状与责任内容,并将其与访谈、调查研究内容进行比对与印证,以期为本研究提供现实基础和事实依据。

与其他分析方法相比,文本分析具有的独特优势主要表现为在深入了解个体或群体的价值观、意图、态度和认知模式方面更为有效。责任行为是主体意识、态度、情感或价值观的表征。通过对我国现代学徒制试点企业单位验收材料或年检材料的分析与挖掘,可以深度了解企业参与现代学徒制的复杂动机或多元态度。在资料搜集中,以对试点验收材料的分析为主,并辅以对企业管理者、职业院校负责人(现代学徒制项目负责人或双师型教师)、现代学徒制试点班学徒(学生)的访谈文本以及国家现代学徒制相关的政策文本,通过访谈资料的三角验证,以保证资料获取的真实、客观与全面。最后,对搜集到的上述文本资料,进行逐字转录,并利用 Nvivo12 辅助进行三级编码。

通过搜集获取的多元材料,可以使用三角互证的原则使材料之间的相互关系得以证实。所谓三角互证的原则就是从多个视角或立场进行材料搜集、解释与比较(见图 5-8)。不同方法的处理方式各有利弊,本研究主要应用类属法,通过对具体责任维度的划分来将研究结果进行分类描述。本研究在综

合分析上述三种不同来源文本材料的基础上,重点以制造业与服务业相关试点专业为例,并基于现代学徒制中企业责任内容划分的维度,从育人目标制定、育人方式构建、育人过程保障及育人效果评价四个层面展开对现代学徒制中企业责任履行现状的考察。

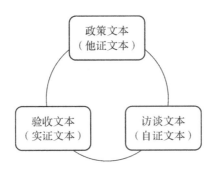

图 5-8　文本材料来源的三角互证

(一)育人目标制定中企业责任履行现状

1.用人需求分析

作为主体地位的企业,具备技术先进、管理规范、规模宏大等特点,企业掌握着最新的技术需求与未来岗位需求预测能力,因此,需要以企业需求为导向才能有针对性地开展人才培养。[①] 之所以要求企业在招生环节就开始介入现代学徒制人才培养模式,是因为企业的人才需求标准一定程度上代表着市场劳动力需求标准,在为企业选拔适合其未来发展所需人才的基础上,需提高现代学徒制人才培养供给侧与企业岗位需求侧的精准对接。但是,企业具有招生责任并不意味着所有企业都需要介入招生工作,这一方面没有必要,另一方面也不现实。是否参与招生既与企业的行业属性相关,也与企业自身对市场需求的灵敏度有关,如果企业对人才培养并无特殊需求,就无须参与。[②] "以立德树人为根本,以服务发展为宗旨,以促进就业为导向"的发展理

① 林梅.校企合作与人才培养[M].长春:吉林人民出版社,2019:64.
② 聂伟.论企业的职业教育责任——基于企业公民视角的校企合作研究[D].天津:天津大学,2013:50.

念,决定了社会需求是职业教育育人目标制定的重要参照。欲使培养的人才获得社会的认同与接纳,就必须在育人目标与用人需求之间形成一致的标准。也就是说,技术技能人才培养的供给侧与需求侧要达到精准对接,才能避免"技能错配"现象的发生,从而提高技术技能人才培养的针对性。"技能错配"是技能供给与技能需求不匹配的情形,主要表现为"技能过度"和"技能不足"两类。①因此,为提高技术技能人才培养的供需匹配度,需要以行业企业等利益相关者的需求为导向来制定具体人才培养目标或人才培养方案。基于17家试点企业的验收材料可知,10家企业基于行业企业用工需求或基于企业未来发展战略制定了相应的人才培养目标或进行相应的人才培养定位。如某试点单位:

> 作为主体地位的行业标杆性企业,具备技术先进、管理规范、规模宏大、社会责任感强等特点。

> 通过校企共同配置资源,试点以现代学徒制为特征的人才培养模式,使学生能够在三年内完成由一个对市场营销一无所知的学生到一个可以直接上岗进行经营管理的企业员工的转变。

> 本专业旨在培养适应社会主义市场经济发展需要,面向连锁类企业管理和服务一线,掌握连锁经营管理专业的基础理论和专业知识,具备从事企业连锁经营活动的职业道德和技能,能进行连锁网点开发、门店运营、连锁经营管理、连锁销售促进等工作,具有一定创新能力的高技能应用型人才。

企业的用人需求其实就是技术需求,唯有对接行业人才新需求,并以客户需求为导向,才能形成以企业需求为主导的人才培养体系。企业可以根据专业的职业能力分析,梳理出典型工作任务,从而进行职业能力分析。企业应该将多年来企业发展的需求和岗位典型工作任务标准融入人才培养方案和标准中,以顶层设计的改变带动专业课程的改变、教材的改变以及师资的

---

① 刘云波.接受职业教育对降低技能错配发生率的影响[J].北京社会科学,2021(08):78.

改变。一方面,企业要开展典型岗位工作任务调研。调研内容主要有:一是为学生做好岗位定位,充分调动学生(学徒)工作与学习的积极性与主动性,提高学生(学徒)职业能力;二是以学生(学徒)就业为导向,围绕学生(学徒)毕业时成为岗位基本熟手的目标开发课程,规范标准,把岗位工作任务转换成知识点、技能点、能力点,建立并完善适合中职、高职的课程标准,构建专业课程体系。在课程体系中,把三年(1—6学期)课程贯通,充分体现课程的系统性、连贯性,使"在校学生"和"在岗学习"成为一个整体,更有利于学生(学徒)自我学习、自我提升,拓展思维,使工匠精神深入内心,使技能操作成为习惯,为实现学生(学徒)毕业就是岗位基本熟手的教学目标打下基础。另一方面,企业要做好需求分析,确定培养目标。为做好学徒培养与管理相关工作。由企业人力资源进行需求调研,在了解职业或行业人才需求的基础上,校企共同根据工作过程以及岗位要求,确定校企联合人才培养标准。利用企业和行业的岗位人才质量标准和劳动力市场信息资源,动态调整人才培养目标、培养规格和专业设置,最终提升技术技能人才培养质量。

2.育人标准制定

只有结合现代学徒制的育人目的与育人目标,才能制定出科学的育人标准。关于现代学徒制的育人目的,主要包括两部分:一是现代学徒制对其所要培养的人的知识、能力、素养的规定性;二是对现代学徒制所要培养的人的社会价值的规定性。总体而言,现代学徒制育人目的是对其所要培养的人才的质量或规格的总体规定。现代学徒制育人目的本身就包含了育人标准的基本特征,因为它从个体价值与社会价值两个层面对现代学徒制要培养的人进行了规定。相比较而言,现代学徒制的育人目标要比育人目的更为具体,因为它要回答培养"什么人"的问题,是从总体上对现代学徒制人才培养模式的运行方向进行的规定。而现代学徒制育人标准则在包含育人目的与育人目标的基础上进行了更加微观的规定,它规定了学生经过学校的理论教学与企业的实践教学后,应该具备的知识、能力与素养。作为技术技能人才的需求者与使用者,企业在育人标准制定中发挥着重要的指向标作用。按照"合作共赢、职责共担"原则,由"现代学徒制试点项目"委员会主导,根据行业标准、企业需要、学校育人需求，以行业人才培养为目标，结合企业与学校双方的优势资源，校企共同设计人才培养方案，共同制定专业育人标准。如访谈某职业院校及学生：

> 校企以学生职业能力培养为主线，对接初、中、高级职业资格标准，对照所需的能力进行递进培养，按照由简单到复杂，由单一到综合的规律，实现学徒学生的职业能力由基础能力、专业能力到岗位综合能力的"三递进"；同时将素质教育融入专业课程教学，实现学徒学生由具备基本素质到专业素质到职业素养的社会素质"三递进"。

> 本项目要达成的核心能力主要包括：连锁企业经营管理能力、门店布局能力、门店开发和管理能力，门店运营与管理能力以及与团队成员有效沟通、协作完成连锁经营职业活动的能力。

> 从实习经理起步，一年半升为餐厅经理，从职场小白到内部管理层，学徒制锤炼了我的业务能力，使我学会了订货、库存和盘点等管理技巧，学会了前瞻性地安排事情，考虑全局并用平常心处理问题。几年的学徒制学习经历，不管是工作还是生活，都让我变得更成熟稳重。

（二）育人方式构建中的企业责任履行现状

育人方式构建中的企业责任，主要体现为企业依据具体的工作场景需求或岗位环境，为学徒设计学习模式，安排学徒的实践教学活动。主要体现为校企联合招生招工、校企联合开发教学资源以及校企联合开展实践教学中的企业责任。

1.联合招生招工

招生招工是现代学徒制育人活动开始的第一步。企业承担的招生招工责任，是回答"谁可以参与现代学徒制育人模式"的问题。从理论上讲，现代学徒制培养的技术技能人才最终都要到企业进行择业或实现就业，因此，人才培养的规格、标准，企业最有发言权。要想培养出企业所需要的人才，在人才培养的入口端就应该让未来的"客户"（企业）参与，只有这样才能保证技术技能人才培养的供需实现对接。生源是现代学徒制实施的基础。根据企业岗位用人需求,针对不同生源特点,采取"文化素质＋职业技能"考试、职业技能考试或面试等不同招生考试办法,按照双向选择原则进行录取。在目前现代学徒制试点企业中的招生招工模式主要有"先招生后招工""同步招生招工""混合招生招工"三种类型。12家企业采取了"同步招生招工"模式,4家企业则采取了"先招生后招工"模式,另有1家企业则采取了"混合招生招工"模式,分别采取"先招生后招工"模式与"先招工后招生"模式(具体情况见图5-9)。通过访谈可知,参与试点的职业院校一般会在以上三种招生招工形式的基础上,根据试点专业自身实际,与合作企业创新招生招工方式。比如访谈某试点单位及学生:

> 明确了"先招生后招工"方式,与试点企业共同制定《现代学徒制招生简章》,通过单独招生、春季高考、夏季高考三种途径招生,在学院招生就业部门及企业人力资源部门的指导和协助下,开展了现代学徒制试点专业的招生招工宣传和推介工作,受到考生和家长的关注与欢迎。

> 我在上海读书,最初是通过老师宣讲知道这个项目,考虑到平台工种丰富,升迁体系完整以及升职速度快,抱着试一试的心态加入了学徒制。

无论是哪种模式的招生招工方法,学徒(学生)都会获得在校学生与企业准员工两种身份,并且以签订协议的方式确立学生学徒的双重身份,之后成立相应的"学徒试点班"。对于岗位能力中的质量意识、生产管理、语言沟通等指标,很难通过校招或社招引进达到要求的人员,唯有以现代学徒制人才培养模式为载体,发挥校企联合培养合力,才能提高人才供给侧与岗位需求侧的精准对接程度,培养出更多适销对路的技术技能人才。

2.开发教学资源

高质量的现代学徒制人才培养模式需要以高质量的教材为基础,但仅仅有教材其实还远远不够,唯有发挥各种教学资源的支持作用,才能促进现代学徒制人才培养模式的高质量发展。教学资源的丰富性与特殊性是现代学徒制育人模式的重要特征之一。所谓教学资源,是指除教材、实训硬件设备

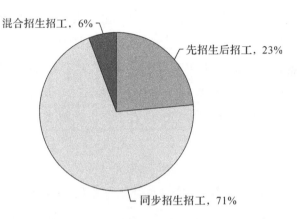

图 5-9 试点企业招生招工模式情况统计

与设施以外的,以文本、图片、视频、动画、软件等形式显现的教学辅助材料,比如,教学案例、操作指导、试题库、操作演示视频、工作情境展示动画、学习评价软件等。① 一般而言,职业教育人才培养模式中的教学资源主要包括两种基本形式,即理论教学资源与实践教学资源。职业院校有丰富的理论教学资源,企业有丰富的实践教学资源,两种教学资源的合理利用与有效开发是技术技能人才培养质量的重要保障。不同于以往的校企合作,在现代学徒制人才培养的过程中无论是专业的建设还是课程的开发,都不仅仅是职业院校单方面的责任,而是通过校企合作的方式,企业也参与到教学资源开发的过程中来,利用企业和行业资源解决职业院校实践教学资源不足的问题,完成对学生技术实践能力的培养。

以行业企业需求为导向的教学资源开发,可以做到两个面向:其一,面向地方或区域经济发展;其二,面向行业或企业生产、管理、服务一线。比如,可以充分利用生产性实习实训基地、技能大师工作室、工程技术研究中心、协同创新中心等,发挥校企双方的场所、设备、人员优势,共同开发一批新型活页式、工作手册式教材并配套信息化资源,及时吸纳新技术、新工艺、新规范和

---

① 徐国庆.职业教育课程、教学与教师[M].上海:上海教育出版社,2016:156.

典型生产案例,形成共建共享的教学资源体系。① "现代信息技术的发展及其在教学实践中的应用,使构成教学系统基本因素的教学资源发生了深刻的变化。在新媒体环境下,信息资源环境发生了很大变化,教学资源的形态、特征、功能在发生改变,赋予信息资源以新的内涵。"② 在教学资源开发内容方面则主要表现为专业建设、课程与教材开发等。比如某试点单位:

> 完善了公共基础课程体系、专业课程体系、实践教学体系、创业创新体系等组成的课程体系,制定并实施本专业的《工匠精神培育方案》,建立了常态化"工匠精神"培育机制。

> 制定符合企业人才培养需求的人才培养方案,探索完善现代学徒制课程体系。教学注重课程内容与职业标准对接、教学过程与生产过程对接,提高人才培养的质量和针对性。

> 本校学徒制项目的核心课程主要为:连锁经营管理原理、连锁门店管理综合实训、连锁企业采购管理、市场调查与预测、消费者行为、特许经营管理、品类管理、市场营销、营销礼仪实务、公共关系、连锁人力资源管理、客户关系管理、广告策划与创作、商务谈判与推销等。

具体而言,专业开设是回答"教育内容是什么"问题的第一方面,这是教育教学带有方向性的问题,瞄准于未来某一职业而设。专业设置不只是学校的个别行为,也是一种社会行为。从本质上看,设置和调整专业的过程,实际上也是调整学校与社会关系的过程。③ 职业教育专业的开设不同于普通教育,普通教育的专业以学科体系进行划分,而职业院校更倾向于围绕经济发展需求和市场供求状况,以具体职业为专业划分依据。④

---

① 丁文利.职业教育现代学徒制新型师徒关系的研究与实践[M].北京:中国纺织出版社,2020:34.

② 孙宁,卢春艳,孙晨.关于优质教学资源建设的思考[J].中国电化教育,2013(11):91-94.

③ 姜大源.职业教育学研究新论[M].北京:教育科学出版社,2007:95.

④ 聂伟.论企业的职业教育责任——基于企业公民视角的校企合作研究[D].天津:天津大学,2013:50-51.

课程开发回答的是"教育内容是什么"问题的第二方面,是职业教育教学的核心部分。学徒课程设置,不仅包括职业学校理论教学的内容,而且包括企业实践教学活动的内容。因此,需要将企业的工作过程或岗位任务分解为知识点、能力点、技能点,从而形成相应的基础课程、专业课程与技能课程。基础性课程是指体现职业教育基本知识、理论、文化水准的课程,它是接受职业教育的学生必须达到的要求。专业课程是面向岗位的课程,课程的设置尤其是主干核心课程的设置,要基于本行业和产业发展中的岗位需要,以岗位群、岗位工作流程、岗位工艺等为要求,使课程和学习体现教学做统一、知行统一、学用一致①。技能课程则是职业教育职业性要求的体现,强调学生具有面向一线岗位,从事一线业务的实际动手能力,因此,从业资格证书和技能操作证书是极为重要的要求。通常所说的"双证书"就是指除了传统的毕业证书以外,还必须有一定的从业资格证书或技能证书。

3.开展实践教学

实践教学有广义与狭义之分。广义的实践教学泛指一切与理论教学相对的教学形式,其目的在于通过这一环节,验证理论知识并获得实践技能,所以某种意义上可以认为是理论教学的附属或补充环节;狭义的实践教学则特指职业教育领域内以职业能力培养为目标,强调职业技能训练与职业素养形成的实践教学。实践教学与理论教学相辅相成,是整个职业教育教学中必不可少的组成部分,旨在培养学生发现问题、分析问题并最终解决问题的能力。② 现代学徒制人才培养模式中,开展实践教学的过程集中表现为校企围绕学徒技能形成的由企业师傅安排具体育人活动的过程。真正意义上的现代学徒制应是一种工学交替的人才培养模式,即理论知识习得与实践技能训练循环往复进行。各试点企业都在尽力结合自身的优势或特色不断创新人才培养模式,探索出一条适合企业自身特色的育人路径。从 17 家试点企业的

---

① 周建松.高等职业教育人才培养目标下的课程体系建设[J].教育研究,2014(10):104.

② 吴遵民.终身教育研究手册[M].上海:上海教育出版社,2019:316.

整体情况来看,主要有以厂中校或校中厂两种方式进行的"分段式""渐进式""理实一体化"育人模式。比如某试点单位:

> 与试点企业合作制定了试点专业人才培养方案,实施了"厂校共育、分段实施""学训交替、实岗育人"的人才培养模式。

> 在专业课程中融入真实企业实训,坚持以学徒(学生)为中心、能力为本位,遵循职业教育教学规律与职业领域工作规律相一致原则,坚持以职业需求为导向、以实践能力培养为重点、以产教融合为途径,积极落地实施了适合本系专业特点的工学结合的人才培养模式。

> 现代学徒制班级的特色主要有:创新地采取"3+2"的教学组织模式。即集中安排该班级学生3天在学校上课,2天在企业上课,授课教师根据学生实训安排,到企业现场考察观摩,进行实践课程教学,并针对企业实训部分课程的内容,调整本门课程的课程标准、授课计划、教案。

> 实践长短交替模式,校企共同组织教学试点,采用"课岗融合、长短交替"的教学安排形式,每学期都安排学生(学徒)在学校与企业两个地点学习与工作。校内学习通过聘请企业工程师与高级技师,在与企业真实生产环境相似的实训室等场所完成。学生每个学期都在企业进行岗位轮训,一方面由师傅手把手教授岗位技能,另一方面将企业文化渗透进去。通过短交替,培养学徒岗位意识;通过长交替,提升学徒岗位能力。通过全方位技能训练,最终达到保障教学效果的目标。

但无论是以何种形式开展的育人过程,均体现出以下两个方面的特征:第一,以"理实一体化"原则为基本导向,也唯有以此理念为指导的人才培养模式才称得上真正意义的"工学交替";第二,前期重视理论教学,后期重视实践培训,且随着学制的不断增加以及工学交替频率的提高,实践教学的比例呈现出逐步加大的趋势,最后一个学年基本在企业进行实习与实践。将在校学习与企业实践紧密结合,是实现"工学交替"式师徒制实践教学的主要方式。

(三)育人过程保障中的企业责任履行现状

育人过程保障中的企业责任即企业在育人环境构建中提供技术技能人

才培养所需的各种资源，为学徒（学生）技能形成提供过程保障。具体而言，包括资金保障、组织保障、师资保障、场域保障及制度保障等五个层面的责任。

1.资金保障

与传统学徒制相比，现代学徒制是一种双主体、双场域、双身份、双导师的跨界人才培养模式。马克思早已注意到劳动者的技术技能问题。技术技能人才的培养，需要进行人力资本投资。现代学徒制项目的经费来源主要有：政府部门、基金会、校方、企方。根据现代学徒制技术技能投资来源、投资占比或投资方式，可以将资金保障来源分为：政府主导型、企业主导型和学校主导型三类。从公布资金来源及执行情况的 10 家试点企业来看，试点企业投资占比见表 5-2。

表 5-2　试点企业投资占比

试点企业编号	1	2	3	4	5	6	7	8	9	10
企业投资占比	50%	40%	79%	91%	62%	81%	76%	100%	90%	10%

从成本上看，个人承担的成本包括学费、机会成本等；政府承担的成本包括对教育机构的财政投资、奖学金、学生贷款、生活津贴以及对企业的财政补贴、税收减免等[1]；企业承担的成本种类相对繁多，既包括学徒工资、培训、保险购买成本，也包括招聘与管理成本、设备损耗成本，还包括为学徒提供的非生产性成本，如购买书籍、学习软件、光盘、学习设备等成本[2]。基于 17 家验收材料中清晰呈现资金到位与执行情况汇报的 10 家企业，企业在校企投资占比中超过 50% 的占 80%，甚至有的企业投资占比高达 100%，仅有两家企业为学校投资大于企业投资。基于此，目前我国现代学徒制试点中企业承担较高育人成本。如某试点单位：

———————————

①　K Hoedkel. Cost and Benefits in Vocational Education and Training[Z]. OECD，2008:3.

②　郑玉清.国外现代学徒制成本分担机制探析——兼论现代学徒制企业的成本与收益[J].中国职业技术教育,2016(15):63-68.

学校共计投入 40 万元资金,均为学院自筹经费,主要用于差旅费、企业师傅补贴和企业水电、耗材等补助;企业投入设备价值 120 万元,设立企业奖学金 10 万元。

根据成本分担理论,谁受益,谁承担;受益多,多承担;受益少,少承担。企业作为现代学徒制人才培养模式的最大受益方,积极与学校探索人才培养成本分担机制。

基于此,虽然在具体的校企合作过程中,校企成本分担情况会因试点专业或试点校企情况的不同而存在较大差异,但是总体而言,企业分担了较大比例的育人成本。作为校企双主体育人模式的现代学徒制,校企双方需要进行合理的人才培养成本分担。一般而言,教育成本分担需要遵循受益者承担原则与能力支付原则。前者说明谁是教育活动的受益者,谁就需要承担相应的培养与教育成本;后者说明教育成本的分担还需要与主体实际的成本承担能力相关。应该说两个原则分别从应然与实然的角度出发,规定着主体对参与教育活动进行成本分担的合理性。作为一项具有正外部性的社会实践活动,现代学徒制的育人成本应主要由政府、职业院校或企业承担,如果政府拨款缺位,则企业承担了大部分的成本。

2.组织保障

德国双元制职业教育模式的顺利实施,得益于从联邦、州到地区各级组织机构的有效协作,德国联邦政府、州政府、行业协会、企业、学校、跨企业培训中心等共同形成了一个分工合作、权责分明的管理体系,为"双元制"的实施提供了有效的组织保障。[①] 我国现代学徒制模式的顺利运行,也离不开强有力的组织保障机制。就目前我国现代学徒制的试点实践来看,一方面,多数企业成立了现代学徒制试点机构作为现代学徒制试点工作的领导机构、实施机构和指导机构。一般由企业负责人和学校负责人共同担任组长。企业主要牵头建立信息反馈机制,通过定期召开校企协调或沟通会,促成培养目

---

① 贾文胜,何兴国,梁宁森.职业教育校企合作机制及政策保障研究[M].北京:中国商务出版社,2019:70.

标有效性的实现。企业与学校明确各自的职责与分工,各司其职,形成良好的管理运行体系,从而为现代学徒制的试点工作提供有力保障。另一方面,组建专家委员会。委员会旨在指导学徒制人才培养方案、教学标准、课程标准、质量监控标准等相关制度的制定与修改。考察 17 家现代学徒制试点企业单位可知,为保障现代学徒制试点工作的顺利运行,多数企业采取与职业院校合作设立组织机构或校企单独设立组织机构的方式来确保校企双方的职责与分工,其中 12 家试点企业以校企合作的形式共同建立诸如"现代学徒制试点工作领导办公室""现代学徒制试点项目领导小组""校企合作理事会"等组织机构。这些专门机构用于协调"双主体"协同育人全过程的相关管理工作,并明确校企双方职责与分工、确保试点工作高效有序进行。另外,有 2 家试点企业单独设立了"现代学徒制领导工作小组",专门负责校企合作培养相关事宜的对接与研讨,并协调一切相关资源和安排。3 家企业没有设立相应的保障组织。具体如表 5-3 所示。如某职业院校现代学徒制试点项目负责人表示:

　　试点班级针对不同学习场合采取灵活的管理模式。校企双方负责组现代学徒制试点班的教学、岗位轮训和考核评价,并进行日常管理。学徒(学生)实行学分制管理,企业实践课程与学校相关理论课程学分可以相互置换。

表 5-3　试点企业组织保障

试点企业编号	组织保障
1	校企共建育人利益共同体
2	校企组建现代学徒制试点工作领导办公室
3	校企共同成立现代学徒制试点工作小组
4	校企共同构成现代学徒制项目工作领导小组
5	企业成立了现代学徒制人才培养试点工作领导小组
6	校企合作理事会
7	无

续　表

试点企业编号	组织保障
8	校企共同构建人才培养与员工培训共同体,设立工作领导小组、工作实施小组
9	校企合作成立现代学徒制试点工作领导小组
10	校企合作成立项目领导小组、项目实施小组和项目指导委员会
11	校企共同成立现代学徒制试点工作领导小组
12	校企共同组建"现代学徒制"领导小组,组建专家委员会
13	无
14	成立由校企高层领导组成的"现代学徒制人才培养工作领导小组";成立由校企中层领导组成的"现代学徒制人才培养工作小组",明确组织机构的主要职责,制定年度试点工作的主要任务
15	校企分别成立了现代学徒制领导工作小组
16	无
17	企业成立学徒制试点管理机构;成立现代学徒制人才培养管理机构,协调一切相关资源和安排

3.师资保障

现代学徒制双导师团队对人才培养质量起到至关重要的作用,企业和学校十分重视教师团队建设。建设优质的师资队伍是现代学徒制的主要工作,要落实双导师制,应由教师和师傅一同承担学生的理论教授和实践培训任务。[①] 一般而言,现代学徒制师资队伍分为学校教师和企业师傅,学校教师主要由学校按照学徒制教师选拔办法推荐,具备较强的理论素养和实践经验;企业师傅则由企业推荐或选拔,具备较强的组织管理能力、丰富的实践经验和一定的带徒能力。校企合作共同制定教师或企业师傅培养计划、双师能力培养的相关激励和考核要求,可以提高学校教师的实践能力和将企业项目转化为真实教学项目的能力。因此,校企需要开展"双师素质""双师结构"并重的师资队伍建设,为现代学徒制项目实施提供充足的师资保障。

---

① 荣长海.职业教育现代化导论:职业教育现代化的内涵、标准、实现路径和监测指标研究[M].天津:天津社会科学院出版社,2019:250.

校企共建师资队伍是现代学徒制试点工作的重要任务。在现代学徒制人才培养过程中,大量的缄默知识只能在企业的生产过程中通过师傅带徒弟的方式传授。因此,企业师傅在现代学徒制中承担着缄默知识和技能经验传授者、职业素养示范者和企业文化传承者的重要角色。① 对企业而言,其在师资队伍组建过程中的责任主要体现为确定企业师傅来源、选聘形式、选聘标准、培养途径、考核机制与激励机制。目前,企业在师傅来源、选拔形式、选拔标准、培养途径、考核与激励机制等方面尚存在一些不尽如人意的地方,比如企业师傅来源不具体、选拔形式标准不明晰、培养途径单一、考核与激励机制不完善等。结合17家企业具体的试点实践可知:就师傅来源而言,多数企业师傅来自企业的高级工程师或技术专家,但也有多家企业表述为"优秀员工"或"公司在岗员工",这一表述一方面范围过于广泛,另一方面则难以对"企业师傅"对象聚焦。就选聘形式而言,多数企业采取内部选拔或内部推荐的方式,少数企业还采取了公开招聘或者实习生推荐的方式。就选聘标准而言,多数企业没有制定明确的企业师傅选聘标准,或表述不具体、不清晰,比如有些企业以爱岗敬业、作风正派、德艺双馨为标准,这些虽然都是企业师傅应当具备的优良品质,但界定标准不具有可操作性,仅有4家企业建立了相对明确的企业师傅选聘标准,主要包括工作年限、年龄、学历、管理或技能操作经验等几个方面。也就是说,多数企业在选聘企业师傅时,较为重视师傅的工作经验及技能水平,而不是学历水平的高低,17家企业中仅有2家将大专以上或本科以上学历作为企业师傅的选聘标准,且其中1家明确提出"三年以上在岗经验的优秀员工,可不受学历、职称和职务的限制",据此可知,工作经验在企业师傅选聘标准中占据着较大权重。就培养途径而言,多数企业通过校企双向挂职、双向流通以及横向技术研发的形式进行。就考核机制与激励机制而言,仅有不到一半的试点企业制定了相应的考核机制与激励机制,考核内容主要包括教学、科研两个方面,激励机制多为带徒津贴、颁发证书,并将带

————————

　　① 韩天学.缄默知识理论视域下现代学徒制企业师傅的角色定位[J].高教探索,
2016(4):91.

徒经验与职务晋升以及业务能力考核相挂钩。比如某职业院校及学生(学徒)提及:

> 连锁经营管理专业是我校的"现代学徒制"试点专业,为此我校特配备了一支年轻而富有教学经验的教学团队。
>
> 通过校企互聘共用的管理机制,建成一支专兼结合的双导师队伍。
>
> 职业院校教师要经常到企业挂职锻炼,企业师傅要到职业院校进行授课或教学,学校以课时费的方式支付企业师傅课时工资。
>
> 我有两个"精英导师",在学校,指导老师为我解答为人处世的问题;在餐厅,师傅亲自教导我所有的岗位工作,给我很多试错和挑战的机会,28个月后,我晋升为首位学生餐厅总经理。学徒经历对我来说最大的收获是学到很多人际交往、为人处世的方式方法,让我比同龄人成长得更快速!

然而,现实的情况却是企业师傅虽然具有丰富的经验性技术知识,但由于不是专业的教学者且没有接受过系统的教学训练,在师带徒的过程中难免会存在表述不清、解释不明与规范性不足的问题;而学校的专职教师虽然具备丰富且专业的技术理论知识和丰富的理论教学经验,但是由于职业经验不足、实践能力欠缺,容易导致理论与实践脱节问题的发生。[1] 因此,需要以双导师制的形式,由学校教师和企业师傅共同承担技术理论知识教学与技术实践能力教学。作为企业核心的"师傅",不仅是一种称号,还是一种资格认定。比如在德国的"双元制"运行体系中,企业师傅不仅负责工作场域的实践教学,还对教育场域的教育发挥着引导作用,可谓责任重大。[2]

4.场域保障

一般而言,知识以两种形式存在或呈现,一种是理论知识,一种是实践知识。前者可以在学校教育场域中获得,后者则需要在社会工作场域中获得。

① 刘晶晶.我国现代学徒制建设的产业逻辑与融合机制[J].职教论坛,2021(06):39.

② 聂伟.论企业的职业教育责任——基于企业公民视角的校企合作研究[D].天津:天津大学,2013:53.

对现代学徒制人才培养模式而言,理论知识与实践知识的占比总体大约为1∶3。① 虽然不能绝对量化理论与实践在个体知识构成中的比例,但作为一种工学交替、工学结合、校企合作的人才培养模式,现代学徒制的特殊性在于,学生在工作场景中进行实践训练的时间占据较大比例,而且随着工学交替的日渐频繁,实践教学的比例逐渐加大,这也符合技术技能人才技能形成的客观规律。作为学徒制学习的逻辑起点,现代学徒制的实践指向特征显著。② 也就是说,探明现代学徒制的学徒"在何种场域实践、以何种方式实践"是实现现代学徒制人才培养目标的关键。布尔迪厄的社会实践理论可以为这些问题的回答提供重要参照。社会实践理论主要聚焦回答三个问题:行动者在哪里进行实践、以何种观念开展实践以及实践的工具是什么。③ 布尔迪厄给出的回答是场域、惯习和资本。社会实践理论把行动者的实践空间定义为场域(位置之间的客观关系的网络和构型),把行动者的实践观念定义为惯习(行动者对客观位置的主观调试),把行动者的社会实践工具定义为资本(经济资本、文化资本、社会资本和符号资本)。那么,现代学徒制的实践场所在哪里,是企业的生产车间还是校内实训基地? 创建适应现代学徒制工学交替的实践教学环境,是确保现代学徒制人才培养质量与效果的关键举措。

　　基于 17 家试点企业的基本情况,现代学徒制的实践场所主要表现为两类,一类是厂中校,一类是校中厂。二者或是由企业投资建设,或是由校企共同投资建设。7 家企业与合作院校共建了"校中厂＋厂中校"的实践场域;3 家企业以"厂中校"的形式构建企业实践场域;3 家企业以"校中厂"的形式构建院校实践场域;另有 5 家企业未提及实践场域建设情况(表 5-4)。以实训室、实训基地或实训中心为代表的校中厂或厂中校等实践场域的构建,有利于充分发挥企业在技术、设备、行业标准等方面的信息优势,通过帮助学校建

---

① 佛朝晖.中国特色学徒制:价值、内涵与路径选择[J].职业技术教育,2021(28):7.
② 郑永进,操太圣.现代学徒制试点实施路径审思[J].教育研究,2019(08):101.
③ 皮埃尔·布尔迪厄.实践理论大纲[M].高振华,李思宇,译.北京:中国人民大学出版社,2017:387.

立生产实训室、模拟仿真实训室等校内实训基地,满足试点培养学校校内实践的训练要求。此时的实训基地、实训中心或实训室兼具经营、教学、培训、生产等多种功能。比如某试点单位:

> 在企业建立系统的、有教学价值的实训基地。企业工程师和师傅还指导专业教师根据本专业产品制造流程扩建实训室七个。合作企业与学校协调进行交替式教学。

表 5-4　试点企业场域建设情况

企业编号	实践场域建设情况
1	企业内实训基地;学校内建立实训室;将部分生产设备移至学校
2	未提及
3	校企共建人才培养基地;共建职业教育学历型人才的培养基地;建设职业培训基地;建设职业教师师资产学研基地
4	校内共有实训基地六个,实践教学基地与企业高度协同,以"校中厂"形式融合教学与生产,承接企业部分服务,依托实训基地,企业技术人员与校内组建的团队共同开展技术研发,共同为企业进行技术服务及对相关领域企业员工进行技术培训; 基地属性:校内生产性实训基地承担校内生产性岗位实训,校内实训基地承担理实一体化教学,校外(企业)实训基地承担毕业设计、岗位实习,校外实训基地承担岗位实习
5	校中厂:在学校建立了生产实训室、模拟仿真实训室等四个校内实训室,满足了试点培养学徒校内实践训练要求; 厂中校:将企业车间改造成了集实训、生产为一体的实训场所,并建立了校外实训基地实践学习管理制度、编制实践学习教学指导书等教学文件
6	建设规范化企业实训基地
7	建成了两个校内实训基地,一个厂内实训基地; 利用合作院校的教学场地,企业将企业员工培训使用的教学设备和实车送至学校,用于学徒班开展系统的实操技能训练,从而使学徒提前认识企业产品,学习基本操作,提高学校教学资源的利用率,与此同时,企业自建实训中心,开展针对性的实操和理论培训,满足新员工细分岗位的实操培训要求,同时实训中心拥有一支经验丰富的专职讲师团队,让学徒在学校实训的基础上,在正式进入岗位之前进行全面系统的岗前实操训练
8	打造校企一体实训基地,服务教学、培训、生产的多功能需求;"厂中校";"校中厂"

续　表

企业编号	实践场域建设情况
9	加强校企联合培养,共同建设实训基地; 校企双方进一步完善校内实训基地,充分发挥校企资源优势,为企业师傅带徒提供实地教学环境; 为加强学徒岗位实践操作学习,企业投入各种设施,在学院校园内建设模拟药房,并选拔合格师傅按人才培养标准参与实践教学指导
10	企业在厂内改建学院校区,校企共同投资建成汽车实训中心
11	校企围绕共同制定的人才培养方案,构建、完善了校内通用实训和企业专用的实习实训场所
12	未提及
13	未提及
14	未提及
15	企业投入先进设备与职业学院共建生产性实训基地,以"校中厂+现代学徒制"的创新模式,深入探索现代学徒制人才培养模式的改革与实施; 依托校内生产性实训车间,对学徒制班级进行创新创业教育
16	未提及
17	校企共建校内实训场所和技术研发中心,实现企业和学校间资源共享

5.制度保障

制度是对个体与社会关系及行为的规范,作为一种利益协调与分配机制,制度是解决利益冲突与分化的产物。[①] 现代学徒制作为一项合作教育制度,其顺利运行也离不开相应人才培养制度与管理制度的保障。纵观作为现代学徒制运行典范的德国"双元制",其不仅建立了不同层次的制度结构,而且不同层级上企业、职业学校在校企合作育人活动中的行为受不同制度的约束,并由不同机构进行管理。[②] 因此,为保证现代学徒制的实施效果,应发挥好政府的主导作用,建立完善的现代学徒制校企合作育人制度与相应的管理制度。制度建设的关键是人才培养质量保障体系的建设,具体而言,包括教

---

① 范纯琍.道德自觉及其实现[M].汕头:汕头大学出版社,2019:181.
② 黄蘋.德国现代学徒制的制度分析及启示[J].湖南师范大学教育科学学报,2016(03):121-125.

学管理、师资管理、学徒管理、顶岗实习管理、课程考核评价等制度。分析17家试点企业制度保障现状(表5-5),为协调校企及其相关主体的利益,多数企业建立了相应的制度保障机制。应该说,只有方方面面都受到相应的制度保障,才能协调好各利益相关主体在技术技能人才培养全过程的行动,才能保障现代学徒制的顺利运行。比如某试点单位:

> 规范企业实训基地实训制度;企业建立了一套严格的专项资金预算、使用、审核制度,建立了自评机制、监督检查机制,实行专项审计制度;建立了完整、规范的人才培养管理制度。

表 5-5　现代学徒制试点企业相关制度保障

试点企业编号	相关制度保障
1	教学管理、师资管理、学徒管理、基地建设、毕业标准等制度; 实现一体化招生招工的程序化与制度化; 建立体现现代学徒制特点的管理制度,保障人才培养质量
2	校企双方积极开展"两阶段""两证书"制度改革
3	完善学徒培养管理制度
4	建立了《现代学徒制项目校企、校校合作章程》,确定四方合作原则、组织机构、任务分工、资金管理等,形成了以该章程为中心,涵盖招生、教学、管理、安全等方面的制度体系; 建立校企双导师制度,实现教师与技师互融互通; 共同制定企业师傅管理办法、学徒实习管理办法等制度文件
5	进一步修改、完善了公司已出台的六个校企合作管理制度,并在此基础上制定了促进现代学徒制人才培养效率与质量提高的运行管理制度
6	建立完善配套的实训制度; 企业建立有一整套严格的专项资金预算、使用、审核制度,建立了自评机制、监督检查机制,实行专项审计制度
7	建立完整、规范的人才培养标准及管理制度; 逐步建立和开发了学徒培养及管理制度
8	现代学徒制教学管理制度; 健全学徒质量监控与反馈机制

续　表

试点企业编号	相关制度保障
9	涵盖校企双方的"协议及规划实施方案""教学组织与运行制度""双导师管理制度""学徒管理制度""教学资源建设""教学质量监控标准及评价制度"等 6 类； 现代学徒制多元考核评价管理； 现代学徒制质量监控管理
10	建立人才培养质量第三方评价制度，实现以行业协会为主导，用人单位、学生和社会为评价主体，注重学生利益和企业利益的全面、客观评价机制
11	修订了《企业技术人员赴学校任课管理办法》； 强化激励机制；创新工作机制；改革招生制度
12	出台《现代学徒制教学管理办法》《企业顶岗实习管理办法》相关文件； 逐步完善目标管理制度
13	公司联合学校共同建立了 18 个规范的学徒制管理制度； 企业和学校分 2 次修订企校合作协议，细化了四方的权责，明确企业、学校、学徒、家长的四方权利与义务； 建立学徒制教学管理、学生管理制度集； 建立激励考核制度，强化师资团队建设； 形成了《学徒制学生管理制度集》； 建立项目检查通报、评比验收制度
14	起草了教学管理、学分分配表、学徒考核评价表等办法； 学校导师与试点班学生签订师徒协议
15	企业通过一系列管理规定保障学徒制学生可以按照培养计划进行学习
16	在试点期间，在招生招工、协议签订、导师聘用、教学组织与管理、教学效果评定等方面形成了一系列管理制度
17	制定企校会商制度，构建常规工作机制； 完善人才培养制度，建立教学质量监控体系制度

（四）育人效果评价中的企业责任履行现状

作为价值评价的一种，教育评价表征的是教育活动对教育主体需求的满足度。育人效果评价虽然是育人活动的最后一步，却是至关重要与不可或缺的一步。在现代学徒制实践运行过程中，不同利益主体有着不同的期待与价值诉求，现代学徒制的育人效果评价只有充分回应异质主体的多样诉求，而非以价值中立的角度存在，才能激发不同主体持续参与、投资与促进现代学徒制人才培养活动的内驱力。比如,由政府来确立办学方向;由行业企业来关注人才供给需求标准;职业院校则主要关注人才供给质量;以教师视角关注自身职业成长;以学生、家长视角关注成长成才。虽然不同主体的利益诉求不同,但是不代表在现代学徒制人才培养中不存在利益共赢点,如果没有共同利益,不同主体也就不会选择合作。所以,不同主体间一定存在利益诉求的交集,只是不同主体基于自身定位或出发点的不同对教育评价的关注点会有所不同。① 基于此,有必要在尊重不同主体需求与利益表达的基础上,寻求在现代学徒制中的利益契合点,从而统一不同主体社会行动与价值共识,达到增强现代学徒制吸引力的效果,并形成多元评价的新格局。

现代学徒制育人效果评价是规范现代学徒制双主体育人机制、提高技术技能人才培养质量的重要手段。具体而言,现代学徒制育人效果的评价应关注技术技能要素与技术技能人才培养规律,将技术技能应用与技术技能创新作为评价的核心要素。育人效果评价要避免简单化,从而更好地为促进现代学徒制育人效果服务。育人效果评价要把握的基本向度有四:评价主体(谁来评价)、评价标准(评价什么)、评价方法(怎么评价)、评价程序(如何监督)②。当然,考核评价制度并非整齐划一的,不同试点单位会结合自身试点专业实际,创新考核评价制度。比如某职业学院在开展应用化工专业试点过程中进行如下评价制度创新:

> 学生的期末考核结合企业人事管理考核标准及学生综合素质测评标准,对年度学生的职业道德(德)、职业行为(勤)、学习工作业绩(绩)、职业操守(廉)、身体素质(体)考核打分,并进行民主测评,确保公平公正。
>
> 建立了多方参与的考核评价机制。在课程考核方面采取将过程性考核和终结性考核相结合的原则,由授课教师和企业教师给出学徒(学生)成绩,综合给出最终学习成绩。

---

① 任占营.以多破唯:构建职业教育评价新格局的路径探析[J].高等工程教育研究,2022(01):11-12.

② 杨青.高职院校全面实施现代学徒制须把握的向度[J].江苏高教,2020(05):113.

1.评价主体

评价主体的多元性,决定了只有建立基于不同利益主体的质量评价体系,才能确保现代学徒制人才培养质量的稳定性与有效性。除此之外,还需要引入第三方评价组织,以保证评价结果的独立性、科学性与公平性。独立第三方评价组织的引入不仅可以为政府部门提供教育决策与咨询服务,可以为职业院校的内涵式发展提供指导,而且可以为行业企业理性需求以及社会公众的参与需求提供各种服务。[①] 现代学徒制的评价主体主要包括政府、行业企业、职业院校、"双导师"、学生(学徒)家长等。第三方评价主体的引入,有利于保持评价的中立性,从而发挥自评与他评的互补作用。从实际调研的情况来看,17家试点企业主要采取校企共同评价、企业主导评价、引入第三方评价机制等方式开展对学徒知识、技能以及素养的评价。其中,对学生理论知识能力的考核评价主要通过学校专任教师、教务信息管理系统等来进行;对学生实践操作能力的考核评价则主要由企业师傅、企业人力资源管理部门等主体来进行;而对学生(学徒)行业适应性及综合素养的评价则可以通过引入诸如技术咨询服务有限公司、提供高等教育管理数据与咨询服务的麦可思数据有限公司等第三方评价机构来进行。目前我国现代学徒制试点企业中,只有2家企业明确引入了行业协会等第三方评价机制,其余企业基本采取了校企双主体联合评价的形式。

2.评价标准

全面客观的评价标准,是现代学徒制育人效果评价的基础。目前我国现代学徒制试点企业育人效果评价主要聚焦学徒的学业评价、技能评价与素养评价三个维度,且越来越强调以能力为核心的考核评价体系。无论评价标准如何多元或如何动态调整,都需要围绕现代学徒制的教育性与职业性两大核心展开,这也是育人主体双元性的本质规定。此外,评价标准的客观性与可操作性亦非常重要。评价准备首先要能体现出职业教育育人的特殊性,即从重视学生的成绩评价转向知识、能力与素养并重的评价。当然,基于考核途

① 刘晶晶.我国现代学徒制建设的产业逻辑与融合机制[J].职教论坛,2021(06):41.

径的多样性,校企也要制定多元的评价方法与基于具体评价方法的评价标准。

3.评价方法

坚持评价方式方法的多样化,坚持形成性评价与结果性评价相结合、质性评价与量化评价相结合,是现代学徒制育人效果评价应该秉持的基本取向。此外,随着评价方式的信息化发展,运用基于"互联网+"或现代信息技术的评价管理系统有利于提高育人效果评价的效率与推动评价结果的可视化发展。目前我国现代学徒制试点企业主要采取过程性评价与结果性评价相结合的方式,并融合技能大赛、毕业证书与职业资格等级证书等来考察学徒(学生)的知识、技能与素养情况,少数企业建立了信息化评价管理平台。基于"工作场所学习"的现代学徒制在显性技术知识与默会技术知识的传递过程中有着天然优势,因此,要基于学校与企业双重场域开发相应的评价方法,而非采用统一的方法来评价教育场域与职业场域的育人效果。这种持续性、发展性的个人能力建构模式有助于学徒形成复合型的知识结构、获得多元化的发展空间。① 此外,为提高教育系统与产业系统的紧密度,还需要将"双证融通"的理念纳入现代学徒制育人效果评价,着力建立柔性化的学分积累与转换机制。

4.评价程序

"评价程序是指评价的流程、环节和相关规则,是确保评价理念与目标得以正确实现,以及评价标准与指标得到正确实施的重要保障"②,也是通过程序公正确保结果公正的重要前提。唯有建立涵盖多元利益相关者的完备监督体系,才能促进育人效果评价的公开、公平与公正。反观我国现代学徒制试点企业的现实可知,试点企业中,只有3家企业建立了相应的考评管理或质量监控体系。现代学徒制的评价方式是基于企业用人需求导向与学生(学徒)岗位能力导向的。因此,与传统的人才培养效果评价程序不同,现代学徒

① 刘晶晶.我国现代学徒制建设的产业逻辑与融合机制[J].职教论坛,2021(06):40.
② 杨红艳.中国人文社科学术成果评价管理控制机制研究[M].北京/西安:世界图书出版公司,2019:35.

制的育人效果评价程序在评价流程、评价环节与评价规则方面具有一定的特殊性、有效性与科学性。其一，就评价流程来说，现代学徒制育人效果的评价流程大致围绕技术技能人才的成长阶段来展开，遵循从理论到实践再到理实一体化的过程评价，而且需要基于学生—学徒身份的切换，转换不同的评价主体与评价标准。在学校由专业课教师对学生的基础理论知识、专业理论知识开展学习过程评价，在企业则由企业师傅对学徒的专业实践能力、操作能力、职业素养、问题解决能力等进行基于工作场景的职业过程评价。总体而言，评价流程随着学生（学徒）职业能力的提升整体呈现出校企交替频繁且日益复杂化的趋势。其二，就评价环节来说，根据工学交替的不同场域，可以细分为学校的考核评价、劳动部门的职业认证等几个独立环节，只有经过这些环节的评价，才能最终成长为一个被多方利益主体认可的高技术技能人才。[①]第三，就评价规则来说，应当坚持技术技能逻辑的价值导向指引而非基于科学逻辑。科学逻辑的评价一般以知识的形式呈现，而技术技能逻辑的评价则以一定的技术技能成果为载体呈现。

三、我国现代学徒制中企业责任履行的困境

从实践层面看，责任是一个完整的体系，包括四个方面的基本内涵：责任意识、责任能力、责任行为、责任制度，即想做事、能做事、真做事、可做事。责任意识是一种社会意识，是对一定社会存在的反映，属于主观范畴，是个体对于责任履行的自觉程度，即个体责任的履行需要以责任意识为驱使；责任能力是实现责任的主体条件，如果主体不具备一定的责任能力，责任终将成为一纸空谈；责任行为就是责任担当，任何责任担当都指向具体的责任行为，并且要求担责行为必须是主体性的（即自主性、自为性的），也就是责任担当所

指向的行为既是一种主体性的行为,也是一种自主选择的行为[①];责任制度是对主体责任行为的软性调和与刚性规约,也对主体责任行为的选择产生着重要影响。企业责任的缺位是我国目前推进现代学徒制试点过程中面临的突出问题,主要表现为企业的责任意识淡薄、责任能力不一、责任行为冲突及责任保障缺位四个方面的问题。

（一）现代学徒制中企业责任意识淡薄

责任意识是社会意识的一种特殊形态,是人们关于主体行为后果的预测、评价并积极承担的观念、认识及心理活动的总称。责任意识并不是外部强加给人的东西,而是人性中既有的,是人的自然属性与社会属性相统一的产物,是人类特有的属性。责任意识包含“责任认知”与“责任情感”两个方面,前者是指主体对应做之事的客观认识或感知,主要回答主体的责任是什么、主体是否有责任履行能力以及没履行好该履行的责任应该承担怎样的后果等问题;后者是指主体对应做之事的主观认同程度,反映的是主体主观的价值维度,表征着主体对责任的客观方面的主观认同及情感体验。[②] 我国现代学徒制中的企业责任意识淡薄主要表现为企业职业教育责任的认知偏差与企业参与校企合作育人的责任情感淡薄。

就我国目前试点的现代学徒制来看,企业的参与度并不高,多数企业缺乏承担职业教育责任的意识,认为人才培养的主体责任不在企业,而在职业院校。企业对国家有关职业教育政策的关注度也明显不足,对现代学徒制政策的理解与认识难免不到位。这就导致了企业的一个认知偏差,即认为现代学徒制是一种人才培养模式,人才培养的主体应该是职业院校而非企业,因此,多数企业在人才引进观念上采取“拿来主义”。所以,企业普遍认为,人才培养是学校的责任,企业只负责在用人时从学校招聘人才。[③] 当然,企业之所

① 唐代兴.生境伦理的规范原理[M].上海:上海三联书店,2014:97.

② 叶浩生,杨文登.责任的二重性及责任意识的培养——基于心理学的视野[J].心理学探新,2008(03):9.

③ 苑国栋.政府责任:实现校企合作的必要条件——来自现代学徒制的启示[J].职教论坛,2009(16):53-55.

以出现此种认知与我国的市场经济改革密不可分。市场经济改革在赋予企业相当自主权、很大程度上减轻了企业负担及激发了企业生产活力的同时，也将企业的社会功能（包括企业办学）弱化了，企业的教育功能也随之被削弱。① 虽然企业是现代学徒制人才的使用者，但由于目前现代学徒制尚处于试点阶段，培养出的技术技能人才质量也参差不齐。作为用人单位，企业不看好学生的培养质量，所以不认为参与学徒培养能为企业技术进步储备未来人才；作为合作单位，企业也未能设置数量充足的学徒岗位，甚至认为学徒培养的过程会给企业正常的生产带来负面影响。参与职业教育校企合作的企业，其更多也是出于提升企业社会声望或充当履行企业社会责任的重要业绩考虑，甚至，出于慈善的目的或是政府政策的压力，才被动卷入现代学徒制人才培养活动。② 因此，总体来看，企业对参与现代学徒制呈现出较为消极被动的姿态，合而不作的现象普遍存在，严重影响着现代学徒制运行的效果与质量。无论是在人才培养目标制定、人才培养方式构建、人才培养过程管理还是人才培养质量评价中，企业都没有发挥出较好的主体作用。基于此可以认为，现代学徒制中企业责任主体意识不强。③ 具体而言主要表现在两个维度：第一，现代学徒制中的企业责任认知度低；第二，现代学徒制中的企业责任情感淡薄。比如，访谈中有职业院校现代学徒制项目负责人表示：

> 招生的时候，学校主导多一些，企业也会推荐一些社会熟人。但是否参与现代学徒制项目与企业负责人眼光是否长远有很大关系，因为在学徒管理过程中需要付出管理成本。如果企业觉得这些成本不能得到较好的补偿，也就不愿意参与了。前两年其实学生不能为企业创造太大价值，一般也就最后一年顶岗实习的时候会给企业带来收益。

---

① 吴学峰.中国情境下现代学徒制的构建研究[D].上海：华东师范大学,2019:108.

② 柳燕,李汉学.现代学徒制下企业职业教育责任探析[J].职业技术教育,2015(31):31-35.

③ 徐珍珍,刘晓.500强企业参与职业教育的社会责任调查——基于我国 110 家 500强企业社会责任报告的面上分析[J].职教论坛,2015(13):55-59.

目前的现代学徒制试点是有国家拨款的,所以有相应的资金支持,但是如果三年的试点期结束,在没有国家拨款的情况下企业还愿不愿意参与就不好说了。

企业并不是切实觉得自己在现代学徒制人才培养过程中有责任,而是想培养自己发展所需要的人才。

(二)现代学徒制中企业责任能力不一

责任能力是一定责任主体承担责任资格的表征,与主体的行为能力、权利能力密不可分。而主体的权利能力是一切主体行为能力的基础或前提,可以认为,没有权利能力的主体便不具备一定的行为能力。所以,有行为能力必然默认了主体具备一定的责任能力。以个体形态存在的自然人和以群体形态存在的组织都可以构成责任主体,因此,责任能力也就相应地划分为两类:一类是自然人的责任能力,一类是组织的责任能力。[①] 现代学徒制中的企业责任能力显然是一种组织责任能力。在理想状态下,企业承担的社会责任也即企业的社会责任能力。所以,在现代学徒制校企合作过程中,要选择具有育人责任能力的企业开展合作,否则,没有一定准入门槛和准入标准,必然导致校企合作育人的无效。就目前来看,我国存在较多的中型企业与小微企业,尤其是小微企业处于求生存阶段,不仅规模较小、资金来源不稳定,而且难以为学徒提供适切且足够数量的实习岗位。[②] 大型企业有着良好的社会声誉与人才培养机制,是参与校企合作的最佳选择。比如在欧美国家,职业教育的发展往往与大型企业保持着紧密的合作关系与长效的合作机制。德国作为"双元制"的典型,其运行成功的关键就在于企业在职业教育校企合作中发挥了较好的作用与功能,是"双元制"运行载体中的重要一方,其发展的学徒制模式不仅有着较好的校企合作历史,而且由于企业能够在参与校企合作

---

① 国家工商行政管理局培训中心.现代法学基础教程[M].北京:中国统计出版社,2000:329-330.

② 苑国栋.政府责任:实现校企合作的必要条件——来自现代学徒制的启示[J].职教论坛,2009(16):53-55.

育人的过程中获得其未来技术进步与产业升级发展所需的高质量技术技能人才,因此,学徒培养的过程不仅节约了企业用于人力资源开发或培训的成本,而且也使企业因参与职业教育而获得了良好的社会声誉,为企业赢得社会支持提供了隐形资源。① 也就是说,企业履行其在现代学徒制中的责任对企业而言更多的是一种机会而不是一种限制。

反观我国现代学徒制试点运行的现状可知,不同企业由于其发展规模、产业类型、发展阶段的不同,在参与校企合作育人过程中的责任能力存在较大差异。当然,这种责任能力现状是客观存在的,重要的是,利用好不同企业的优势或能力,提高企业在现代学徒制双主体育人模式中的适切性与针对性,从而确保校企合作育人的持续性、科学性与发展性。责任的"金字塔"模型给我们带来的最大启示是,现代学徒制中的企业责任内容也是分层次的。所以,不应该以"一刀切"的方式要求所有企业承担相同的育人责任,而是允许不同发展阶段、发展规模与产业类型的企业结合自身教育资源与教育条件,承担与企业责任能力相匹配的责任内容。一个客观存在的现实是,校企合作育人的利益相关者多元,无论是具备一定责任能力的企业未参与到学徒培养中来,还是不具备责任能力的企业却承担了超出其所能承受的能力之外的责任,都会导致现代学徒制运行效果的不理想,自然其利益相关主体的利益诉求无法得到保障。② 基于此,有必要在现代学徒制中建立"梯级化"的企业责任能力模型,只有针对不同责任能力的企业选择差异化的责任内容,才能实现相关主体利益的最大化。比如,某试点单位现代学徒制项目负责人表示:

> 我们的合作企业离学校比较远,所以还存在一个地域问题,有时候为了选择就近企业,本不符合学校合作要求的企业也会成为合作对象。而且在合作的后期,会出现这种情况:企业师傅的工作量很大,能真正分

---

① 苑国栋.政府责任:实现校企合作的必要条件——来自现代学徒制的启示[J].职教论坛,2009:53.

② 秦程现.中国特色学徒制"模块化"模式研究[J].职业技术教育,2021(28):12-18.

出来的时间很少,而且企业师傅会一直换,不同的工序由不同的企业师傅来负责,所以学生会遇到好几个师傅,最后导致的结果是,每个师傅管得都不多。此外,企业对师傅在物质上的奖励也比较少,没有充分调动师傅的热情。

企业本身能力不一,但是私企比国企更愿意参与到现代学徒制中来,一方面国企声望高、实力强、环境好、设备好,一般不需要通过参与现代学徒制就能招到自己需要的人才;另一方面私企的灵活度比较高,更容易与职业院校开展合作。

(三)现代学徒制中企业责任行为冲突

发挥企业主体的重要责任是现代学徒制运行的关键,但在复杂的现实环境中,企业往往不知道自身在现代学徒制中的责任是什么以及应该以何种方式来履行责任,从而导致一系列代理转换、规避责任或寻租行为的发生。所谓责任冲突,是指责任的不同性质之间发生冲突,也就是存在两个或两个以上不同性质的责任,责任主体为了履行其中的某种责任而不得已违反其他责任的情况。[①]

在现代学徒制人才培养活动中,角色冲突与利益冲突是引发现代学徒制中企业责任冲突的直接与根本原因。其一,角色冲突是现代学徒制中企业责任冲突的直接原因。所谓的角色冲突是指人们需要履行不同社会角色所赋予的不同责任,而这些责任之间又相互矛盾从而引发的责任主体选择困境。责任冲突是由个体所扮演的社会角色引起的。[②] 这一方面是因为社会生活复杂使得个体社会角色不一,而不同的社会角色又有着不同的责任要求,如果要求个体同时履行其所扮演的所有社会角色责任,就会造成不同责任的角色冲突;另一方面,因为人们对不同的社会角色有不同的社会期待,当这种期待来自不同的方向或不同的群体时,也会引起个体责任的冲突。企业与政府及其他事业单位的根本区别是它的经济性,经济责任是企业内在的中心责任。

---

①　谢军.责任论[M].上海:上海人民出版社,2007:159.

②　谢军.责任论[M].上海:上海人民出版社,2007:160.

向社会提供产品和服务是市场经济条件下企业获取利润的前提,而企业的长期运作也离不开对利润最大化这一目标的永恒追求,如果企业自身都不盈利,不能正常发挥其基本的经济功能,别的功能自然也就无从谈起,也就更不可能有余力为社会提供其他服务。古典经济理论说明了追求利润是企业经营的根本。但随着企业社会影响的不断增加,其被要求承担的社会责任也越来越大。也就是说,企业不仅包括追求利润最大化的经济责任,还包括保护和增加社会福利的社会责任。在现代学徒制技术技能人才培养过程中,企业作为校企双主体中的一方,不仅是现代学徒制人才培养活动的直接受益者,更是技术技能人才培养活动的主要参与者,企业参与现代学徒制人才培养活动的全过程,有利于培养出真正符合企业实际需求的高技术技能人才。因此,国家曾多次从政策层面倡导发挥企业的重要主体作用。但从我国现阶段现代学徒制的运行机制来看,企业参与的收益与成本缺乏保障机制,尤其是对于一些中小企业而言,在企业发展阶段,参与技术技能人才培养的过程不仅会影响企业正常的生产活动,而且会造成企业前期成本投入与后期收益的失衡,一定程度上制约着企业参与的积极性与主动性。前者强调企业社会责任的履行,后者影响企业经济责任的履行,因此,两种责任的冲突增加了企业参与现代学徒制的顾虑。其二,利益冲突是现代学徒制中企业责任冲突的根本原因。利益冲突,是指在责任冲突中,履行某种责任往往会以损害某些人的利益为代价。也即,对责任主体而言,常常会面临其所代表的公共利益与自身所具有的私人利益之间的冲突。当然,这两种利益并不总是处于冲突状态,两者也有一致的时候。但是,由于两种利益所属领域及性质存在差异,维护一方利益往往意味着对另一方利益的损害或造成利益的对立。责任冲突表面上看是履行不同的责任要求之间的冲突,实际上是各种不同的价值观所代表的利益之间的冲突。[①] 访谈试点单位相关负责人可知:

学校希望借助企业弥补学生的短板,因为学校的设备落后于企业,

---

① 谢军.责任论[M].上海:上海人民出版社,2007:163.

而与企业合作既可以有理论，又可以有实践，所以希望企业提供相应的实习岗位。企业也需要培养自身需要的人，招收到需要的人。但是由于这个过程中需要资金、管理、人力、设备等各种成本，如果没有减税，也没有补贴，企业是很难有动力继续参与下去的，因为没有相应的成本分担机制，企业自身的利益是得不到保障的。

（四）现代学徒制中企业责任保障缺位

责任意识、责任能力只能表明企业应该承担现代学徒制中的企业责任，但是，在现代学徒制中企业责任行为的落实往往是困难的。寻租行为、消极履责行为及避责行为时有发生，说明作为一种公共责任，现代学徒制中的企业责任承担机制还需要不断完善。因为每个个体或群体都是理性自私的，都会在能力所及范围内寻求自身利益的最大化。[①] 作为经济组织的企业，其趋利性则表现得更为本能与显著。因此，现代学徒制中企业责任的履行需要相关制度的保障。责任意识的培养不能只靠主体价值观的改造，制度保障也是培养主体责任意识的一个重要方面。因此，有必要实行严格的"问责制"。[②]制度设计的"核心"是确立不同主体的身份，因此，首先要通过明晰的制度来保障企业育人主体地位及育人角色的正当性。其次，需要通过各种力量或制度来监督、控制现代学徒制中的企业责任行为，确保企业的行为维护的是一种公共价值或社会价值取向的公利而非少数人或企业个体的私利。

然而，反观我国现代学徒制中企业责任行为的动机，一则多数企业将参与现代学徒制视为一项成本—收益不对等的边缘性人力资源开发事业，因为参与学徒制培养的过程需要企业付出巨大的人力、物力与财力成本，而且由于人才培养效果的长期性，企业看不到眼前利益，长远利益也具有较大不确

---

① 孙多勇.公共管理学[M].长沙：湖南人民出版社，2005：82.

② 叶浩生，杨文登.责任的二重性及责任意识的培养——基于心理学的视野[J].心理学探新，2008(03)：13.

定性。[①] 二则虽然我国现代学徒制培养模式的试点已经全面铺开,相关的配套制度也正在逐步完善,但是企业育人主体地位的法律缺失,使得企业不参与现代学徒制也无追责的法理依据,而且已有的法律中针对企业参与职业教育的专门性、可操作性规定始终处于缺位状态,尤其是关于企业的技术标准、学徒权利与义务的保障、学徒考核标准、合作企业准入制度等尚存在诸多制度空白。基于此,企业参与现代学徒制的责任内容不清晰、相关责任保障制度不完善,成了现代学徒制中企业责任缺位的重要原因,并导致了校企合作的项目化、松散化与浅表化。

在这一现实之下,即使企业不参与学徒培养,也不需要承担任何法律后果。相关法律法规的缺位,使得企业参与现代学徒制缺乏刚性约束,企业完全可以根据意愿选择是否参与。[②] 而反观现代学徒制运行良好的国家都有系列或完善的法律、财税及政策等的配套支持。当前我国的校企合作还处于初步发展阶段,尤其需要政府出面协调各方利益,保障校企合作的有效开展。[③] 比如某试点单位负责人表示:

> 在现代学徒制实施过程中,我们遇到最多的问题是学生、家长对现代学徒制认知不足。部分家长和学生受传统学徒观念影响,认为学徒不是上学而是到企业打工,这导致招生困难。

> 企业参与的积极性其实很高,但企业要面临的最大风险是学生离职、学徒的流失。很多学生职业生涯规划目标不清,方向不明,导致学生毕业就业选择企业时出现摇摆,有一部分毕业生不愿意留在合作企业,一定程度上制约了企业与学校的合作。

> 在课程体系构建与实施中,校企共同开发典型教学案例应贯穿整个

---

① 柳燕,李汉学.现代学徒制下企业职业教育责任探析[J].职业技术教育,2015(31):31-35.

② 苑国栋.政府责任:实现校企合作的必要条件——来自现代学徒制的启示[J].职教论坛,2009(16):53.

③ 苑国栋.政府责任:实现校企合作的必要条件——来自现代学徒制的启示[J].职教论坛,2009(16):54.

课程体系与教学过程,但在实际操作和授课过程中,教学内容与合作企业工程进度匹配有一定难度,企业亦需要考虑为学徒提供生产设备、工具的成本,提供非生产性活动成本以及因培训学徒产生的设备损耗、失去市场竞争等机会成本因素。总之,企业在现代学徒制试点工作中承担成本过高、校企共同分担教育成本中存在矛盾等问题还有待解决。

第二节 我国现代学徒制中企业责任履行的影响因素

基于对直接或间接参与现代学徒制试点的企业或职业院校进行的访谈,可得出影响企业参与现代学徒制试点行为的因素纷繁复杂。在整体水平上,企业参与现代学徒制的差异化行为受到"企业的个性特征、企业的技术倾向、企业的人才发展战略、政府的责任多方面因素的影响"[①];而在个体层面上,不同类型、不同属性和不同规模的企业参与现代学徒制的影响因素不一。基于此,有必要揭示企业参与现代学徒制的内在动因及其差异化行为的内在机理,这对于提高我国现代学徒制试点实践的有效性有着重要意义。

概而言之,现代学徒制中企业责任行为的选择主要受两种组织环境的制约,即技术环境与制度环境。前者体现着作为经济组织的企业基于效率考虑的必然选择,后者则彰显着作为社会组织的企业基于合法性建构的应然追求。在现代学徒制双主体育人中扮演着重要角色的企业,其行为直接决定着现代学徒制的运行及技术技能人才培养的质量。迈耶(John W. Meyer)和斯科特(W. Scott)把组织所处的环境分为技术环境和制度环境,他们认为组织不仅受技术环境的制约,还受制度环境的影响。前者表征着"效率逻辑"对组织行为的影响,后者体现在"合法性逻辑"对组织行为的规范中。也就是说,

---

① 潘海生.企业参与职业教育的内在机理研究[M].北京:中国社会科学出版社,2018:2.

组织行为的选择未必都是受基于合理性的效率的驱动,也有可能是组织适应或努力获得合法性认同的结果,是制度驱动的产物。[①] 梳理目前学术界对现代学徒制中企业责任问题的相关研究可知,基于效率逻辑的分析占据着主导地位,强调技术环境对企业责任行为的规制,而对强调制度环境的基于合法性逻辑的分析则相对较少。诚然,获取经济利益是企业一切社会行为的根本目的,但承担社会责任亦是每个"企业公民"应尽的义务,而获取合法性是所有企业组织存在并实现可持续发展的必然选择。现阶段,我国现代学徒制中的企业责任行为面临诸多"合法性"困境,分析这种现实困境并探究企业责任行为的合法性建构既颇为必要又十分紧迫。

一、现代学徒制中企业责任行为分析的两种逻辑

(一)基于理性选择制度主义"效率"逻辑的解释及其缺陷

理性选择制度主义作为新制度主义的分析的流派之一,强调行为者追求自身利益最大化的理性选择。理性选择制度主义立足方法论的个人主义立场,将基于成本与收益计算的个体视为基本分析单位,并认为制度化行动是实现个体利益最大化的有效方式。一方面,理性选择制度主义把制度理解为限定策略选择范围的规制,体现出较为明显的方法论个人主义分析范式;另一方面,理性选择制度主义认为行动者的理性偏好是外生于制度的。也就是说,虽然不同的制度环境会导致行动者有不同的策略选择,但理性动机始终发挥着主导作用。作为理性选择制度主义的理论基础的理性选择理论深受经济学分析方法的影响。理性选择理论虽然并不否认人类做出行为选择的多重动机,但却认为影响主体行为选择最稳定的影响因素是经济激励。[②] 理性选择制度主义者认为制度起源与变迁是建立在"理性人"基础上的。"理性人"行为遵循的是寻求自身利益最大化的效率逻辑。因此,无论在怎样的环

① 陈学军.中国近代中学组织结构演变研究[M].上海:上海教育出版社,2015:28.

② 高春芽.理性选择制度主义:方法创新与理论演进[J].理论与改革,2012(01):5-10.

境或情境下,"理性人"都会努力通过有效率地获取成本最小化、利益最大化的方式来解决问题、实现目标。①

从组织理性的角度看,组织行为似乎应是最理性的市场经济行为,遵循价值最大化的效用原则。然而,在组织具体的实践活动中,其行为除了具备理性特征外,还具有一定的"非理性"特征。一方面,由于信息不对称导致选择不确定性的存在,企业不可能完全按照充分理性的模式去行动,而只能在一种"有限理性"的范围内行动;另一方面企业的行为选择其实是一种在复杂的技术与制度环境互动中形成的社会建构,是组织与环境互动的结果。因此,理性选择主义的"理性人"假设是一种比较狭隘的经济人假设。断言其狭隘的具体根据有三:其一,现实生活中的组织偏好还存在利他主义的现象;其二,在许多场合具有有限理性的行动者在更大程度上所遵循的是"满意标准"而不是"最优标准"②;其三,这种理论始终囿于微观层面的策略性行动,解释范围有限。要避免理性选择主义的缺陷,就需要聚焦组织与环境的互动,将组织的制度与文化等环境因素也纳入理性选择的外在变量。

(二)基于社会学制度主义"合法性"逻辑的提出及其超越

"与理性选择制度主义将个体行为视为工具的、策略算计的产物不同"③,社会学制度主义认为主体的利益和偏好是社会建构的而非既定的。随着对企业组织"经济人"假设弊端的日益显现,研究者开始将企业组织视作一个处于社会网络之中的复杂的"社会人"。组织社会学新制度主义将研究的视角从个体或者单个组织的利益选择转移到组织生存的环境中,并且更为关注制度环境对组织行为选择的影响。④ 制度环境是一种组织寻求社会认同的"合

---

① 魏姝.效率机制还是合法性机制:发达国家聘任制公务员改革的比较分析——兼论中国聘任制公务员范围的选择[J].江苏社会科学,2017(03):116.

② 彭华安.诞生与危机:独立学院制度运行的案例研究[M].北京:生活·读书·新知三联书店,2013:223.

③ 河连燮.制度分析:理论与争议[M].李秀峰,柴宝勇,译.北京:中国人民大学出版社,2014:162.

④ 房敏,傅树京.新制度主义理论对学校组织发展的启示[J].教学与管理,2014(18):1-2.

法性"逻辑,强调组织的运作以组织目标、形式以及内部的运作为主要行为逻辑,其基本的分析单位是制度,强调一个领域中的制度环境如何影响组织行为和组织形式。

企业组织属性的二重性决定了其有两种存在形态:一种是经济实体,一种是社会实体。从根本上说,现代学徒制中的企业责任行为,由企业组织属性的二重性所规定。一方面,作为经济组织,企业需要履行其自然且必然的经济责任,即企业必然会遵循功利主义或实用主义的工具理性逻辑而行动,将是否获利作为其行动的主要考量,并以获取生产效益为最终目的;另一方面,作为社会组织,企业应该或应当履行其相应的社会责任,即应该遵循价值主旨或价值基础的价值理性逻辑,将是否对社会有利作为其行动的重要参照,并以社会利益的增长为行动目标。① 前者是强技术弱制度环境规制下经济组织的"效率"追求,后者是强制度弱技术环境规制下社会组织的"合法性"建构。也就是说,作为一种嵌于复杂社会经济与政治环境中的组织,企业的行为选择与结构构成同时反映着技术环境的要求与制度环境的影响。作为一种行之有效的技术技能人才培养模式,现代学徒制以校企合作双主体育人为典型特征。企业作为双主体中的重要一方,其参与现代学徒制人才培养活动的积极性与主动性直接影响着我国现代学徒制试点项目的顺利运行与推进。据此,解读与分析现代学徒制中企业责任行为的"合法性"逻辑显得尤为重要。

人们常常认为制度理论的主张和理性选择理论的主张之间存在着尖锐的对立。而事实的情况往往是,自我标榜的理性选择理论也常常认为,制度的制约性是一个关键性的原因;而制度主义也常常认为,制度条件的变迁是一种适应性反应。② 可见,两种理论范式的主张并非总是处于完全对立的状

① 李金.冲突与整合:现代学徒制中企业责任的双维价值向度[J].中国职业技术教育,2021(07):49.

② 沃尔特·W.鲍威尔,保罗·J.迪马吉奥.组织分析的新制度主义[M].姚伟,译.上海:上海人民出版社,2008:173.

态。相反,二者都会考虑制度的影响,只是各自考虑与反思问题的方式或思维显示出一定的竞争性而已。也就是说,即使是作为社会经济组织的企业,也是在适应制度环境的前提下追求效率的。现代学徒制中的企业责任行为亦是如此,企业责任行为的选择在很大程度上是制度环境的合法性机制在起作用。可以认为,外部制度是决定现代学徒制中企业责任行为能否发生的关键变量,企业责任行为必须合乎外部制度环境所要求的合法性。因此,分析企业组织责任行为的发生机制首先不能忽视制度环境的影响。制度的重要特征表现为,其具有影响主体行为选择的"适当性逻辑",而非遵循塑造个体行为选择的"结果性逻辑"。在制度环境的影响下,个体行为更多地考虑其行为是否符合组织规则,而非行为选择会带来怎样的结果。[①]

新制度主义对制度的理解是多维的,认为制度由规制、规范和文化—认知构成,由这些要素所构成的规制性制度、规范性制度和文化—认知性制度都共存于组织的环境中。"现代学徒制不是一个独立的边界清晰的制度,而是具有明显跨界特征的、涵盖多方面制度或制度要素的制度组合体。对于这样一个制度组合体,与其刚性地将其分解为若干制度,不如柔性地讨论其所包含的制度要素。"[②]对现代学徒制中的企业而言,其责任行为也是在规制性要素、规范性要素与认知性要素的共同作用下产生的。然而,现阶段我国现代学徒制中的企业责任行为,无论是在法律规章层面的认可、道德层面的接纳,还是在文化、惯例层面的共识,均存在一定程度的合法性困囿。

二、现代学徒制中企业责任行为的合法性困囿

尽管作为经济组织的企业天然有着利益本位取向,但是企业所处环境的

①　B.盖伊·彼得斯.政治科学中的制度理论:新制度主义[M].王向民,段红伟,译.上海:上海人民出版社,2016:30.

②　关晶.英国和德国现代学徒制的比较研究——基于制度互补性的视角[J].华东师范大学学报(教育科学版),2017(01):40.

复杂性决定了影响其参与现代学徒制的动机并非单一的利益本位。① 组织社会学的新制度主义认为,"合法性"逻辑是分析与解释众多组织现象或组织行为的重要视角。组织行为中存在大量偏离技术目标的现象或行为选择是"效率逻辑"无法解释的。因此,将"合法性"的分析框架也纳入组织行为选择的逻辑具有一定的客观必然性。合法性逻辑内含两个作用机制:一种是强制力,一种是吸引力。前者强调组织行为选择的被动性,认为制度环境的规范力量迫使组织采纳或吸收环境的要求;后者强调组织行为选择的能动性,认为组织行为是受惯习结构的诱使使得组织"自愿"按照环境规范的标准而行动。② 简而言之,组织是通过获得"合法性"而形成和发展的。组织寻求合法性的目的在于与社会广为接受的行为规范之间建立一种联系,从而获取更多社会资源的支持,进而实现自身生存发展的稳定性与持续性。对现代学徒制中企业责任行为的现状进行考察与分析后发现,"合法性"依据不足是影响企业行为选择的关键因素。关于组织"合法性"的类型划分,基于不同的研究立场存在不同的观点。其中比较权威且有代表性的观点是斯科特的观点,他把合法性划分为规制、规范与文化—认知三种,此种关于制度的分类日渐成为被理论界广为接受的组织合法性分析的依据与支撑。从组织合法性的视角审视,现阶段我国现代学徒制中的企业责任行为尚处于"漂浮"或"破碎"状态,比如"校热企冷",企业消极履责或避责现象时有发生。究其原因应该是多方面的,但根本原因当是现代学徒制中企业责任行为的合法性依据不足。

（一）企业责任行为的规制合法性不足

规制合法性认为,遵守规制是合法性的基础,其主要来自政府部门所制定的规章制度。获得规制合法性意味着组织行为将受到制度的保障,从而增强其行为的稳定性与持续性。现代学徒制的属性与特点决定了企业、行业等

---

① 贺艳芳.我国企业参与现代学徒制动力问题研究:基于中德企业的对比[D].上海:华东师范大学,2018:95-223.

② 王修晓,张萍.悖论与困境:志愿者组织合法性问题分析[J].学习与实践,2012(11):98.

相关利益方的不可或缺性,尤其是企业作为现代学徒制的主体之一,必须在职业教育制度或政策中予以体现。规制合法性的目的是让企业在现代学徒制中"做正确事"。虽然规制概念难免使人想到压制或约束的情景,但是很多规制性规则对于行动者及其行动具有使能作用,如许可某些类型的行动者采取行动、获得特殊权力和收益等,也就是说,制度具有既制约又使能社会行为的功能。① 因此,现代学徒制中的企业责任行为是否具备规制合法性,一方面取决于企业参与现代学徒制的行为是否符合相关法律、法规或规章,或者说企业在现代学徒制中的育人主体地位是否有法律、法规或规章的授权。另一方面则取决于企业在现代学徒制技术技能人才培养活动中是否采取了与相关法律、法规或政策要求相一致的行为。也就是说,如果企业在现代学徒制中的育人主体地位得到了法律的授权,并且企业采取了积极主动的行为促进现代学徒制技术技能人才培养实践的顺利运行,则可以认为企业的责任行为获得了规制合法性。

反观我国现代学徒制运行的现实状况,现代学徒制中企业责任行为的规制合法性不足,主要表现为:国家虽然密集出台了一些鼓励或支持企业参与职业教育的法律、法规或政策,说明企业应当履行其在现代学徒制中的主体责任,但是,上述法律、法规的约束力或可操作性不强,导致企业始终游离在校企合作的边缘,"校热企冷"现象屡见不鲜。究其原因:其一,缺少清晰、明确的法律、法规,来约束或保障企业育人过程中的参与行为与合法利益,这是现代学徒制中企业责任缺失的重要原因。一方面,目前,我国现代学徒制试点工作的制度文本主要由教育主管部门主导,对处于产业系统中的组织行为存在约束乏力的现象。② 另一方面,作为经济组织的企业,逐利性本质决定其不会放弃对短期经济利益的追逐。其二,"挖人外部性"效应的存在使得企业

① W. 理查德·斯科特. 制度与组织——思想观念与物质利益[M]. 姚伟,王黎芳,译. 北京:中国人民大学出版社,2010:60-61.

② 吴学峰. 现代学徒制构建的本土化特征——基于文本视角的实证分析[J]. 成人教育,2020(04):55-62.

参与学徒培养的热情不高,因为合作企业培养的人才存在被其他企业"搭便车"挖走的现象,这不仅使得企业的培训成本无法得到补偿,同时其核心技术也面临"溢出"至竞争对手的风险。① 其三,企业参与现代学徒制的激励缺乏确保措施落实。政府对企业参与现代学徒制所给予的奖励措施往往存在无法落地的情况。由于具体实施细则的缺位,特别是确保相关激励政策落实的刚性的缺失,上述激励政策在实践过程中时常呈现出不同程度的悬浮与搁置。

(二)企业责任行为的规范合法性欠缺

规范合法性源于社会道德规范和价值观,反映了社会公众对组织行为的期待或评判。若组织的行为符合特定环境中的社会价值观和道德规范,也就拥有了规范合法性。② 与依赖于外在强制性措施不同,社会规范更多的是指一种内化了的社会压力,是一种对行为者具有约束力的社会期望。规范合法性强调社会公众对组织行为期待的道德基础。如果组织行为能够符合一定社会价值观与道德规范的要求,便可以认为组织具有了规范合法性。③ 也就是说,规范合法性必须由社会公众等相关者根据共同的价值观和道德规范来判断,而不是由企业依据自身的价值和道德标准来衡量。规范合法性不仅有利于维持与促进组织交往与互动的稳定性,而且还使得组织行为具有了社会价值意义,其目的在于让企业在现代学徒制中"正确地做事"。

对现代学徒制中的企业而言,对各种社会规范要素进行架构,使那些支持企业参与现代学徒制的社会规范或价值观主流化,培育企业参与职业教育的责任感,不仅是可能的,而且也是应该的。现代学徒制中企业责任行为的规范化主要体现为企业社会责任中的职业教育责任。企业承担职业教育责任不管是出于自愿的慈善行为,还是出于社会对企业行为的期望,抑或是企

---

① 高鹏,陆玉梅.基于社会交换理论的中小企业参与现代学徒制意愿及行为实证研究[J].职教论坛,2021(05):41.

② 黄继生.网络嵌入对突破性创新的影响机制研究[M].杭州:浙江工商大学出版社,2019:42.

③ 黄继生.网络嵌入对突破性创新的影响机制研究[M].杭州:浙江工商大学出版社,2019:42.

业对社会压力的回应都是合情合理的。① 然而,在现代学徒制的实际运行过程中,由于规范合法性的缺失,企业消极履责或避责的现象时有发生。其一,对企业育人责任要求的传达不到位,使得企业对自身应该承担哪些责任内容是模糊不清或模棱两可的,从而导致企业职业教育责任职能弱化,其在技术技能人才培养过程中的主体地位未能得到凸显。企业组织作为技术技能积累的主体之一,不仅有能力而且也应该为现代学徒制技术技能人才培养提供专业的实践型技术知识和技术技能形成的实践场域。如果对合作企业的培育与认定不规范,也会造成企业方不能认真履行义务。由于缺少对企业的遴选、准入与甄别机制,政府对企业行为的约束十分有限,在合作过程中企业单方面中止合作的现象时有发生。② 现代学徒制归根结底还是一个如何发挥双主体作用、深入开展校企合作的问题,合作企业遴选则是现代学徒制成败的关键。选定的企业必须具有社会责任感、拥有行业领先的核心技术、具有一定规模和吸引力、有培训员工的经验和岗位分析能力、有发展需求和培养学徒的能力。③ 准入企业资格认证缺位,使得现代学徒制合作企业的遴选或认定较为困难。其二,对企业履行责任的规范性要求传达不到位,导致企业对自身应该如何承担好其在现代学徒制中的责任不甚明晰。在人才培养的主导权方面,虽然强调校企双主体,但我国绝大多数试点案例都由学校主导。④ 这在一定程度上导致企业对于该如何发挥自身的作用来扮演好其育人主体的角色不甚明晰。由于我国职业教育主要在职业院校中进行,虽然有国家的

———————————

　　① 柳燕,李汉学.现代学徒制下企业职业教育责任探析[J].职业技术教育,2015(31):31-35.

　　② 石伟平.促进校企规范合作全面推进产教融合——《职业学校校企合作促进办法》解读[J].中国职业技术教育,2018(10):15-18.

　　③ 搜狐网.现代学徒制合作企业选定及多形态专业——企业组合模式典型案例[EB/OL].(2018-05-28)[2019-09-11].https://www.sohu.com/a/233330724_200190.

　　④ 张启富,邬琦姝.我国高职教育推行现代学徒制的对策思考——基于32个试点案例的实证分析[J].中国职业技术教育,2017(29):60-65.

政策导向,但企业参与职业教育的积极性并不高。① 比如行业协会组织指导功能缺位,企业职业教育责任行为不规范。国外现代学徒制运行良好的国家,行业协会在校企合作中发挥了较好的沟通与桥梁作用,不仅减少了校企合作的沟通成本,而且规范了企业的育人行为。反观我国现代学徒制的发展现状,行业缺位、失语现象较为普遍。行业协会既没有形成一定的规模,且"政会不分、依附性强、自主性弱和职能定位不准,覆盖面窄、代表性差、行业分类粗泛……与企业联系也不够,因此不能真正代表行业在职业教育中发挥作用"②。

（三）企业责任行为的文化—认知合法性羸弱

分析者要理解或解释任何行动,不仅必须考虑行动的客观条件,还必须考虑行动者对行动的主观理解。③ 文化—认知要素可以细分为文化和认知两个部分,其中文化深植于种群历史、宗教信仰、伦理道德,是长期形成的具有稳定性和普适性特征的价值观念;认知是个体认识客观世界的信息加工活动,具有动态性和发展性特征,通过影响感受、想象、记忆可以改变个体认知。④ 文化—认知合法性旨在强调以社会为中介的共同意义框架,是一种基于共同理解的信念与行动逻辑⑤,强调行动者共同遵守的情景界定、参照框架或结构模板⑥。当组织行为被认为是一种具有社会共享意义的行为时,就可以认为组织具备了认知合法性,是一种内化制度认同的过程,或形成某种制

① 汪蓉.企业参与职业教育动力不足的思考——基于劳动经济学的理论视角[J].中国职业技术教育,2017(27):40—43+68.

② 耿洁.职业教育校企合作体制机制研究[D].天津:天津大学,2011:56.

③ W.理查德·斯科特.制度与组织——思想观念与物质利益[M].姚伟,王黎芳,译.北京:中国人民大学出版社,2010:65.

④ 孔德兰,蒋文超.现代学徒制人才培养模式比较研究——基于制度互补性视角[J].中国高教研究,2020(07):106.

⑤ 关晶.英国和德国现代学徒制的比较研究——基于制度互补性的视角[J].华东师范大学学报(教育科学版),2017(01):40.

⑥ 黄继生.网络嵌入对突破性创新的影响机制研究[M].杭州:浙江工商大学出版社,2019:42.

度规范下"我应该这样做"的认知逻辑。[①] 建构认知合法性的意义在于使企业采纳那些被人们广为接受的方式,比如校企合作、工学结合、工作场所学习、师带徒等国内外技术技能人才培养的普遍模式,其目的在于让企业在现代学徒制中"做应做的事"。

　　然而,虽然现代学徒制的政策制定者或校企合作理论研究者对校企双主体育人的模式已然达成共识,但对参与现代学徒制人才培养活动的企业而言,更多呈现出一种出于政策压力或校企私人关系压力的被动卷入。也就是说,总体而言,认知合法性要求与社会中的文化环境相匹配,但是目前我国的社会文化环境总体上来说并不利于以技术技能人才培养为目标的现代学徒制人才培养模式的发展,企业在一定程度上面临着文化—认知合法性困境:其一,企业社会责任价值观的缺失。就职业教育而言,培养高素质的技术技能型人才不仅是职业院校的责任,也属于企业社会责任的重要范畴。然而,由于社会责任价值观的缺失,再加之多数企业早就形成了一套固定的人才培养体系,通过参与现代学徒制来培养人才的愿望不强烈,所以多是表现为一种"关系"或"舆论"压力的被动卷入。对企业而言,无论是合作还是规避,都是出于自身利益考量的一种权宜之计。在看得见的损失与看不清的未来之间,多数企业倾向于选择前者,使得企业规避职业教育责任的现象时有发生。与职业院校合作开展技术技能人才培养是企业履行社会责任的重要内容之一。但现实的情况是,多数企业只考虑眼前利益,将承担社会责任视为一种负担或一种压力,因而只能靠政府的引导与外部利益相关者的支持来推动。[②] 其二,校企命运共同体理念尚未形成。现代学徒制作为一种校企双主体育人的模式,学校与企业在技术技能人才培养活动上构建了基于利益共享的命运共同体。在合作育人实践中达成的合作关系,更多的是受利益共享、风险共

　　① 肖凤翔,陈凤英.校企合作的困境与出路——基于新制度主义的视角[J].江苏高教,2019(02):38.

　　② 霍丽娟.基于利益相关者管理的企业职业教育社会责任研究[J].中国职业技术教育,2020(12):26-33.

担的命运链条所约束。① 校企分别具有双方所不具备的育人要素或资源,唯有建立基于资源依赖、合作共赢的共同体理念,才能开展长效化校企合作。② 二者应当是义利统一、情理交融、开放包容的利益共同体、情感共同体、文化共同体及责任共同体。然而,由于校企"先天基因不匹配,理念、需求、文化不同",二者之间"求同存异、开放包容的文化并未形成"③。如果校企之间没有达成这样的共识,势必会造成学生"就业难"与企业"招工难"窘境的并存。

---

① 舒岳.校企合作的制度安排——企业社会责任的视角[J].教育评论,2010(04):10-13.

② 田红磊,王建立.校企命运共同体视角下职业院校的主体责任研究[J].教育与职业,2020(08):98.

③ 刘锦峰.职业教育校企命运共同体:应然追求、实然困境和必然路径[J].当代教育论坛,2021(05):90-91.

第六章

现代学徒制中企业责任实现的
保障机制

责任的实现问题是责任问题研究的最终目的。[①] 关于现代学徒制中的企业责任,如何找到一条行之有效的途径,提高企业在现代学徒制中的担责能力,培养培育企业责任实现的内在机制,建立健全企业责任实现的外在机制,使得企业将其对现代学徒制中的责任认识变为责任行动,使参与现代学徒制实践的每个企业都能切实担负起自身的责任内容,是本研究要解决的关键问题,也是本研究的最终落脚点。

　　责任是一个实践性概念,责任的实现只有通过实做才能得以体现,这也是责任成为责任的关键。所以,责任是特定主体基于实做而进行的某种担当。[②] 责任的实践性决定了其具体性,凡责任必是具体的,体现为责任主体、责任内容及责任要求的具体性。笼统地谈责任,还不足以对能否实现责任得出结论。因此,有必要对"责任"进行分解。按照制度设计的需要,从责任主体身份、责任内容、责任内容的存在载体和追责主体四个维度来观察,可以将责任分解为履责意识、履责能力、履责行为、履责制度四个方面。基于此可知,为落实企业在现代学徒制技术技能人才培养中的履责行为:首先,需要构建合作育人机制,提高企业的履责意识。具体而言,为提高企业在现代学徒制中的责任意识,一则需要开展专门化责任教育培训,增强企业的责任角色认知;二则需要树立产教型企业典范,提高企业的责任承担意识。其次,需要建立权力保障机制,增强企业履责能力。具体而言,就是要保障企业在学徒选择、学徒培养及学徒留任中的权力。再次,需要构建利益整合机制,规范企业履责行为。包括将政府调控的方式作为现代学徒制中企业责任实现的补

　　① 谢军.责任论[M].上海:上海人民出版社,2007:18.
　　② 唐代兴.生境伦理的规范原理[M].上海:上海三联书店,2014:116.

偿;以社会舆论作为现代学徒制中企业责任实现的导向;以法律法规作为现代学徒制中企业责任实现的牵引。最后,需要建立社会认同机制,完善企业履责制度。具体而言,主要包括聚焦组织的合法性建构,重塑现代学徒制中的企业责任行为,重视规制性要素的主导形塑,保证正式制度供给的稳健长效;加强规范性要素的协同形塑,保证契约制度供给的协调补充;强化文化—认知性要素的内在形塑,保证校企合作文化的积极营造。

第一节　构建合作育人机制,提高企业履责意识

责任不仅是一种外在契约的行为规范,而且是一种能够影响意志、驱动行为的内在精神力量[①],兼具"内生"与"外生"属性。对处于特定技术环境与制度环境中的组织而言,责任可分为两种,一种是源自外在社会规范的客观责任,一种是源自主观需要的主观责任。[②] 责任体现出主观与客观的二重性。[③] 责任意识,又称为责任心理、责任心或责任感。责任意识包括责任认知与责任情感两个维度。前者是对一定角色要求的应做之事的客观认识,后者是对分内应做之事产生的主观认同。责任意识是现代学徒制中企业责任履行的内在决定因素。对现代学徒制中的企业责任而言,既包括企业对其作为"双主体"育人角色之一的客观责任行为,也包括企业对其育人角色产生主观认同之后的主观责任行为。所以,为提高现代学徒制中企业的责任承担意识,一方面可以从明晰企业育人角色定位,提高企业责任认知。比如开展专门化责任教育培训,明晰企业在现代学徒制中的责任角色认知;树立产教融

①　沈光亮.图书馆伦理责任[J].图书与情报,2006(03):11.

②　特里·L.库珀.行政伦理学:实现行政责任的途径[M].张秀琴,译.北京:中国人民大学出版社,2010:74.

③　叶浩生,杨文登.责任的二重性及责任意识的培养——基于心理学的视野[J].心理学探新,2008(03):9.

合型企业典范,提高企业在现代学徒制中的责任承担意识。另一方面可以通过营造合作育人环境,培育企业责任情感。比如开展规模化合作育人活动、建立层次化合作育人关系、倡导契约式合作育人精神及实现理性化合作育人实践等。

一、明晰育人角色定位,提高企业责任认知

现代学徒制中企业责任品质的形成过程是知行合一的过程,知然后才能行。企业只有在对现代学徒制人才培养活动中的责任意义与责任价值有了一定认识后,才会主动选择现代学徒制顺利运行要求的负责任行为。

责任认知是责任意识的发端,没有责任认知就不可能形成责任意识。企业的责任认知是现代学徒制中企业责任行为开展的心理前提与主观基础,是企业按照一定标准对其在现代学徒制中的责任内容及责任意义的认识,以及对自身在技术技能人才培养活动中的责任行为的感知能力、判断能力、归因能力及评价能力。现代学徒制中的企业责任认知即企业对自身在技术技能人才培养活动中应该承担哪些责任、承担怎样的责任以及没承担好该承担责任所应承担的否定性后果的认识。[①] 当然,由于企业在现代学徒制中的角色会随着历史、社会或制度的演变而变化,所以不同历史时期、不同社会环境及不同政策背景下,企业会对自身在现代学徒制中不同的主体角色及与角色相对应的责任有不同的认知、领悟或理解。责任认知作为责任意识的认知维度,是主体对责任履行客观条件或客观现实性的理解,比如为促进某种社会实践活动的顺利开展或健康运行,主体基于对自身社会角色或社会功能的定位应该履行哪些责任? 主体是否具备相应的责任能力或通过怎样的方式才能履行这些责任? 如果没有履行好主体应当履行的责任,主体需要承担的责任后果有哪些? 对现代学徒制中的企业责任而言,为提高企业的履责意识,

---

① 刘峰.当代大学生社会责任感培育实证性研究[M].北京:中央编译出版社,2019:28.

可以通过明晰企业的责任角色认知与提高企业的责任承担意识两个方面来考虑。

（一）开展专门化责任教育培训，明晰企业的责任角色认知

如果责任主体对自身在某项事业或社会实践活动中"为何负责任"和"负何种责任"的角色认知不清晰，就会造成责任履行效果的大打折扣。总体来看，我国试点企业对现代学徒制中企业责任的认知程度较低，这是影响现代学徒制人才培养活动顺利推进的首要问题。因此，非常有必要通过开展专门化的企业责任教育培训，提高企业对现代学徒制的责任认知。

企业作为现代学徒制双主体育人中的一方，其在基于工作场所的实践教学方面具有天然优势，对技术技能人才技术实践知识的获得及岗位职业能力的提升有重要作用，是技术技能人才培养必不可少的育人主体。而当前，许多企业并没能真正意识到自身在技能型社会建设、职业教育高质量发展及技术技能人才培养中的角色和身份。尤其是在当前利益得不到保障、长远利益又充满不确定性等客观现实的影响下，企业参与现代学徒制的积极性大打折扣。育人责任属于企业社会责任的重要组成部分。但是长期以来，多数企业管理者存在一个认识误区，即认为履行社会责任必然会造成企业成本的增加，甚至还需要牺牲企业利润中的一部分，显然这在一定程度上会对企业的生存与发展构成阻碍，也就造成了在企业经营管理中无视企业社会责任的现象。① 基于此，有必要通过开展专门化责任教育培训，明晰企业的责任角色认知。企业的责任认知，可以通过责任教育或责任培训来获得，企图仅仅通过提高企业道德境界来培养其在技术技能人才培养中的责任意识，实则舍近求远。②

所谓责任教育，就是通过对现代学徒制在企业技术创新与产业进步中的价值与意义的宣传，以及对目前我国现代学徒制运行不畅现状进行原因分

① 张坤.企业社会责任实现机制研究[M].西安:西安交通大学出版社,2017:219.
② 叶浩生,杨文登.责任的二重性及责任意识的培养——基于心理学的视野[J].心理学探新,2008(03):11.

析,促进企业育人责任认识的内化,从而使企业实现从认识责任、承担责任到自觉履行责任。① 第一,通过开展责任教育,转变企业角色责任定位。就现代学徒制中的企业角色而言,企业应当从单一的人才使用方转变为培养方与使用方的统一体。从我国职业教育校企合作的历史发展轨迹可知,随着国家经济体制改革与经济社会的不断发展,职业教育中的企业定位也经历了主导职业教育—校企协同—参与职业教育—成为职业教育重要主体的历史演变。但无论企业地位发生了怎样的历史变迁,其始终是职业教育人才培养主体之一的地位从未发生过改变。虽然企业首先是一种经济组织,但除此之外,企业还是一种社会组织,需要通过履行社会责任满足利益相关者的期待与需求。参与或主导职业教育作为企业社会责任的一部分,是企业应通过校企合作的方式加以承担与履行的。尤其是随着产业转型升级速度的不断加快,企业已经无法通过市场购买的方式获得未来产业创新发展所需的复合型、创新型人才。因此,需要通过参与职业教育校企合作的方式,参与到技术技能人才培养的全过程中来。一方面,需要转变企业的角色认知,重新进行角色定位。技术技能人才培养不单单是职业院校的责任,也是企业的责任。因为单靠职业院校无法培养出全面发展的技术技能人才,而且提前介入人才培养的起点,并在具体的培养过程中渗透企业文化、产业及岗位要求,有利于提高人才培养的供需匹配度与技能适配度。另一方面,需要职业院校自身通过内涵发展,提升办学质量与人才培养质量,从而提高企业参与职业教育校企合作的积极性与主动性。第二,通过开展责任教育,增强企业角色责任认同。角色责任认同是角色责任内化的重要步骤,没有企业角色责任的认同,就不可能形成角色责任意识。无论是外在的职责、工作还是任务,首先都需要责任主体接受,然后将其内化为一种责任认同。一定主体基于社会分工的角色分配是一种客观责任,角色认同的目的就是将这种外在的、客观的责任转化为

---

① 程东峰.责任论:一种新道德理论与实践的探究[M].合肥:合肥工业大学出版社,2016:113.

内在的、主观的责任意识或责任感。① 企业在现代学徒制中的责任认同即企业对自身在现代学徒制人才培养活动中所扮演的育人主体角色所应当承担的社会责任的确认。这种确认是企业经过理性思考和自由选择的结果。从另一角度讲,企业的责任认同也是企业对其在现代学徒制中育人主体的角色认同。企业只有在意识到现代学徒制对企业的重要价值与意义后,才会倾向于把基于外在社会规范的企业社会责任要求转化为企业满足自身利益诉求的内在驱动,从而积极参与并主动履行其在现代学徒制中的育人主体责任。

(二)树立产教融合型企业典范,提高企业的责任承担意识

在现代学徒制试点实践中,企业有无责任意识、责任意识的强弱,不仅会影响校企合作的广度与深度,而且还直接影响着技术技能人才培养的成效与质量。加之我国开展的现代学徒制采用的是项目化的运行模式,无论是从参与试点的学校单位与企业单位比例来看,还是从现代学徒制项目实际运行过程中校企发挥的作用来看,学校都是现代学徒制实施的主体。由于分属不同组织系统,职业院校只能以"求合作"的方式与企业进行"联姻",并通过具体的育人活动来影响企业。然而,一个客观存在的尴尬境地是:作为一种试点运行的育人模式,现代学徒制需要跨界培养人才,过高的交易成本与培养成本不可避免地导致企业利益获取的延时性与迟滞性,这是教育活动本身的特征决定的。但企业作为一个经济组织,其"理性经济人"的属性决定其往往更为关注短时的、看得见的利益。眼前利益的"不可见"与长远利益的"不可测"导致现代学徒制中企业责任意识的淡薄。基于此,只有让企业"有利可图"或最起码"收支相抵",才能打消多数企业参与合作育人的各种顾虑。目前国家正在建设或培育的产教融合型企业,或将成为一种提高企业职业教育责任承担意识的应时之举。

责任有个最显著的特点,就是其角色属性,并指向特定的对象,即责任是与特定的角色相联系的。现代学徒制的成功运行需要以成熟完善的合作育人机制为保障。企业作为育人主体之一,需要承担好其在技术技能人才培养

---

① 郑富兴.当代学校组织的伦理基础[M].北京:教育科学出版社,2010:246.

中的公共责任。产教融合型企业作为一种由复杂社会资本结构与多元行动者合力塑造的产物，是特定历史场域下职业教育跨界性的彰显。[①] 发挥产教融合型企业的典范作用可以通过以下方式来实现：第一，充分发挥产教融合政策工具在产教融合型企业建设中的助推作用。为鼓励和促进产教融合型企业的发展，《国家职业教育改革实施方案》中提出对产教融合型企业进行"金融＋财政＋土地＋信用"的激励，以提高企业举办或参与职业教育的积极性。政策工具主要包括两种，一种是自愿型政策工具，一种是强制型政策工具。[②] 需要对不同的企业有针对性地采取不同性质的政策工具，推动产教融合型企业的发展，以引导更多有资质条件和发展意愿的企业加入产教融合型企业建设的行列，从而发挥规模效应的整体示范功能。第二，大力宣传产教融合型企业参与现代学徒制的优惠政策。通过确保企业在双主体育人过程中获得的长期利益和短期经济效益，明确产教融合型企业在参与现代学徒制中的获利情况，并加以宣传，发挥对同行企业的激励作用。比如从长远来看，企业可以获得未来技术进步与产业升级所需的人力资源战略储备，提高企业的市场竞争力与发展的可持续性；参与校企合作育人的过程也是企业履行社会责任的过程，社会责任履行较好的企业能赢得更多社会公众的关注与信任，从而建立企业的品牌效应与提高企业的社会声誉。短期效益主要体现在学徒在岗创造的收入、企业所得税的抵扣等方面。第三，着力以信息化平台为媒介，建立产教融合型企业沟通交流空间。一方面，校企合作除了需要发挥校企各自组织实体资源优势外，还可以开发各种网络资源，整合校企双方信息优势，丰富线上教学资源，开发校企网络教学平台，并基于网络平台进行"统一策划、特色建设"。[③] 另一方面，校企应以信息化平台为媒介，促进企业对于学徒日常管理工作的交流与互动，总结管理经验，交流管理困惑，促进产

①　朱文富，董香君.建设产教融合型企业的逻辑框架[J].河北大学学报（哲学社会科学版），2021(06)：72-80.

②　朱文富，董香君.建设产教融合型企业的逻辑框架[J].河北大学学报（哲学社会科学版），2021(06)：72-80.

③　张国明.建设产教融合型企业的探索和思考[J].中国高等教育，2019(10)：22-24.

教融合型企业适应信息化社会的发展趋势。

二、营造合作育人环境,培育企业责任情感

责任情感是责任主体在责任认知的基础上产生的一种满足内心需要或符合自身价值取向的内心体验,是个体基于一定责任认识的衍生。责任情感的培育,一则可以加深主体的责任认知,二则可以调节主体的责任行为,对促进主体自觉履行责任有着强大的内在驱动性。基于建构主义的观点,可以通过营造责任环境,充分利用"情境性认知"来培育责任主体的责任情感。基于此,可以通过开展规模化合作育人活动、建立层次化合作育人关系、达成契约式合作人精神及实现理性化合作育人实践等方式来营造多样化的校企合作育人环境,培育企业责任情感。

(一)开展规模化合作育人活动

在现代学徒制人才培养活动中,促进育人活动的规模化发展,是培育企业责任情感的重要一环。责任不等于责任意识,两者是两个密切相关但又彼此不同的概念。责任是社会规范或社会发展对主体的客观要求,属于客观范畴;责任意识则是责任主体在社会责任和自身发展过程中,将责任的认知和实践转化为内心世界的感受和愿望,属于主观范畴。[①] 规模化合作育人活动的开展,有利于将责任意识通过规模化的责任实践活动转化为最终的责任情感。为了促成现代学徒制中规模化合作育人活动的开展,可以从坚持以下两个原则入手。

第一,坚持互利共生原则,提高企业参与校企合作的内生动力。校企合作从根本上来说是一个互利共生的过程,而非完全的博弈过程。坚持互利共生原则的关键在于对校企育人资源或育人要素进行整合与重组,既要考虑校企资源的依赖性,又要考虑人才培养的市场需求导向性;既要选择合适的企业,又要选择合适的试点专业。共生系统由共生单元、共生模式与共生环境

---

① 李文亮.走进大学[M].上海:立信会计出版社,2019:116.

三种互相作用的基本元素构成。共生单元是构成共生系统的基本能力生产和交换单位;共生模式反映共生单元相互作用的过程、路径及强度;而共生环境则是共生单元及其共生关系产生与发展的外部条件。[①] 在现代学徒制中,学校与企业虽然是共生单元,但由于二者合作的跨界属性,二者并不能自发以一种理想的状态进行合作育人。因此,需要发挥政府对二者共生关系与共生环境的系统整合作用,才能改变"以生产为目标的企业和以教育为目标的学校对立性强而同一性弱"[②]的状态。

第二,坚持责任分担原则,提高企业在合作育人中的责任意识。企业的经济属性决定了企业盈利目的的合理性与正当性,但同时也要讲究盈利方式或盈利手段的合理与正当。一则企业有育人责任;二则企业具备育人能力。因此,需要发挥企业的育人功能,推动企业与职业院校进行合作育人。基于此,企业需要坚持责任分担原则,履行其职业教育责任,与职业院校合作育人。责任分担意味着各个利益主体都根据自己的立场来承担相应的责任。[③]从某种意义上来讲,现代学徒制培养的技术技能人才是一种准公共产品,其受益者不仅包括职业院校、企业、学徒(学生)、家长,其正外部性还能辐射整个社会。因此,需要处理好不同主体责任分担的合理性与平衡性问题。

(二)建立层次化合作育人关系

责任是一个关系概念,凸显了责任的主体性以及社会关系的整体性。作为社会生活中人与人之间关系的一个重要侧面[④],责任关系是一种约束性关系,失去这种约束性,责任将随之消失。育人责任是指相关育人主体与某一育人模式发生关系的过程,具体指各类主体所承担的人才培养目标制定、人才培养方式构建、人才培养过程管理、人才培养质量评价职能。在现代学徒

---

①　冉云芳,陈绍华,徐灵波.共生理论视域下"校中企"合作模式的动力机制与耦合效应分析[J].教育与职业,2022(06):31-33.

②　冉云芳,陈绍华,徐灵波.共生理论视域下"校中企"合作模式的动力机制与耦合效应分析[J].教育与职业,2022(06):31.

③　郑富兴.当代学校组织的伦理基础[M].北京:教育科学出版社,2010:245.

④　于光远.责任学的若干基本概念[J].青海社会科学,1990(04):8.

制的人才培养模式中,企业与高职院校建立不同层面的现代学徒制试点班,可以吸引大批学生认同企业文化进而参加学徒班的学习,这也使得企业与学校之间的互动沟通更加深入。因此,建立层次化的校企合作育人关系,有利于企业责任情感在不同层面的提升。

第一,学校与企业之间的跨界合作关系。跨界合作,是理论界与实践界公认的职业教育类型特征。作为一个独特的教育类型,职业教育的跨界性源于其兼具教育性与经济性,这种双重属性既是职业教育区别于普通教育的主要特征,也是研究职业教育的重要逻辑起点。正是职业教育的跨界性决定了校企合作的客观必然性。由于校企是不同的社会组织,二者无论是在价值追求、发展目标,还是管理方式、组织架构上都存在明显差异,二者之间的合作属于异质组织之间的跨界合作。既然是一种跨界合作,就要"跳出学校看学校,跳出企业看企业"[①]。现代学徒制是一种学校教育与企业培训紧密结合的人才培养模式,是职业教育跨界的典型。跨界合作育人是构建现代学徒制人才培养模式的关键,唯有跨越教育界与产业界的界限,才能真正实现产教融合而非产教结合。树立跨界育人的理念与系统培养的思维就是要明确企业在职业教育中的主体地位。现代学徒制以工学交替的形式展开,企业的优势在于可以利用技术、设备、生产、管理等要素参与到实践教学过程中来,通过建立厂中校或校中厂的方式优化校企实践教学资源,保障企业参与到教学组织的每个阶段中来。[②]

第二,学徒与企业之间的雇佣劳动关系。确立学徒与合作企业之间的经济关系与法律关系,不仅可以为解决校企合作中的学徒身份冲突问题提供法理依据,而且有利于保障学生(学徒)之间的合法权益。雇佣劳动关系既是一种经济关系也是一种法律关系,即学徒作为职业院校合作企业的劳动者与合作企业在具体的劳动过程中建立的社会经济关系,以及学徒与企业之间以劳动合同来体现的法律关系。一般意义上来讲,学徒是以企业劳动者的法律身

① 姜大源.现代职业教育体系构建的理性追问[J].教育研究,2011(11):73.
② 林梅.校企合作与人才培养[M].长春:吉林人民出版社,2019:65.

份与企业建立的劳动关系,而当学徒被现代学徒制合作企业雇用时,才与合作企业间构成一种雇佣关系。① 社会关系是通过众多个体劳动的合作关系而建立起来的。② 为保障企业利益,减少现代学徒制人才培养给企业带来的负外部性,可以增加企业的学徒雇佣率。学生以学徒身份参与到企业生产劳动过程中,作为准劳动者,企业通过雇佣学徒的方式与其建立劳动关系,学徒作为劳动者的法律身份、合法权益以及人身安全可以得到一定程度的保障,从而提高学徒(学生)参与学徒制培养模式的积极性。

第三,师傅与学徒之间的教学合作关系。师傅与学徒是现代学徒制中的核心主体,师徒关系是现代学徒制中的最基本关系。③ 现代学徒制的独特性体现在其以师带徒的方式来进行技能形成。师徒关系作为企业员工培训与人力资源开发的核心,不仅有利于师徒之间形成以情感与人际交往为纽带的独特关系,而且有利于师傅为徒弟提供技术指导与技能形成或学习的机会。无论是师傅的职业指导、心理支持还是角色示范,都有利于学徒工作技能的提高、自我效能与工作胜任力的感知。通过模仿学习,学徒可完成"合法的边缘性参与",实现从"组织外的人"到"组织内的人"的转变,从而促成学徒角色行为的内化。

（三）倡导契约式合作育人精神

现代学徒制是一项运行结构复杂、利益主体多元的人才培养模式,不同利益主体之间不仅存在协作关系也存在博弈关系。因此,有必要从契约理念的视角出发,探讨校企之间如何通过契约方式开展合作育人实践,从而培养双方的合作育人精神。契约是不同主体之间维护个人利益或权力过程中的合作、博弈、协商或对话,契约理念就是以契约规则为工具来达成不同主体间

①　康韩笑,祁占勇.现代学徒制视野下学徒与企业的法律关系探析[J].职业技术教育,2021(04):6-7.

②　W.舒里安.青少年心理学[M].罗悌伦,译.成都:四川人民出版社,1994:224.

③　李博,马海燕.现代学徒制师徒关系重塑研究[J].教育与职业,2020(23):56.

的公平或正义的理念,其本质是"平等、自由和互利"①。在现代学徒制人才培养过程中,校企双方拥有不同的角色定位,也有不同的职能分工,更有着不同的利益诉求。为了进一步提高企业的履责意识,有必要通过契约模式进一步巩固校企双方的合作关系。契约的订立,"不仅能够有效地降低组织之间的合作风险,强化组织之间的信任程度,明确合作涉及的各方主体的角色与责任,促进合作关系的深化"②,而且契约还是一种约束机制③,正是由于这一约束机制的存在,校企双方的权利、义务、责任、利益等要素边界才能得到明确、有效的划分。为了达成契约式的合作育人精神,可从以下三方面入手。

第一,建立现代学徒制中的校企长期协议机制。基于博弈论的"囚徒困境",主体间一次性的合作会存在较为显著的机会主义行为。在一次性博弈合作中,参与者一般会表现为寻求自身利益最大化的利己行为,而非为了集体共同利益的相互合作,从而导致双方合作失败的结局;但在长期、频繁、重复的交易活动中,参与者为谋取利益的长期化,往往会以契约的形式达成一定时期内的合作。基于此,可以通过加大校企合作的频率、拉长校企合作的周期与遵守校企合作的契约等方式来降低校企合作中"机会主义"行为发生的概率。也就是说,职业院校在与企业签订合作契约时,可以通过延长合作时间或签订更为长期的合作契约,来表明校企合作的诚意与决心,降低合作企业对未参与校企合作企业"搭便车"机会主义行为的后顾之忧。此外,职业院校也可以通过承诺加大对企业专用技能的投资或协助企业开展在职员工培训等方式,并许诺企业享有一定的人才优选权,来降低企业参与人才培养可能面临的风险或损失,从而增强企业对合作院校的信任与对现代学徒制项

---

① 孙忠民,张明成.从契约理念视角探析现代学徒制改革[J].教育与职业,2018(07):35.

② Lumineau F, Henderson J E. The Influence of Relational Experience and Contractual Governance on the Negotiation Strategy in Buyer-Supplier Disputes[J]. Journal of Operations Management,2012:382-395.

③ 张元宝.校企合作中利益相关者的博弈与协调[J].中国高校科技,2019(09):79-82.

目的信心。

第二,构建现代学徒制中的校企信誉评估机制。良好的信誉能够有效提升承诺的力度,它所能带来的是一种隐性的合作激励。[①] 建立良好的信誉评估机制,强化对校企双方合作行为与信誉的评估,不仅是对校企合作双方中守信者的一种利益激励与精神鼓励,而且是对校企合作中的失信者的精神惩戒与物质处罚。尤其是在我国校企合作法律尚不健全的情况下,校企信誉评估机制可以发挥很好的调节作用。在现代学徒制中,可以以校企双方的项目执行情况为依据,定期对参与校企合作的单位进行信誉评估,并借助一定的渠道、媒介或信息公开平台及时公布校企双方信誉评估结果,从而减少现代学徒制校企合作中合作单位随意退出项目或终止合同等缺乏诚信的短期行为。

第三,完善现代学徒制中校企双方契约关系的监督机制。现代学徒制是一项受运行周期较长、参与者有限理性、运行内容复杂等诸多因素影响的人才培养实践活动。由于校企双方缔结的契约是一种不完全契约,这种契约使得校企双方无法完全预见契约履行期间可能出现的各种复杂情形,因而也就无法明确界定校企双方的权责利。同时校企双方信息的不对称容易引致合作双方机会主义行为的发生。基于此,需要完善校企双方契约关系的监督机制。一方面,通过发挥监督的作用对校企双方施加一定的外部压力,促使双方提高遵守合作契约的自觉性;另一方面,监督机制的存在有利于及时发现任何一方可能发生的机会主义行为,从而提高及时加以外部干预或行为纠偏的可能性,鼓励校企双方自觉抑制机会主义行为的发生。[②]

(四)实现理性化合作育人实践

在现代学徒制人才培养过程中,企业的履责意识最终要落实为履责行

---

① Drew Fudenberg,David K Levine. Maintaining a Reputation when Strategies are Imperfectly Observed[J]. The Review of Economic Studies,1992(3):561-579.

② 尹江海,程培堽.校企合作中的信息不对称及治理机制设计[J].江苏高教,2021(07):50-55.

动,也就是要落实在合作育人的实践活动中。校企双方理性化的合作育人实践活动,使得现代学徒制培养的人才能够直接满足企业的需求,对于区域的协调生产、产业结构的优化,也都有着极大的益处。同时,这些良性的结构又可以进一步反作用于企业自身,进一步实现企业履责意识的提升。

具体而言,在现代学徒制中,校企双方要实现理性化的合作育人实践,须从以下两方面着手:第一,通过大力扶持产教融合型企业来引教入企,发挥企业在职业教育人才培养中的主体作用。广义的职业教育不仅包括学校职业教育,还应该包括企业培训。纵观世界职业教育模式的运行实践可知,不同国家职业教育的发展模式存在较大差异。毫无疑问,目前我国运行的是学校本位的职业教育发展模式,职业院校占据着职业教育的主舞台,企业的职业培训功能发挥的作用相对有限。究其原因,主要是市场化改革后,企业职业教育功能的剥离,导致目前的企业培训功能开发程度非常有限,即使是现存的职业培训市场,也面临规范化不足的严峻挑战。基于此,有必要搭建学校职业教育与企业职业培训的桥梁,在促进校企之间资源共享与流通的基础上,建立较为发达与完善的职业教育体系。比如,可以借鉴德国的“双元制”模式发挥校企双元主体的育人功力。学校与企业合作育人,培养的对象既是职业院校育人场域中的学生,又是企业工作场域中的学徒。为激励更多有实力、有能力且有行业代表性的企业加入职业教育双元育人模式,可以通过发展教育型企业或产教融合型企业的方式,赋予企业一定的产权或话语权,使企业具备办学资格、育人权利。当然,在教育型企业或产教融合型企业的打造过程中尤其要注意遴选与把关的严格性,应着重选择那些社会责任感较强的企业。第二,通过打造具有特色的校内教学工厂来实现引企入教,通过提高企业对职业教育人才培养的参与度,实现技术技能人才培养的精准化、定制化。其一,引企入教,建立“校中厂”。传统职业教育是一种学校本位的职业教育,教学活动主要发生在学校教育场域中,对于如何将个体学习者引入一个具体或更加广泛的职业群体中,学校明显缺乏必要的准备。① 应在学校

---

① 吴学峰.中国情境下现代学徒制的构建研究[D].上海:华东师范大学,2019:106.

职业教育办学、育人及育人评价等人才培养的全过程融入更多的企业元素，通过人才培养模式的系统改革与创新，达到提高职业教育产教融合的效果。[①]其二，引教入企。通过在职业院校中创办与产业需求对接的教学工厂的方式，创新校企合作模式。所谓教学工厂就是将企业要素融入真实的教学场景，并以任务为载体、以项目为导向来构建人才培养模式，促进校企二者的教学元素全方位、多角度融合。总体而言，通过引教入企和引企入教两种模式，构建实体化的校企合作实践模式，可以完善现代学徒制育人的理性实践活动，并通过精准化的人才培养实践活动，满足现代学徒制中校企双方的理性诉求，进一步提升企业的履责意识。

第二节 建立权利保障机制，增强企业履责能力

桑德尔指出："首要的问题不是我们所选择的目的，而是我们选择这些目的的能力。[②]"马克思也强调："一个人只有在他握有意志的完全自由去行动时，他才能对他的这些行动负完全的责任。[③]"也就是说，一方面，主体只有具备相应的责任能力，才能做好分内之事；另一方面，对主体责任的追究也是基于主体具备相应的责任能力，否则追责的前提不存在也就不存在追责问题，无论是他人还是社会，都不会对主体行为能力之外的事追究责任。基于此，责任能力需要以自由为前提，而自由则主要表现为权力范围内的自由。有多大权力必须承担多大责任，这是理所当然的。可以说，责任无法脱离权力而

---

① 郝天聪，石伟平.从松散联结到实体嵌入：职业教育产教融合的困境及其突破[J].教育研究，2019(07)：102-110.

② 迈克尔·J.桑德尔.自由主义与正义的局限[M].万俊人，等，译.南京：译林出版社，2001：8.

③ 中共中央马克思恩格斯列宁斯大林著作编译局.马克思恩格斯选集（第4卷）[M].北京：人民出版社，1995：78.

单独存在,没有权力,就没有相应的能力去履行或承担责任。[①] 权力是企业履行责任必不可少的工具,为使主体更好地履行其责任首先应当赋予主体相应的权力。也就是说,通过"赋权"的形式"增能",是提升主体责任能力、促进主体责任履行的必要条件。比如在德国的"双元制"模式中,企业作为育人主体的权力主要体现在以下三个方面:一是企业具有教育的管理权和决策权,包括参与制定教学大纲,通过考试委员会等相关机构参与毕业生的质量鉴定和资格审查等;二是企业具有招生资格,获得"教育企业"资质的企业每年都会制定当年的招生计划,同时制定企业的技能要求和用人标准等,在此基础上提供培训的场所,通过自设的聘任程序选录学徒并签订合同,最后将录取的结果报给政府就可以实现新生注册入学;三是企业具有一定的教育教学权力,职业学校主要进行专业理论知识和普通文化的教学,而企业主要负责学生实践能力的培养。[②] 赋予企业学徒培养的权力一则可以保障企业在现代学徒制人才培养活动中的主体地位,二则可以调动企业参与现代学徒制人才培养模式的积极性与主动性。

同理,在现代学徒制的实际运行过程中,企业的权力是有限的,有其明确的边界;同时,企业的责任也是有限的,有其明确的规定。在我国现代学徒制中,存在企业的责任与权力相脱节,企业有责而无权无利、权责不符的情况,造成参与现代学徒制人才培养活动的企业主体事实上难以真正负责,双主体育人效率不高的问题。企业是社会大系统中的一个小系统,它之所以存在,是因为社会的承认,社会之所以承认它,是因为它对社会有贡献,即对社会承担责任;而要让企业承担责任,就要给企业以相应的权力,以使承担的责任得以实现。[③] 一方面,责任有权力诉求。权力是责任导向的行动担当与履行的边界规范:大于权力的责任就会成为义务;小于权力的责任则容易导致责任

① 陈国权,等.责任政府:从权力本位到责任本位[M].杭州:浙江大学出版社,2009:6.

② 赵玮.现代学徒制中利益相关者收益分配机制研究[M].北京:中国财富出版社,2020:26.

③ 钱乃余.企业管理[M].天津:天津人民出版社,1996:11.

的抛弃或忽视。另一方面,权力构成责任履行的原则。基于此,建立现代学徒制中企业权力的保障机制,增强企业的履责能力至少应该包括两个层面的意涵:其一,赋权,保障企业在学徒培养中的育人主体地位。为企业参与学徒培养进行赋权增能,进而提升企业的学徒培养能力。① 尽管企业作为现代学徒制育人主体的地位已经得到了理论界与实践界的普遍承认,但是作为社会组织,其拥有的权利却是有限的,它只享有履行职能所必需的权利能力和行为能力。其二,定责,明晰企业在学徒培养中的育人责任边界。企业责任能力并不是一个"非无即有"的矛盾体,而是一个涵盖从弱到强的连续体,不同企业责任能力的强弱不同。从客观条件上讲,不同发展阶段、不同产业类型和不同规模的企业在现代学徒制育人活动中的权利是不同的,也是有限的。也就是说不同企业在现代学徒制人才培养活动中的责任能力具有一定的独立性,不能要求所有企业承担同样的责任内容,需根据不同规模和产业类型,以及根据不同企业的不同发展阶段,动态调整其责任内容,从而加大企业责任能力的弹性。综上,为提升企业在学徒培养中的责任能力,必须通过赋权增能的方式,让企业在参与学徒培养过程中享有招收学徒的权利、培养与管理学徒的权利、对学徒劳动力的使用权以及留用学徒在本企业工作的权利②。唯有保障企业全面介入学徒选择、培养、使用、留用过程中的培养权限,才能激发企业参与现代学徒制的积极性与主动性,从而提升企业自由度,使其更好地发挥在学徒培养过程中的责任能力。

一、保障企业在学徒选择中的权利

(一)自主权:招生范围确定中的企业权利

招生范围确定中的企业权利主要体现为企业在招生招工中的自主权。

---

① 凌云志,赵志强.现代学徒制中企业话语权的内涵、现状与主张[J].职教论坛,2021(05):149.

② 王为民.产权理论视角下职业教育现代学徒制建设之关键:明晰"培养产权"[J].国家教育行政学院学报,2016(09):22.

现代学徒制人才培养模式区别于他种人才培养模式的显著特征在于"招生招工一体化"。从一般意义上来讲，招生是学校教育系统的工作重点，招工是企业产业系统的工作重点，前者注重教育性，后者注重经济性，分属不同的社会系统。理论上，二者不存在交叉或结合点。但是在职业教育现代学徒制运行模式中，招生与招工实现了一体化发展，就是由校企合作，共同进行学校招生录取工作与企业招工用工工作，并由学校、企业、学生（学徒）签订三方协议。当然，在现代学徒制中招生招工一体化并非时间意义上的完全同步，而是指学生（学徒）身份的一体化，即学校招生或企业招工的对象是统一的。所以，目前在现代学徒制"招生招工一体化"过程中主要存在三种实际运行模式，第一种为先招生后招工模式；第二种为先招工后招生模式；第三种为招生招工同步进行模式。据不完全统计，在教育部现代学徒制三批试点企业单位中，采取第一种模式的企业数量最多；采取第二种模式的企业数量居中；采取第三种模式的企业数量最少，即在不同的招生批次中分别采取"先招生后招工"模式与"先招工后招生"模式。不同招生招工模式的影响因素不同，而且各有优缺点。"先招生后招工模式"的优点体现在可以维持目前职业院校的正常招生秩序，而且把选择权留给了学生，学生完全可以基于自身的偏好选择未来工作类型、岗位或性质上。但缺点也非常明显：其一，学校录取的学生是按照学校的招生标准开展的，因此，并不能完全符合企业的用工需要；其二，由于前期对合作企业的了解不够，可能造成理想与现实的不匹配而发生学生对合作企业不满意的情况。先招工后招生模式则体现为高职院校从企业在职员工中进行招生，属于一种社会招生。这种模式的优点是有利于发挥企业在招生招工中的自主性，因此可以充分调动企业参与的积极性；但此种模式的缺点主要表现为学生学籍面临的制度性障碍。"招生招工同步模式"是一种较为理想的模式，因为无论是对职业院校、合作企业还是学生来说，此种模式最容易达成三方共赢。

　　具体而言，为了体现现代学徒制校企合作的优势，企业在招生招工一体化过程中的自主权主要应体现在如下环节：其一，在与职业院校合作制定招生招工一体化工作方案时，利用院校的招生简章宣传现代学徒制，传达企业用工需求;其二,派专人加入院校的招生团队,向家长、学生讲解现代学徒制的学习优势、就业优势、职业发展优势,在招生招工宣传中发挥企业文化的渗透力和影响力,使考生及家长加深对其企业文化及基本情况的认识与了解,扩大企业社会影响力;其三,在招生招工面试和录取工作中成立"校企联合招生招工面试组",重点由企业结合自身的用工需求来对考生的综合素质与职业素养进行考核;其四,在校企共同签订现代学徒制协议的过程中明确企业在学徒培养与管理中的权益。

（二）选择权：学徒对象确定中的企业权利

学徒培养对象确定中的企业权利主要体现为企业对学徒的选择权。新生一录取,企业马上按照双向选择原则进行招工,专业会组织学徒制培养的宣讲,项目指导委员会指派有意向的学生进行面试,之后一般会成立相应的学徒制试点班。企业在对学徒基本素养的把控中有一定的发言权,学徒招聘时各用人部门领导会参与面试。因此,学生在被录取的同时,也就意味着成了企业的"学徒",并且学徒的法律身份会以学校、合作企业、学徒签订三方协议的方式得以确立。应该说三方协议的存在既能明确企业育人主体地位的合法性,又能保障学生学徒身份的双重切换,构成了校企双元主体育人的法理基础。现代学徒制班的成立有利于企业需求主导的人才培养体系的形成,可以为合作企业"量体裁衣"培养合格员工,打破学校班级建制,共同选择优秀学生创建现代学徒制班级,从而满足企业当前利益。依据科学的学徒选拔标准,企业选拔出形象好、气质佳、沟通能力强、认同企业文化、认同学徒班培养方式的高质量学徒,并依据遴选结果,成立现代学徒制试点班,确保学生学徒双重身份和相关利益。因此,学徒与合作企业之间是一种双向选择,一般通过协议确定培养关系。

二、保障企业在学徒培养中的权利

（一）学徒培养目标确立中的企业权利

企业在学徒培养目标确立中的权利主要体现为需求主张的话语权。校企合作以双方各自利益需求的满足为重要支撑,作为经济组织的企业,参与现代学徒制能为企业带来何种收益、能带来多少收益是其是否参与的重要考量。[①] 作为技术技能人才培养的有效形式,现代学徒制可以为企业储备未来产业转型升级与产业创新发展所需的复合型、创新型人才,因此,参与现代学徒制是提高企业竞争力、促进企业可持续发展的必然路径。为提高现代学徒制人才培养的供需匹配度,在学徒培养目标确立中就应该体现出企业的需求主张,赋予企业在学徒培养标准制定中的话语权,这样才能保证现代学徒制培养的技术技能人才是符合企业实际发展需求的人才,从而减少人才培养供给侧与企业需求侧的供需脱节情况。目前的现代学徒制试点中,企业可以从人才培养的初始端,即在人才培养目标的确立阶段就参与进来,这是赋予企业学徒培养话语权的重要表现。允许企业在学徒培养目标确立中享有一定的话语权,一则可以提高学徒培养的产业适用性与市场针对性,二则可以满足企业产业发展需求对人才培养的新需求。

(二)学徒培养方式构建中的企业权利

企业在学徒培养方式构建中的权利主要体现为企业师傅的教学权。从法律意义上讲,企业师傅的教学权产生于现代学徒制人才培养活动的实践需求,产生于特定岗位或特定职业人才成长的实际需求。企业师傅的教学权不仅包括企业师傅在确定实践教学内容与实践教学目标中的权利,还包括企业师傅以何种方式开展实践教学等实践教学方式确定中的权利。因此,企业师傅的教学权是一系列与实践教学相关的权利集合,而不是某种单一的权利。在现代学徒制中,企业师傅的教学权主要体现在以师带徒的方式在具体的工作场所或某项具体的职业岗位上进行的实践教学活动。作为实践教学活动的组织者、实施者,企业师傅的教学权集中表现为企业师傅在师带徒育人过程中所享有的教学自由,而这种教学自由权是依附于一定实践教学活动与实践教学场域的,而且需要以一定职业或岗位的基本要求或规范为界限,因此,

---

① 凌云志,赵志强.现代学徒制中企业话语权的内涵、现状与主张[J].职教论坛,2021(05):150.

这种教学权绝非企业师傅的个体权利,而是基于现代学徒制这一基本制度载体的制度性权利。这是企业师傅教学权与一般权利的显著区别。作为一种职业内生与外在赋权的统一体,企业师傅的"教学权"是企业师傅依法享有的教学自主权。这种权利是公共性权利与专业性权利的统一。该项权利的受益者不只是企业师傅本人,技术技能人才的全面自由发展才是其终极目的与追求。如果企业师傅在技术技能人才培养活动中的教学权利不清晰或边界不明确,则会造成一定程度的教学冲突。比如教师教学权与学生学习权之间的冲突、教师教学权与学校管理权之间的冲突等。[①] 为保障学徒培养中的企业师傅的教学权,一方面要明晰学校教师与企业师傅的教学边界,减少学校专职教师与企业师傅在学徒教学与管理中的冲突;另一方面要减少企业师傅的教学权与学徒学习权的冲突。

（三）学徒培养过程保障中的企业权利

企业在学徒培养过程保障中的权利主要体现为实践教学管理权。教学管理权主要由学校、企业、人力资源部门组成的教学指导委员会行使。现代学徒制人才培养活动中,企业在实践教学管理中的顺利运行离不开影响教学组织运行的人、财、物等要素。与学校层面的教学管理权不同,企业的教学管理权主要体现在学徒培养过程中的实践教学管理过程中。这就要求在学徒培养过程中,校企组织权力的实现不能对其组织的权力造成影响,要避免校企组织权力与职责的重复或冲突。现代学徒制人才培养过程中的各项教学管理工作从根本上来说都是为培养技术技能人才服务的。因此,企业应当享有管理学徒培养过程中所需的人、财、物的权利,以及开展围绕学徒培养活动有序进行的各项实践教学管理活动的权利。尤其是职业院校要遵循一定的属地原则,即让渡部分对学生的管理权,允许企业按照其产业管理方式或岗位要求管理学徒的学习内容、学习目标、实习考核等。此种过程管理方式,不仅有利于保障企业在学徒实践教学管理活动中的自主权,调动企业与职业院校开展合作育人的积极性与主动性,而且有利于学徒因深度参与企业工作过

---

① 刘冬梅.论教师的教学权[J].河南师范大学学报(哲学社会科学版),2014(06):5.

程或岗位锻炼而强化对企业文化的认可度,提高学徒对企业产业发展的了解度,从而大大提高实习结束后的留任率,一定程度上能促进企业技能培养正外部性的内部化。

（四）学徒培养效果评价中的企业权利

企业在学徒培养效果评价中的权利主要体现为技术标准的制定权。市场的技术竞争会带来技术发展的不确定性,技术标准起到了减少该不确定性的作用,标准的建立会减少市场的不确定性。[①] 标准作为技术的制高点,主导着技术的话语权。掌握了技术标准的制定权就意味着掌握了市场的主导权。基于基础创新能力的技术标准,是基础创新链条中的重要一环,在技术创新中扮演着重要角色。也就是说,技能创新是技术标准更新的原动力,技术标准并非一经确立就亘古不变,而是会随着技术发展进行相应的动态调整,以保证技术标准的科学性、适应性与发展性。掌握学徒培养效果评价的标准制定权也就掌握了技术技能人才培养的话语权。现代学徒制培养的人才最终需要输出到社会的各行各业,其中企业作为人才的接收方,其评价人才使用的标准是衡量学徒培养效果的关键考量。唯有坚持人才使用标准的市场导向,由企业主导或参与各类技术标准的制定,赋予企业标准制定权,才能提升技术技能人才培养的"技能适配"度。

三、保障企业在学徒留任中的权利

我国现代学徒制运行不畅有诸多原因,但毫无疑问,企业主体作用不凸显是现代学徒制现阶段试点运行过程中面临的主要障碍。企业在学徒培养过程中的培养产权未得到明晰,是企业参与积极性不高的深层根源。[②] 培养产权应当包括选择权、培养权、使用权、留用权等。对现代学徒制中的企业而

---

① 杜子图,罗晓玲,姚震.地质调查标准化理论与实践[M].北京:地质出版社,2019:18.

② 王为民.产权理论视角下职业教育现代学徒制建设之关键:明晰"培养产权"[J].国家教育行政学院学报,2016(09):21.

言,学徒留用权是企业参与学徒培养的根本利益所在,也是企业最有可能收回培养成本、为企业创造价值的关键。因此,最重要的是通过规定学徒在合同约定的实习期限结束后留任企业工作的最低年限的方式,赋予企业留用学徒的权利。

现代学徒制中企业的学徒留用权实质上属于一种劳动用工权。作为企业最重要的生产力,劳动者积极性的完全而充分发挥,可以为企业生存与发展提供根本动力。企业只有在充分享有劳动用工权的基础上,才能进行商品生产与经营。现代学徒制试点中实行招生与招工一体化的保障机制,有利于校企双方共同设计学校招生录取与企业用工流程。此种模式下建立的劳动用工机制,能够实现学生向员工的转变与流动。通过三年的学徒培养后,学生毕业后在企业的留任率也是现代学徒制培养效果的直接体现。较高的学徒留任率,代表现代学徒制人才培养模式取得了较好的培养成效,达到了学生满意、学校满意、企业满意的理想效果。但有研究者对我国开展学徒培养的首批试点单位企业相关负责人进行调查访谈后表示,企业参与现代学徒制短期内收不抵支,学徒在企业的平均留任率为46.5%;学徒培养期间,企业总体处于亏损状态;也有研究者基于成本收益视角,对浙江省、上海市109家企业进行结构式访谈后发现,较低的学徒留任率使企业在实习结束后获得的长期收益不高。[①] 基于此,为保障企业在学徒留任中的权利,需要做好以下几个方面的工作:其一,细化合作企业认定指标,提高企业学徒培养能力;其二,完善学徒留用相关配套,发挥政策工具导向作用。

（一）细化合作企业认定指标,提高企业学徒培养能力

目前试点的现代学徒制项目周期一般为三年,三年试点结束后,学徒与企业之间的各项合同或协议也随之终结。此时的学徒,可以通过双选的方式选择留在合作企业,成为企业的正式员工,也可以自由选择其他有意向的企业就业。学徒自主择业的自由,会产生一种正外部效应,即合作企业培养的

---

① 冉云芳,石伟平.企业参与职业院校实习是否获利?——基于109家企业的实证分析[J].华东师范大学学报(教育科学版),2020(01):43.

学徒最终会流向自由劳动力市场,从而被别的未参与现代学徒制人才培养的企业"搭便车"。若能从根本上将企业参与现代学徒制人才培养的外部性内部化,则能从根本上调动企业参与现代学徒制校企合作的积极性。从学徒的视角出发,之所以选择"跳槽"到其他企业,归根结底是合作企业对学徒的吸引力不足。因此,关键还在于合作企业的实力对学徒的吸引力,只有提高企业学徒培养能力,才能增加学徒留任合作企业的可能性。基于此,可以通过细化合作企业认定指标的方式,从校企合作的一开始,就选择学徒培养能力强、对学徒就业择业有吸引力的企业进行合作。

虽然现代学徒制的顺利运行需要企业有参与的动力与热情,但是更为重要的是合作企业必须具备开展现代学徒制合作育人所需的各种实践教学资源、资金、设备、场地等,唯有与具备开展现代学徒制能力的企业进行合作,才有利于形成一种校企合作的良性循环,从而为合作育人的质量与效率提供更多保障。所以筛选适切的合作企业,是现代学徒制人才培养顺利运作的第一步。也唯有选择有实力、有口碑、有行业代表性的企业,才能不仅培养出合格的学徒,而且有更多的学徒选择留任合作企业,从而形成更为良性、健康与长效的校企合作机制。比如可以关注学徒培养标准制定、学徒人才培养方案制定、学徒实习实训岗位提供、学徒实习实训管理及学徒培养质量评价等指标。这不仅可以对企业形成一种引导效应,引导更多企业向教育型企业或产教融合型企业转变,还可以强化企业的现代学徒培养理念、意识来提高参与现代学徒制人才培养的能力,吸引更多学徒最终选择留任合作企业,为企业未来发展储备更多人才。

(二)完善学徒留用相关配套,发挥政策工具导向作用

如果提高企业学徒培养能力是从企业内部发力的话,发挥政策工具的导向作用,完善学徒留用相关配套措施,则是从企业外部发力,是一种借助政策工具为企业学徒留用提供外在保障的措施。虽然"政策工具"不是客观上可以触摸到的东西,但它却可以为人们实现预定目标的实践活动提供规则或指

引。① 政策工具一般包括三种,即权威性政策工具、激励性政策工具及能力性政策工具。需要注意的是,每种政策工具都有其优缺点,应尽可能避免长期使用同一种政策工具,而根据时期不同、场景不同、地域不同、合作企业不同,依具体情况选择适切的政策工具或合理选择多种不同政策工具,加强现代学徒制中政策工具的协调性、适用性与灵活性。具体而言,为保障企业在学徒留用中的权利,可以通过以下几种方式。

第一,发挥权威性政策工具的管制作用。权威性政策工具以政府的合法性权威为支撑,其目的在于通过法律、法规、规定、规章或条例等管制性政策工具使社会主体行为规范化。应该说此类政策工具不仅具有规范的功能,还有一定的保障功能。为保障现代学徒制中企业学徒培养的留用权,可以通过签订书面协议或合作契约的方式,在明确企业学徒培养权的基础上,建立学徒培养结束后的学徒服务期制度或进一步明晰企业对学徒的优先选择权。比如通过建立学徒服务期制度,要求学徒期满后应以正式工作人员身份在相关企业服务一定期限,如果学徒违约,则应给予企业相应的赔偿。② 或者以契约或合同的形式保障合作企业的人才优选权,减少"搭便车"行为或群体性等待行为的发生。由于技能的可转移性,一些企业试图通过避免承担培训成本而采取从其他企业"挖人"的用人策略。"挖人"外部性的存在,导致了企业参与学徒培养的集体行动困境,若大家都想通过这种方式来获得人才,最终将导致没有企业参与人才培养也就没有企业可以"挖到人",进而陷入一种恶性循环。基于此,要赋予参与现代学徒制人才培养的合作企业人才优选权,发挥人才培养的"锁定"效应,为企业选择未来员工提供一定的特权,为企业人才培养外部性的内部化提供一定法律保障。

第二,发挥激励性政策工具的激励作用。激励性政策对主体行为施加影响的方式有两种,一种是正面激励的方式,一种是反面激励的方式。基于此,

① 顾建光,吴明华.公共政策工具论视角述论[J].科学学研究,2007(01):47-51.
② 梁卿.现代学徒制中企业参与困境的破解策略——来自近代工厂学徒制的启示[J].职业技术教育,2022(09):42.

为保障现代学徒制中企业学徒培养的留用权,一方面可以通过各种组合式激励的方式(金融＋土地＋信用＋财政),在资金与政策方面对参与校企合作的企业进行适度倾斜,分担企业在人才培养过程中的成本或减少企业在人才培养过程中的损失,保障企业至少不亏损。为参与学徒培养的企业提供政策优待与红利,可以补偿一部分企业在学徒培养过程中的成本付出,保障企业短期利益不受损;或政府也可通过建立针对学徒或企业师傅的专项资金,并对留任企业的学徒提供一定的就业补助与优秀学徒表彰等物质奖励与精神奖励,提高企业学徒留任率,保障企业长期收益的获得。① 另一方面可以通过对有能力参与却未参与学徒培养的企业征收教育税,并将这些税收按比例补贴给参与校企合作的教育型企业或产教融合型企业。

第三,发挥能力性政策工具的引导作用。能力性政策工具能够为那些有能力的个体、群体或机构提供信息、教育、培训或资源,以促进其实践活动的开展。对参与现代学徒制的企业而言,一方面,发挥信息工具的作用。企业参与现代学徒制动机的产生在很大程度上与信息不对称有关,关于现代学徒制政策相关的信息并不是无成本流动的,更不是完全充分的。在赫伯特·西蒙(Herbert A. Simon)看来,假定个体或组织完全理性的前提并不存在,因此,人们在进行决策时不可能对所有选择可能产生的结果进行完全正确的预测,也很难将所有的可能性都考虑周全,而是受个体或组织自身所具备的"相关知识的深度"以及"所需材料和信息的完备程度"等因素的影响。② 基于此,可以通过举办全国现代学徒制试点工作培训的方式,提高合作企业对现代学徒制育人模式、育人价值的理解力。另一方面,可以通过搭建现代学徒制试点工作管理信息平台的方式,促进现代学徒制相关理论与实践的信息推广及沟通交流,提高合作企业或有意愿参与学徒培养的企业对现代学徒制的认知度。

① 冉云芳.企业参与现代学徒制的动机及其对成本收益的影响[J].教育与经济,2021(06):71-80.

② 赫伯特·西蒙.管理行为:管理组织决策过程的研究[M].杨砾,译.北京:北京经济学院出版社,1988:2.

第三节　构建利益整合机制，规范企业履责行为

　　利益的本质就是人们的需要，需要是利益的基础。[①] 也就是说，利益是所有主体行为的根本动因。一切社会关系的首要表征是基于利益关系的相互依存关系。[②] 当然，不同主体存在截然不同的生存与发展需求，这就需要基于利益关系的多元性寻求不同主体间利益的契合点。[③] 我国现代学徒制的运行同样涉及复杂的利益主体，如政府组织、职业院校、企业组织、行业协会组织、专职教师与企业师傅、学生或学徒以及第三方评价组织。不同组织对现代学徒制有着不同的利益诉求，但是任何一方主体利益的满足都建立在现代学徒制稳定、健康运行的基础之上。因此，培养出高质量的技术技能人才，是满足所有主体切身利益的契合点或共赢点。

　　与其说现代学徒制中的企业责任是一种对企业行为的规范与约束力量，不如说是一种对企业主体权利的赋予与能力的展现。一方面，不能离开企业的利益来谈论企业责任，否则现代学徒制中的企业责任只能是一种虚假的道德责任；另一方面，又不能把企业责任的实现局限于企业利益的获取与满足，尤其是企业的经济利益，因为除了经济属性，企业还是一个社会组织，具有社会属性。如果只是聚焦于企业经济性的实现，而无视企业社会性的存在，只会导致企业的有限理性与唯利是图，责任的社会性与公共性则荡然无存。企业的行为选择与自由将会重新被企业的经济利益囚禁。[④] 这也是现代学徒制中企业责任行为冲突的根本原因。

----

　　①　谭顺.中国经济持续发展的社会机制[M].厦门：厦门大学出版社，2010：115.

　　②　中共中央马克思恩格斯列宁斯大林著作编译局.马克思恩格斯文集（第3卷）[M].北京：人民出版社，2009：320，536.

　　③　王伟光.利益论[M].北京：人民出版社，2004：177.

　　④　郭金鸿.道德责任论[M].北京：人民出版社，2008：222.

一、政府调控:现代学徒制中企业责任实现之补偿

现代学徒制是一项需要由利益相关者协作共同完成的人才培养实践活动。不同主体在现代学徒制中发挥着不同的作用,而主体间利益的冲突又会导致责任冲突。校企组织属性的异质性,使得二者在现代学徒制中的利益诉求不同。对企业而言,企业参与现代学徒制校企合作主要是为了通过校企合作,达成对人才、技术的利益诉求。企业通过接收实习学生和优先选择毕业生,可降低劳动力成本,减少社会招聘和培训费用。然而,在实际运行中,之所以出现企业参与热情不高、积极性不足的问题,是因为投入与产出的不对等,比如企业投入师资、设备、场地、资金参与技术技能人才的培养,但人才最终的去留权却不是企业所能左右的。因此,企业投入的确定性、现实性与技术技能人才去留的不确定性,使得企业存在较多顾虑与迟疑。也就是说,企业可能会面临利益得不到回报及补偿的境遇。在利益驱动下产生的教育行为因更加契合企业组织目标而更有效率,但同时也暴露出了一些因"利"而生的矛盾。第一,企业培养类型的矛盾。第二,短期利益与长期利益的矛盾。第三,经济利益与社会效益的矛盾。因此,需要发挥政府调控的作用,处理好不同的利益关系,对参与现代学徒制人才培养活动的各类企业进行一定的财政补贴与税费补偿,从而形成稳定的对企业利益的补偿机制,提高企业参与现代学徒制的积极性与主动性。

二、社会舆论:现代学徒制中企业责任实现之导向

现代学徒制中企业责任冲突的客观存在,常常会使企业处于一种两难境地。面对这种两难,企业需要对自身面临的多种责任进行排序或选择,并最终决定优先履行哪一种责任。企业责任的实现离不开一定的社会环境或氛围,良好的企业责任履行氛围有利于现代学徒制中企业责任的实现,并对企业责任的实现产生正向社会效应;不良的企业责任履行环境则不利于现代学

徒制中企业责任的实现,甚至会限制或削弱企业社会责任的履行。因此,发挥社会舆论的导向作用,对营造良好的企业责任实现环境具有积极意义。社会舆论一般有两种渠道或方式,一种是正式的通过大众传播媒体对人们的某种行为进行赞扬或谴责,一种则是非正式的通过对某种行为进行议论或是评价,对主体的行为进行鼓励或限制。目前,我国企业参与现代学徒制人才培养活动的积极性或主动性不高,因此,有必要发挥社会舆论的导向作用。首先,通过媒体或社会公众对企业先进典型进行宣传或公开报道,使企业树立一定的形象,从而使企业主动承担其在现代学徒制人才培养活动中的主体责任。借助一些参与现代学徒制的优秀企业事例,让更多企业看到履行社会责任的良好企业形象,从而形成一定的责任观念;也可以通过披露一些消极承担社会责任的企业事例,激发企业担负相应社会责任的动机,变企业对责任的消极应对为积极主动履行。其次,宣传国家对参与现代学徒制企业给予的优惠政策,认可企业发挥其社会责任中的教育责任,从而增加企业对现代学徒制中责任行为的追求。再次,宣传对参与现代学徒制企业的相应鼓励政策,比如对参与现代学徒制的企业可以免收其在进行产品宣传时的广告费,使企业切实感受到发挥教育责任对其带来的各种外部社会效益。最后,建立相应的社会舆论导向机制,对积极参与和主动履行职业教育责任行为的企业给予精神上的肯定以及经济上的奖励,使更多有责任能力的企业积极主动地参与到现代学徒制人才培养活动中来。

三、法律法规:现代学徒制中企业责任实现之牵引

从政府调控、社会舆论等层面对责任冲突进行化解固然重要,但是也不能忽视法律制度的重要牵引作用,这也是促进现代学徒制中企业责任承担的有效途径。我国曾多次通过国家立法的方式,试图强化企业在职业教育中的主体地位并赋予企业育人主体的合法权利。然而从现实出发,一方面这些法律规定过于笼统,针对性与可操作性不强,另一方面还有众多其他因素制约着企业参与职业教育现代学徒制的积极性。因此,不仅要发挥法律的强制作

用,明确企业在职业教育校企合作中的法律地位与权益,还需要进一步明晰企业的强制责任内容。现行的《职业教育法》缺乏实践层面的针对性与可操作性,关于现代学徒制中企业责任的相关法律体系尚不健全。因此,其一,以法律形式硬性保障企业在参与现代学徒制中的利益,规定对参与现代学徒制企业的具体奖励措施、奖励方式或奖励额度,尽可能减少企业参与现代学徒制的损失以及要付出的各种代价,比如对参与现代学徒制的企业进行税收减免或是直接进行拨款补偿,减少企业付出,保障企业利益。其二,以法律形式规定企业对优秀人才的优先选择权或留用权,一定时间内减少企业培养人才的流失,避免让企业承担其培养的人才最终被其他单位挖走的风险。其三,有必要通过一定的具体、明确的法律规制建设,以他律的方式使企业能够在面临责任冲突时做出正确的选择从而无法回避其应有责任。比如对于有意规避职业教育责任的企业,建立相应的惩罚机制,通过罚款或经济付出的形式对这类有能力承担职业教育责任却选择刻意回避或消极懈怠的企业进行追责,并将收取的相应罚款补贴给积极主动参与现代学徒制人才培养活动的企业。其四,需要将企业在现代学徒制中的责任内容制度化或者法律化。任何责任都不可能是无限的,企业在现代学徒制中的责任是有限责任,因而,需要将政校企等多元主体的责任进一步具体化、明晰化。《国家中长期教育改革和发展规划纲要(2010—2020年)》曾明确指出:加强教育监督检查,完善教育问责机制。因此,建立健全现代学徒制中的企业问责制,可以促进企业责任主体行为的限期整改,从而提升校企合作质量。

以上只是对现代学徒制中企业责任冲突可能解决途径的粗略分析,因为企业类型及发展阶段的差异是如此之大,而绝对统一的标准又几乎完全不可能。正如个体与社会无法分离一样,价值理性和工具理性在企业身上原本也是一体的,是企业本性与理性不可分割的两个方面。现代学徒制人才培养活动的主要功能就是充分挖掘与发挥企业理性,因此,只有还原价值理性和工具理性在现代学徒制人才培养活动中的统一性、完整性与复杂性,才能真正把握企业在现代学徒制中的责任内容及责任实现途径。

第四节　建立社会认同机制，完善企业履责制度

　　缺乏必要制度支持的责任不仅会失去正当合理的制度基础，而且还会使主体在责任履行或落实的过程中陷入各种意想不到的冲突与困境。因此，无论是责任的履行还是责任的落实均离不开一定外在制度或体制机制的合理设计与系统安排。① 在现代学徒制中企业责任的制度框架体系中，可以主要通过三种制度要素来规范企业的履责行为，即规制性要素、规范性要素及文化—认知性要素。规制性要素是一种客观责任，规范性制度要素是一种主观责任，而文化—认知性制度要素强调客观责任内化为主观责任的过程。现代学徒制中企业责任行为的最终落实，需要发挥相应制度的激励、约束、保障或规范作用。以责任制为代表的各种规章制度是除法律与道德规范之外能够制约责任实现的重要机制。② 当然，任何制度的制定、执行与完善都不可能在真空中实现，而要受到一定政治环境、经济水平与文化氛围等的影响。诺斯将制度分为两种，一种是正式制度，一种是非正式制度。现代学徒制中的企业责任既需要法律、条例、规范等正式制度对企业的监督，也需要道德、文化等非正式制度的调节。面对技术—制度环境的结构性制约，企业在现代学徒制中的责任行为如何体现自身的能动性？虽然技术环境与制度环境都会对现代学徒制中企业责任的行为产生不同层面的影响，但是两种环境并非彼此分立、互不交涉，而是相互影响、相互转化的。事实上，现代学徒制中的企业责任本身就是一种制度安排，是对技术技能人才培养过程中企业行为具有约束力的所有规则。而企业是否实施其在现代学徒制中的责任行为，则是对现有制度框架权衡后做出的选择。也就是说，制度影响行为的方式有两种：一

---

　　① 钟媛媛.传媒责任伦理研究[M].北京：中国传媒大学出版社，2018：131.

　　② 谢军.责任论[M].上海：上海人民出版社，2007：213.

种是通过对利益结构的调整来影响主体行为;一种是通过塑造何谓合理、应该与正当等的社会规范来影响主体行为。[①] 对现代学徒制中的企业责任行为而言,前者是一种基于组织理性的行为选择,遵循利益最大化的效率逻辑;后者是一种基于组织社会认同的行为选择,遵循符合社会期待的合法性逻辑。无论是效率逻辑还是合法性逻辑,最终都只有落实在制度层面,才具有普遍性和必然性。制度影响行为是通过影响个体或组织的基本偏好和对自我身份的认同来实现的。基于此,立足构成和支持制度的三大基本要素,可以为现代学徒制中企业责任行为的合法性重塑提供支撑。

一、以规制性要素为主导形塑,保证正式制度供给的稳健长效

规制性要素是制度理论反复强调的内容,规制合法性主要强调的是一种法律制裁。制度不仅可以制约而且可以使能社会行为。前者强调制度中规制性要素的法律强制性,后者强调规制性要素的利益保障性。简言之,规制性过程试图通过两种方式来影响组织未来行为:一种是通过规则设定来监督他人遵守规则;一种是通过实施奖惩来奖励遵守或惩罚违反规则的行为。

政府对企业组织行为的约束与驱动是提升现代学徒制中企业责任行为规制合法性的必然途径。制度强调的是一种关系,这种关系既可以是一种约束,也可以形成一种保障。作为一种具备约束性的规制,制度不仅可以减少组织行为的不确定性,而且可以体现组织成员利益的共同点。制度的规制性反映了制度对现代学徒制中企业责任个体的选择和限制。现代学徒制中企业责任行为的规制合法性主要通过两个层面的内容来实现:其一,赋予企业育人权利获得的"合法性",并通过制定明确的规则来约束企业组织的责任行为。虽然企业社会责任理论在某种程度上为企业参与职业教育提供了一定的合理性依据,但如果只是单纯强调企业具有参与职业教育的身份,未通过

---

① 柯政.理解困境:课程改革实施行为的新制度主义分析[M].北京:教育科学出版社,2011:77.

法律的形式赋予企业参与职业教育办学主体的权力，则依然不能为企业参与职业教育提供明确保障。[①] 通过学校权利让渡，赋予企业育人主体以权利。基于组织的社会分工及组织的异质性可知，职业院校是技术技能人才培养的应然主体，但从技术技能人才培养的跨界性可知，脱离职业场所或工作场域的单一学校教育场域无法培养出全面发展的技术技能人才。因此，需要发挥制度的约束作用，允许职业院校将部分育人权利让渡给企业，使得企业成为"合法"的育人主体，与学校"双主体"育人，共同完成现代学徒制技术技能人才培养。同时还需要对消极履责或避责等违背"合作规则"的企业行为进行惩罚，从而影响企业主体在现代学徒制中的偏好和行为选择，使之适应现代学徒制运行的要求。其二，保障企业育人利益获得的"合法性"，通过建立相应的激励机制来驱动企业组织的责任行为。政府需要通过相应的制度供给，保障企业育人利益的获得。逐利是企业自然且必然的行为逻辑，责任行为亦不例外。要想发挥企业在技术技能人才培养中的优势作用与功能，就需要保障企业在现代学徒制人才培养活动中有利可图或至少不要亏损。无论是满足企业短期的对技术知识、教育场地、专业师资等资源的依赖，还是满足企业长期的技术技能人才战略储备要求，都需要以制度的形式予以确立与完善。进一步细化"金融＋土地＋财政＋信用"的组合式激励机制，鼓励企业主动参与育人活动的同时，保障企业育人利益的合法与落地。提高技术技能人才培养的质量是职业院校与企业共同的利益诉求。

二、以规范性要素为协同形塑，保证契约制度供给的协调补充

规范系统在确定组织利益目标的同时也指定了追求目标方式的适当性，这也正是制度说明性、评价性、义务性特征的重要体现。规范合法性主要借助道德发挥支配作用，是一种对行动者身份与行为的期待及定位。一方面，

---

① 徐珍珍，黄卓君.职业教育中的企业社会责任：履行模式与路径选择[J].中国职业技术教育，2018(18)：39—43＋49.

"他者"会对行为者有一定的角色期待,另一方面,行为者基于外在角色期待进行自我角色定位。① "他者"的期待不同,主体的责任就会不同,为主体实现不同责任配置的社会资源支撑也就不同。

在现代学徒制中,企业责任行为的"他者"主要包括政府、职业院校、学生(学徒)、家长。规范合法性下的企业多采取"适当性"的行为逻辑,而不再把自身经济利益最大化作为行为选择的唯一标准。规范合法性中的"法"是指道德原则与社会规范对组织行为的影响和约束。企业不能自己判断或标榜自己的行为是否合乎社会规范,而必须由社会共同的社会规范和价值观来评定。现代学徒制中企业责任行为的规范合法性来自企业对双主体育人规范的遵从,这些规范是外在环境对企业的一些"约束性期待",即对企业在现代学徒制技术技能人才培养活动中能够做什么的希冀。其一,企业在现代学徒制中的自我定位要符合社会期待。虽然企业的经济属性决定企业任何行为的直接目的都是达成某种利益诉求,但是就企业在现代学徒制中的责任行为而言,其直接目的是与职业院校合作,共同完成技术技能人才培养。因此,企业需要遵循合作育人的基本行为规范,满足利益相关方对企业行为的认可,尤其要考虑职业院校对其组织资源的需求,在满足职业院校的场地、设备、知识、师资需求的基础上寻求自身长远利益诉求的达成。此时,企业更多地将自身定位为一个社会组织的角色,旨在为利益相关者提供其所能提供的知识或服务等。其二,企业在现代学徒制中达成自身利益目标的手段应该是适当的、合法的。现代学徒制人才培养的周期较长,企业自身利益的达成具有一定的延迟性和不确定性,尤其是企业成本的投入与收益获得的非同步性,使得企业难免会出现消极履责或避责的行为,甚至会为实现短期的获利而把"学徒"当成廉价劳动力,忽视校企合作协议或契约,来满足短期的生产效益。如果企业单方面选择退出双主体育人活动,则会导致现代学徒制试点项目的中止。因此,需要通过签订校企生(学徒)三方合作协议或契约,向企业提供

---

① W.理查德·斯科特.制度与组织:思想观念、利益偏好与身份认同[M].姚伟,译.北京:中国人民大学出版社,2020:66-67.

明晰的规范性期待,指导企业明确何谓适当的目标与行为,从而强化适合企业育人角色的行为,制裁那些不利于企业育人角色发挥的行为。

三、以认知性要素为内在形塑,保证校企合作文化的积极营造

文化的稳定与转型会对制度的存在与变迁产生持续性影响,任何制度的变迁都是在一定文化认识的驱动下进行的,以获得制度变迁的合法性。因此,文化认知构成了制度的基础。[①] "文化—认知"要素强调"外在"文化框架对"内在"理解过程的塑造。可以说,无论是行动者对某一行为的主观理解还是行动当下所处的客观条件,都是解释或理解行动的重要变量。[②] 文化—认知合法性主要体现为一种可理解、受认可的文化力量。这种文化力量意味着要保持与制度内涵一致的思维方式或行为逻辑,由于是一种源自社会文化的力量,所以还具有一定的深刻性与影响的久远性特征。

文化—认知性要素提升策略的核心是厚植和培育企业职业教育责任的社会文化,将校企合作作为发展职业教育现代学徒制的社会共识。"德国的双元制等现代学徒制模式的背后有强大的行会力量支持,为了整个行业的利益,行业内的企业必须承担培养技能人才的义务。而我国,没有具备这样的条件,对现代学徒制也缺少这样的理解。所以,'现代学徒制文化'的建设显得尤为重要。"[③]基于此,其一,政府可以借助舆论的力量大力宣传现代学徒制试点企业的优秀案例,形成可借鉴、可复制的典型,让更多的企业或社会公众了解这些企业在现代学徒制人才培养过程中的所作所为以及国家对现代学徒制试点企业的鼓励与扶持政策,从而让更多的社会公众达成企业是现代学徒制双主体育人中的重要主体的共识。其二,企业在发挥好自身生产与服务

---

① 朱雪梅.高等职业教育发展模式研究[M].广州:中山大学出版社,2016:61.

② W.理查德·斯科特.制度与组织:思想观念、利益偏好与身份认同[M].姚伟,译.北京:中国人民大学出版社,2020:69.

③ 邵建东,朱振国.现代学徒制:促进校企合作的真正纽带[N].光明日报,2015-04-21.

功能的同时，还要积极参与到现代学徒制技术技能人才的培养活动中来，通过实践教学等方式与职业院校开展合作，为企业未来转型升级与技术创新储备人才。作为职业教育校企合作的制度载体和理想实现形式，现代学徒制要着力破解的困境无不与校企合作问题相关。无论是世界发达国家职业教育的实践经验，还是我国职业教育的实践探索，均表明校企合作是职业教育成功运行的关键。尤其是随着知识经济时代的到来，企业对技术技能人才的复合型、创新型提出了更高的要求。培养出高质量、高适应性的技术技能人才，可以扩大企业在现代学徒制运行过程中的影响力。其三，要树立责任共担、利益共享的合作育人思维。技术技能人才的培养需要校企双方基于不同的组织资源禀赋和组织社会分工，共同在现代学徒制项目的运行过程中发力，解决单一学校教育解决不了的技能错配与单一企业培训解决不了的技能短缺问题，发挥学校在规模化培养技术技能人才中的优势与企业在提高技术技能人才培养的针对性与有效性方面的优势。本着责任共担、利益共享的合作育人思维，一则可以强化主体合作中的责任认同，从而提高校企合作育人的效率；二则可以厚植企业的职业教育责任文化，通过营造良好的校企合作文化氛围，促使更多的企业形成积极主动参与现代学徒制育人活动的习惯与传统。

第七章

结论与展望

本研究以责任理论为主线,技能形成理论为核心,并借鉴组织社会学的新制度主义,探究我国现代学徒制中企业责任生成的内在逻辑、企业责任内容的应然向度及企业责任履行现状的原因分析,并提出促进企业责任履行的可能策略。具体而言,从责任的内在驱动与外在规范两个角度出发来探究现代学徒制中企业责任生成的内在逻辑,解决了现代学徒制中企业为何要承担责任的问题。基于价值取向的指引、权责对等的规范及需求导向的指涉,并聚焦合作育人的规则,运用文本分析法建构出现代学徒制中企业责任内容四个判定维度,即育人目标制定责任、育人方式构建责任、育人过程保障责任及育人效果评价责任,回答了现代学徒制中企业有哪些责任。基于调查访谈了解到现代学徒制中企业责任履行面临着责任意识弱化、责任能力参差不齐、责任行为冲突及责任保障机制缺位等困境。之所以出现此种困境,是组织在技术环境与制度环境综合规制下的行为选择。诚然,获取经济利益是企业一切社会行为的根本目的,但承担社会责任亦是每个"企业公民"应尽的义务,而获取合法性是所有企业组织存在并实现可持续发展的必然选择。现阶段,我国现代学徒制中的企业责任行为面临规制合法性、规范合法性及认知合法性等困境。基于此,首先,需要在现代学徒制合作育人机制构建的过程中,提高企业的履责意识;其次,需要建立权利保障机制,增强企业履责能力;再次,需要构建利益整合机制,规范企业的履责行为;最后,需要建立社会认同机制,完善企业履责制度。

　　勒维纳斯曾言:"人类的终极本质上既是'为己者'也是'为他者'。"[①]对行动中的组织而言,没有立场是一种避责或消极履责的表现,极易造成组织责

　　①　埃马纽埃尔·勒维纳斯.塔木德四讲[M].关宝艳,译.北京:商务印书馆,2002:81.

任的漂浮或虚无。责任不单单是个理论问题,更是一种建构组织公共生活的价值准则与基本制度。现代学徒制作为我国产教融合、校企合作的理想制度载体和有效实现形式,不仅是宏观层面国家技能形成体系的制度载体、中观层面组织技术技能积累的主导模式,而且是微观层面个体技能有效传承的重要方式。现代学徒制中企业责任的履行不仅可以为企业带来经济绩效的提升,而且能帮助企业在获得"合法性"的过程中争取到更多的资源与提高社会声誉。作为技术技能人才培养的理想模式,唯有发挥校企双主体的协同作用,才能实现校企双方的共生发展。但实然世界中企业责任的虚位漂浮与应然状态中企业责任的不可或缺形成鲜明对比。因此,以责任理念为指导,利用好责任对现代学徒制中企业行为尤其是利益诉求的规范或指引作用,是构建校企双元主体育人模式的关键。

一、责任本位:提升现代学徒制中企业主体地位的核心

与其说现代学徒制中的企业责任是一种对企业行为的规范与约束力量,不如说是一种对企业主体权利的赋予与主体能力的实现。无论是从法律层面、道德层面还是社会层面,企业在现代学徒制校企合作中的主体地位已然确立。所以,目前的关键问题已经不是企业是否在现代学徒制中享有主体地位,而是如何促进和发挥好企业主体作用。如果权力是主体地位确立的法律依据,那么,责任则是主体地位巩固与强化的行为规范。本研究之所以聚焦责任本位而非权力本位探讨企业在现代学徒制中的主体地位问题,一则因为履行责任有助于企业在现代学徒制育人活动中利益诉求的达成;二则因为履行责任有助于企业在现代学徒制育人活动中主体地位的巩固与凸显,从而更好地保障企业权利的实现。责任作为对主体利益诉求的一种行为规范,一方面可以提升和保护主体的公利,另一方面可以约束与规范主体的私利。作为一种对主体利益与行为的规范,责任本位理念为现代学徒制中的企业责任行为提供了行动框架,是提升现代学徒制中企业主体地位的核心理念。

责任行为的产生源自某种利益诉求。从对我国现代学徒制试点企业的

现实审视中可知,企业作为一个经济组织,其参与现代学徒制的目的无非是达成某种现实的利益诉求。利益关系作为人们开展社会行动的根本关系,是其他一切社会关系的决定性关系。① 马克思主义认为,"人们奋斗所争取的一切,都同他们的利益有关"。因此,聚焦企业作为经济组织的本质可知,其参与现代学徒制人才培养活动的逐利性无可厚非,唯有保证企业在现代学徒制技术技能人才培养活动中有利可图,才能激发企业参与的积极性与主动性。然而,作为一个社会组织,企业还有通过满足利益相关者的期许与利益需求来履行相应社会责任的任务,以确保企业组织存在的合法性,以间接达到为企业谋取更多社会资源与福利的组织发展需求。责任以社会整体性及其分工性为最大公约数,所以,责任的本质必然具有社会性,即具有一种利大、利公、利他的性质。同时,这种质性也必然带来社会的分工性,即整体范畴的规定性和个体范畴的限制性。② 企业需要通过履行其职业教育责任,参与到技术技能人才培养的公益性、公共性社会实践活动中来。这一举措不仅可以使企业获得提前介入职业教育人才培养过程的权利,而且可以通过将企业的实际需求与发展理念渗透到人才培养的全过程,培养出企业未来转型升级与产业创新发展所需的创新型、复合型技术技能人才,甚至享有人才优先选择权,在实现技术技能人才准公共产品生产的过程中,达成自身的利益诉求与权利实现。因此,为促进现代学徒制双主体育人活动的顺利推进,需要企业坚持责任本位逻辑,将自身打造成产教融合型企业,不断凸显企业在校企双主体育人中的主体地位。

二、权责对等:规范现代学徒制中企业责任行为的边界

企业责任行为的边界是对现代学徒制中负责任企业行为的性质认定和内容构成。虽然学术界已有很多对校企合作中企业责任问题的研究,但是企

---

① 刘慧.当代大学生思想与行为规范培育研究[M].北京:中国书籍出版社,2019:151.
② 苑林刚.家园与信仰[M].沈阳:万卷出版公司,2018:98.

业责任概念本身具有一定的动态性,会随着具体实践环境的变化而变化,而且发展阶段、所处行业、企业规模和性质并不一致,使得企业被期望承担的责任边界迥异。企业责任边界的模糊使其无法有效指导企业责任实践,在一定程度上影响着现代学徒制技术技能人才培养活动的顺利开展。因此,企业责任边界的界定成为现代学徒制中企业责任行为研究的基础性问题。完整的责任体系至少应该涵盖责任意识、责任能力、责任行为与责任评价四个要素。其中,责任行为是主体责任履行状况的直接表征。基于此,规范现代学徒制中企业责任行为的边界,是我国现代学徒制中企业责任问题研究的关键。如果从法治视角审视,脱离责任而存在的权力是一种既非法又不合理的权力,权力不可能脱离责任而存在,责任是对权力边界的限制。一旦超越了这种限制,就需要承担消极评价或不利后果。因此,基于法治基础的责任设定,可以在一定程度上避免因权力边界模糊而造成的随意扩张。也就是说,权力与责任之间是辩证统一的关系:一方面,如果权力行使过程中发生了越轨行为,责任就成为一种抵制权力扩张的手段;另一方面,责任价值取向的公共性与社会性又会反过来为权力提供正当性与合理性基础。①

就我国现代学徒制中的企业责任而言,一方面,如果没有企业权利作保障,企业就会逃避其在技术人才培养中的责任,拒绝履行自己应尽的义务;另一方面,企业只有认识并承担起自己在技术技能人才培养中的责任,才能获得其在现代学徒制中的权利,权利也才能得到保障。也就是说,如果企业没有在现代学徒制技术技能人才培养过程中履行义务和承担责任,其在现代学徒制中的权利就会失去存在的现实依据,企业得不到权利,遑论行使权利。因此,现代学徒制中的企业责任是以责任为本位来约束企业在技术技能人才培养活动中的行为边界。这一过程不仅明示了企业在现代学徒制人才培养活动中的权力,而且以责任的形式规定了企业在现代学徒制人才培养活动中的权力边界。坚持权责对等的原则,对现代学徒制中企业责任行为边界的规

---

① 陈国权,等.责任政府:从权力本位到责任本位[M].杭州:浙江大学出版社,2009: 7.

范有着重要意义。

三、关系责任：面向未来现代学徒制运行中的企业责任

责任是一种内在德性与外在规范的统一体。因此，只停留于"知"或者只限于"行"都不能构成责任。责任需要知行合一，让责任从内在德性出发落实于对他者的主动回应之中。责任关系是一种"我"与他者的主体性关系，他者对"我"的需求赋予"我"以责任，并在承担这种责任的过程中生成"我"的主体性。也就是说，他者的存在是主体性这一概念得以存在的前提。这里的主体性不再是主客体那种对立关系中的主体，而是一种可以对他者的需求进行回应的主体。[①] 关系本体论认为，社会交往不应当是一种"我—它"（自身与无生命事物）关系，而应当是一种"我—你"（自身与他人）关系。[②] 因为前者是一种注重物体效用的工具性关系，而后者则是一种强调联系、彼此平等尊重的意义性关系。也就是说，人与人之间因存在某种社会关系而负有关系责任。

以关系责任为视角，可以回应目前我国学术界存在的关于现代学徒制运行中企业与学校何者为主导或主体的问题，其实无论是企业主导还是学校主导都只关注了一方，也就是要不学校主导，要不企业主导。如果从关系责任的角度来考虑，则要求我们同时考虑二者，即在校企关系的视域下来考察现代学徒制的双主体育人问题。校企合作是现代学徒制顺利运行与跨界育人的主要实现形式，基于校企合作的现代学徒制才能实现真正意义上的产教融合。现代学徒制的高质量运行，既需要企业发挥其工作场所学习、师带徒等实践教学方面的优势，也需要职业院校发挥其规模化培养、专业化教学等理论教学方面的优势，只有二者针对技术技能人才培养的不同阶段开展合理分工与理性对话，才能实现职业教育人才培养供给侧与需求侧的精准对接，降

---

① 孙庆斌.为"他者"与主体的责任：列维纳斯"他者"理论的伦理诉求[J].江海学刊，2009(04):68.

② 李方安.关系责任视角下和谐师生关系构建探析[J].教育研究，2016(11):119.

低"技能错配"的发生率,提高校企组织资源的利用率。从关系责任视角出发来理解现代学徒制,有利于回应校企关系视域中考察技术技能人才培养或技能形成责任主体的问题。对于校企合作研究而言,组织间关系理论,特别是新制度主义学派的理论观点对于构建我国校企合作有效生成和运行机制分析框架有着重要的参考价值和借鉴意义。① 当然,也应该基于现代学徒制特定的"研究场域"对新制度主义理论进行进一步的挖掘与深化,提高其在现代学徒制中企业责任行为分析中的契合度与适用性。

现代学徒制中企业责任问题的真正解决绝非单靠任何一方主体(政府、学校、企业、行业)就可以完成,而是需要多方主体发挥合力,在共同参与与互动交流中推动企业责任的有效落实。当然,现代学徒制中企业责任的履行离不开正式制度与非正式制度的有效约束,但无论是哪种约束形式,欲使责任内化为企业行为的有机组成部分,这不仅需要外部制度环境的硬约束,更离不开内部的文化—认知环境的软约束。内外、软硬兼施,才能规制现代学徒制中的企业责任行为趋近理想的应然。此外,在我国现代学徒制中企业责任行为的路径选择上,不能框定于一隅,技术理性过度或制度理性缺失都不利于中国特色学徒制的制度建设。如果可以将二者的优势进行整合,或者说如果能在既有惯例规则演化的基础之上积极进行相关学徒制度规则的理性设计,或将成为中国特色学徒制建设路径的最优选择。

当然,我国现代学徒制中的企业责任问题是一个在理论与实践层面都较为复杂的问题,鉴于本人目前研究水平有限,虽然在理论层面上进行了一些挖掘与探讨,比如对现代学徒制中企业责任生成的内在逻辑系统进行了理论分析与论证,并基于文本分析法建构出了现代学徒制中企业责任的四个内容维度,使得现代学徒制中的企业责任有了较为清晰与具体的责任边界,但对实践中存在的问题的把握还有许多不足之处,尤其是在研究资料的获取上,较多地依赖于间接的文本材料,缺乏基于规模化社会调查的直接资料。因

---

① 王恒,王美萍.校企合作:生成机制阐析与运行机制构建——组织间关系解释理论及其启示[J].职业技术教育,2013(13):31.

此,在未来的研究中,一方面,将进一步完善研究方法并扩大样本容量,开展更为广泛的企业走访与调研,为现代学徒制中企业责任问题相关研究积累更为丰富的现实素材,提高职业教育校企合作相关问题研究的可持续性;另一方面,将聚焦企业不同生命周期与不同产业类型企业,从横向与纵向两个方面开展现代学徒制中企业责任行为的比较研究,为不同产业类型、发展规模或发展阶段的企业提供适切性与可行性建议,提高中国特色现代学徒制中企业责任行为分析的针对性与适用性。

参考文献

中文参考文献

1.著作类

[1] W.理查德·斯科特.制度与组织:思想观念、利益偏好与身份认同[M].姚伟,译.北京:中国人民大学出版社,2020.

[2] W.理查德·斯科特.制度与组织——思想观念与物质利益[M].姚伟,王黎芳,译.北京:中国人民大学出版社,2010.

[3] 陈国权,等.责任政府:从权力本位到责任本位[M].杭州:浙江大学出版社,2009.

[4] 河连燮.制度分析:理论与争议[M].李秀峰,柴宝勇,译.北京:中国人民大学出版社,2014.

[5] 赫伯特·西蒙.管理行为:管理组织决策过程的研究[M].杨砾,译.北京:北京经济学院出版社,1988.

[6] 拉里·克里斯滕森,伯克·约翰逊,莉萨·特纳.研究方法设计与分析[M].赵迎春,译.北京:商务印书馆,2018.

[7] 迈克尔·J.桑德尔.自由主义与正义的局限[M].万俊人,等,译.南京:译林出版社,2001.

[8] B.盖伊·彼得斯.政治科学中的制度理论:新制度主义[M].王向民,段红伟,译.上海:上海人民出版社,2016.

[9] F.拉普.技术哲学导论[M].刘武等,译.沈阳:辽宁科学技术出版

社,1986.

[10] W.舒里安.青少年心理学[M].罗悌伦,译.成都:四川人民出版
社,1994.

[11] 迈克尔·波兰尼.个人知识:迈向后批判哲学[M].许泽民,译.贵
阳:贵州人民出版社,2000.

[12] 曹月娟,胡勇武.走向文化之路:新传播视域下的企业文化传播和企
业形象构建[M].上海:上海交通大学出版社,2017.

[13] 陈国钧,陆军.管理学[M].南京:南京师范大学出版社,1997.

[14] 陈向明.质的研究方法与社会科学研究[M].北京:教育科学出版
社,2000.

[15] 陈学军.中国近代中学组织结构演变研究[M].上海:上海教育出版
社,2015.

[16] 丁文利.职业教育现代学徒制新型师徒关系的研究与实践[M].北
京:中国纺织出版社,2020.

[17] 丁文敏.大学生责任教育概论[M].济南:山东人民出版社,2012.

[18] 杜子图,罗晓玲,姚震.地质调查标准化理论与实践[M].北京:地质
出版社,2019.

[19] 范纯琍.道德自觉及其实现[M].汕头:汕头大学出版社,2019.

[20] 范先佐.教育经济学[M].北京:人民教育出版社,1999.

[21] 付平,吴俊飞.制造技术基础[M].北京:北京理工大学出版
社,2019.

[22] 高岩.高技能人才成长论[M].沈阳:辽宁大学出版社,2009.

[23] 关晶.职业教育现代学徒制的比较与借鉴[M].长沙:湖南师范大学
出版社,2016.

[24] 郭金鸿.道德责任论[M].北京:人民出版社,2008.

[25] 郭静.高等职业教育人才培养模式[M].北京:高等教育出版
社,2000.

[26] 国家工商行政管理局培训中心.现代法学基础教程[M].北京:中国

统计出版社,2000.

[27] 程东峰.责任论:一种新道德理论与实践的探究[M].合肥:合肥工业大学出版社,2016.

[28] 和震.2014年度职业教育发展评论[M].北京:教育科学出版社,2015.

[29] 贺琛.传播伦理:新闻传播者的道德责任研究[M].西安:西安交通大学出版社,2016.

[30] 侯怀银.教育研究方法[M].北京:高等教育出版社,2009.

[31] 胡道玖.以责任看发展:多元视域的"责任发展观"研究[M].上海:上海交通大学出版社,2014.

[32] 黄恩,李娟,刘静.管理学[M].延吉:延边大学出版社,2018.

[33] 黄继生.网络嵌入对突破性创新的影响机制研究[M].杭州:浙江工商大学出版社,2019.

[34] 贾文胜,何兴国,梁宁森.职业教育校企合作机制及政策保障研究[M].北京:中国商务出版社,2019.

[35] 姜大源.当代世界职业教育发展趋势研究[M].北京:电子工业出版社,2012.

[36] 姜大源.职业教育学研究新论[M].北京:教育科学出版社,2007.

[37] 姜丕之,汝信.康德黑格尔研究(第1辑)[M].上海:上海人民出版社,1986.

[38] 经合组织发展中心.世界变革中的产业政策[M].徐清军,等,译.上海:上海人民出版社,2015.

[39] 康德.道德形而上学原理[M].苗力田,译.北京:商务印书馆,1960.

[40] 康德.道德形而上学原理[M].苗力田,译.上海:上海人民出版社,2002.

[41] 柯玲.高职教育技术技能人才培养质量提升路径研究:基于产业链的集群式人才培养模式探索与实践[M].成都:西南交通大学出版社,2016.

[42] 柯政.理解困境:课程改革实施行为的新制度主义分析[M].北京:

教育科学出版社,2011.

[43] 雷海明.职业培训手册[M].太原:山西人民出版社,2008.

[44] 李海东.现代职业教育背景下广东中高职衔接体制构建的理论与实践[M].广州:广东高等教育出版社,2018.

[45] 李建新,王飞雪.企业法新论[M].北京:中国工商出版社,2006.

[46] 李立清,李燕凌.企业社会责任研究[M].北京:人民出版社,2005.

[47] 李文亮.走进大学[M].上海:立信会计出版社,2019.

[48] 李玉珠.中国技能形成模式与制度构建研究[M].北京:首都经济贸易大学出版社,2019.

[49] 梁启超.中国近三百年学术史[M].北京:团结出版社,2006.

[50] 辽、吉、黑、湘四省教材协编组.几何自学指导[M].长春:吉林人民出版社,1985.

[51] 林宏,余向平.现代企业管理[M].杭州:浙江大学出版社,2007.

[52] 林梅.校企合作与人才培养[M].长春:吉林人民出版社,2019.

[53] 刘峰.当代大学生社会责任感培育实证性研究[M].北京:中央编译出版社,2019.

[54] 刘海蓝.地方本科院校人才培养模式的变革与转型[M].北京:中国经济出版社,2020.

[55] 刘慧.当代大学生思想与行为规范培育研究[M].北京:中国书籍出版社,2019.

[56] 刘淑华.俄罗斯高等教育分权改革研究[M].北京:光明日报出版社,2010.

[57] 刘彤,等.新建本科院校应用技术转型的"现代学徒制"路径研究[M].成都:西南交通大学出版社,2019.

[58] 鲁敏.当代中国政府概论[M].天津:天津人民出版社,2019.

[59] 中共中央马克思恩格斯列宁斯大林著作编译局.马克思恩格斯全集(第3卷)[M].北京:人民出版社,1960.

[60] 中共中央马克思恩格斯列宁斯大林著作编译局.马克思恩格斯全集

（第 42 卷）[M].北京：人民出版社，1995.

[61] 中共中央马克思恩格斯列宁斯大林著作编译局.马克思恩格斯选集（第 2 卷）[M].北京：人民出版社，1979.

[62] 中共中央马克思恩格斯列宁斯大林著作编译局.马克思恩格斯选集（第 4 卷）[M].北京：人民出版社，1995.

[63] 马克斯·韦伯.经济与社会（上卷）[M].林荣远，译.北京：商务印书馆，1997.

[64] 马宗连.企业管理概论[M].沈阳：东北财经大学出版社，1998.

[65] 梅因.古代法[M].沈景一，译.北京：商务印书馆，1959.

[66] 宁业勤，刘玲.职业素质与职业发展[M].杭州：浙江大学出版社，2020.

[67] 潘海生.企业参与职业教育的内在机理研究[M].北京：中国社会科学出版社，2018.

[68] 裴小倩，严运楼.高校创新创业教育协同机制研究[M].上海：上海交通大学出版社，2018.

[69] 彭程甸，等.政府与社会资本合作（PPP）的理论探索与实践应用研究[M].湘潭：湘潭大学出版社，2019.

[70] 彭华安.诞生与危机：独立学院制度运行的案例研究[M].高振华.李思宇，译.北京：生活·读书·新知三联书店，2013.

[71] 皮埃尔·布尔迪厄.实践理论大纲[M].北京：中国人民大学出版社，2017.

[72] 钱乃余.企业管理[M].天津：天津人民出版社，1996.

[73] 荣长海.职业教育现代化导论：职业教育现代的内涵、标准、实现路径和监测指标研究[M].天津：天津社会科学院出版社，2019.

[74] 尚珂，唐华茂.劳动科学论坛[M].北京：知识产权出版社，2017.

[75] 佘绪新.权利与义务 权力与责任[M].北京：中国政法大学出版社，2014.

[76] 申晓伟.高职院校校企合作育人理论与实践研究[M].北京：中国广

播影视出版社,2014.

[77] 石伟平.比较职业技术教育[M].上海:华东师范大学出版社,2001.

[78] 宋宪伟.企业的二重性质[M].北京:经济科学出版社,2015.

[79] 孙多勇.公共管理学[M].长沙:湖南人民出版社,2005.

[80] 孙国强.管理研究方法[M].上海:上海人民出版社,2019.

[81] 泰勒.职业社会学[M].张逢沛,译.台北:复兴书局,1972.

[82] 谈松华.新型城镇化与职业教育供给侧改革蓝皮书(上:综合篇)[M].上海:同济大学出版社,2018.

[83] 谭顺.中国经济持续发展的社会机制[M].厦门:厦门大学出版社,2010.

[84] 唐代兴.生境伦理的规范原理[M].上海:上海三联书店,2014.

[85] 唐卫海,刘希萍.教育心理学[M].天津:南开大学出版社,2005.

[86] 特里·L.库珀.行政伦理学:实现行政责任的途径[M].张秀琴,译.北京:中国人民大学出版社,2010.

[87] 滕勇.基于现代学徒制的顶岗实习教学模式研究[M].北京:北京理工大学出版社,2017.

[88] 万俊人.清华哲学年鉴 2003[M].保定:河北大学出版社,2004.

[89] 汪丁丁.新政治经济学评论(第 26 卷)[M].上海:上海人民出版社,2014.

[90] 王皓.知识逻辑下的企业组织设计与优化[M].北京:中国经济出版社,2018.

[91] 王惠萍.教育心理学[M].北京:高等教育出版社,2011.

[92] 王建.职业教育促进产城人融合发展[M].上海:同济大学出版社,2018.

[93] 王若磊.政治问责论[M].上海:上海三联书店,2015.

[94] 王伟光.利益论[M].北京:人民出版社,2004.

[95] 王星.技能形成的社会建构:中国工厂师徒制变迁历程的社会学分析[M].北京:社会科学文献出版社,2014.

[96] 马克斯·韦伯.新教伦理与资本主义精神[M].于晓,陈维纲,译.北京:生活·读书·新知三联书店,1987.

[97] 文辅相.中国高等教育目标论[M].武汉:华中理工大学出版社,1995.

[98] 沃尔夫冈·布列钦卡.教育科学的基本概念:分析、批判和建议[M].胡劲松,译.上海:华东师范大学出版社,2001.

[99] 沃尔特·W.鲍威尔,保罗·J.迪马吉奥.组织分析的新制度主义[M].姚伟,译.上海:上海人民出版社,2008.

[100] 吴国盛.技术哲学讲演录[M].北京:中国人民大学出版社,2009.

[101] 吴遵民.终身教育研究手册[M].上海:上海教育出版社,2019.

[102] 伍俊晖,刘芬.校企合作办学治理与创新研究[M].长春:吉林大学出版社,2020.

[103] 夏建国.技术本科教育概论[M].上海:东方出版中心,2007.

[104] 夏建国.论技术本科教育[M].上海:上海交通大学出版社,2011.

[105] 夏征农,陈至立.辞海:第六版彩图本[M].上海:上海辞书出版社,2009.

[106] 小罗伯特·E.卢卡斯.经济周期模型[M].姚志勇,鲁刚,译.北京:中国人民大学出版社,2003.

[107] 谢军.责任论[M].上海:上海人民出版社,2007.

[108] 徐国庆.职业教育课程、教学与教师[M].上海:上海教育出版社,2016.

[109] 徐国庆.职业教育现代学徒制理论研究与实践探索[M].北京:经济科学出版社,2021.

[110] 徐辉,季诚钧.独立学院人才培养的理论与实践[M].杭州:浙江大学出版社,2007.

[111] 荀明俐.从责任的漂浮到责任的重构:哲学视角的责任反思[M].北京:中国社会科学出版社,2016.

[112] 雅斯贝尔斯.什么是教育[M].邹进,译.北京:生活·读书·新知

三联书店,1991.

　　[113] 杨凤鲜.企业技术融合创新模式选择研究:基于技术发展战略视角[M].北京:知识产权出版社,2019.

　　[114] 杨红艳.中国人文社科学术成果评价管理控制机制研究[M].北京/西安:世界图书出版公司,2019.

　　[115] 杨进.职业教育校企合作双主体办学:治理创新与实现途径[M].北京:高等教育出版社,2019.

　　[116] 杨伟国.劳动经济学[M].大连:东北财经大学出版社,2010.

　　[117] 杨小燕.现代学徒制:理论与实证[M].成都:西南交通大学出版社,2019.

　　[118] 杨晓强."媒"田守望者:当代中国大众传媒社会责任研究[M].北京:新华出版社,2015.

　　[119] 埃马纽埃尔·勒维纳斯.塔木德四讲[M].关宝艳,译.北京:商务印书馆,2002.

　　[120] 袁贵仁.马克思的人学思想[M].北京:北京师范大学出版社,1999.

　　[121] 远德玉.过程论视野中的技术:远德玉技术论研究文集[M].沈阳:东北大学出版社,2008.

　　[122] 苑林刚.家园与信仰[M].沈阳:万卷出版公司,2018.

　　[123] 张海东.社会质量研究:理论、方法与经验[M].北京:社会科学文献出版社,2011.

　　[124] 张坤.企业社会责任实现机制研究[M].西安:西安交通大学出版社,2017.

　　[125] 张瑞.大学生责任教育新编[M].济南:山东人民出版社,2014.

　　[126] 张玉堂.利益论:关于利益冲突与协调问题的研究[M].武汉:武汉大学出版社,2001.

　　[127] 赵宝华.企业组织演变与企业制度规范[M].北京:知识产权出版社,2007.

[128] 赵玮.现代学徒制中利益相关者收益分配机制研究[M].北京:中国财富出版社,2020.

[129] 赵怡晴,等.企业社会责任动态理论与评价技术[M].北京:煤炭工业出版社,2016.

[130] 郑富兴.当代学校组织的伦理基础[M].北京:教育科学出版社,2010.

[131] 郑俊生.企业战略管理(第 2 版)[M].北京:北京理工大学出版社,2020.

[132] 郑林.中国式企业管理模式导论[M].郑州:河南人民出版社,1989.

[133] 中共中央马克思恩格斯列宁斯大林著作编译局.马克思恩格斯文集(第 3 卷)[M].北京:人民出版社,2009.

[134] 中国社会科学院语言研究所词典编辑室.现代汉语词典[M].北京:商务印书馆,1983.

[135] 钟媛媛.传媒责任伦理研究[M].北京:中国传媒大学出版社,2018.

[136] 周建松.优质高职院校建设指南[M].杭州:浙江工商大学出版社,2017.

[137] 周明星.藩篱与跨越:高等职业教育人才培养模式与政策[M].武汉:华中师范大学出版社,2018.

[138] 周艳丽,谢启,丁功慈.企业管理与人力资源战略研究[M].长春:吉林人民出版社,2019.

[139] 朱辉宇.正其义与谋其利:企业社会责任的伦理学研究[M].南宁:广西人民出版社,2015.

[140] 朱雪梅.高等职业教育发展模式研究[M].广州:中山大学出版社,2016.

[141] 朱智贤.心理学大词典[M].北京:北京师范大学出版社,1989.

2.期刊类

[1] 王碧淼.利益相关者视角下的企业社会责任模型[J].东岳论丛,2010 (7):68-71.

[2] 魏姝.效率机制还是合法性机制:发达国家聘任制公务员改革的比较 分析——兼论中国聘任制公务员范围的选择[J].江苏社会科学,2017(03): 114-124.

[3] 刘志军,徐彬.教育评价的实践定位及其实现——基于实践哲学的视 角[J].中国电化教育,2022(04):64-70.

[4] 石伟平,郝天聪.产教深度融合 校企双元育人——《国家职业教育改 革实施方案》解读[J].中国职业技术教育,2019(07):93-97.

[5] 柴草,王志明.企业参与现代学徒制的影响因素、缺失成因与对策 [J].中国高校科技,2020(05):83-87.

[6] 陈东升.冲突与权衡:法律价值选择的方法论思考[J].法制与社会发 展,2003(01):49-56.

[7] 陈法宝,赵鸥.教育研究范式的二元思维批判——兼论复杂性研究范 式的兴起[J].现代教育管理,2013(12):12-16.

[8] 陈福珍.职业院校现代学徒制人才培养模式实施策略探析——基于 利益相关者理论视角[J].教育导刊,2017(6):82-85.

[9] 陈利,周谊.现代学徒制试点中企业主体地位缺失的表现、原因及对 策[J].职业技术教育,2016(27):16-20.

[10] 陈宁.中国中小企业政策的反思——由工具理性走向价值理性[J]. 中州学刊,2011(1):56-60.

[11] 陈鹏,庞学光.培养完满的职业人——关于现代职业教育的理论构 思[J].教育研究,2013,34(01):101-107.

[12] 陈诗慧,张连绪.利益相关者视角下现代学徒制的主体诉求、问题透 视与实践突破[J].职业技术教育,2017(22):20-25.

[13] 陈向阳.试论高职院校中的技术伦理教育[J].中国高教研究,2006 (2):64-65.

[14] 崔发周,张晶晶.影响我国现代学徒制试点效果的因素分析及改进建议[J].教育与职业,2017(23):5-9.

[15] 崔景贵,黄亮.心理学视野中的职业教育技术技能人才培养[J].中国职业技术教育,2015(24):87-91.

[16] 丁泗.论大学生责任观教育[J].中国高教研究,2006(12):56-57.

[17] 董泽芳.高校人才培养模式的概念界定与要素解析[J].大学教育科学,2012(03):30-36.

[18] 多淑杰.我国企业参与职业教育的制度困境与突破——兼论德国现代学徒制发展与启示[J].中国职业技术教育,2016(24):5-10.

[19] 房敏,傅树京.新制度主义理论对学校组织发展的启示[J].教学与管理,2014(18):1-2.

[20] 佛朝晖.中国特色学徒制:价值、内涵与路径选择[J].职业技术教育,2021(28):6-11.

[21] 高春芽.理性选择制度主义:方法创新与理论演进[J].理论与改革,2012(01):5-10.

[22] 高鹏,陆玉梅.基于社会交换理论的中小企业参与现代学徒制意愿及行为实证研究[J].职教论坛,2021(05):39-48.

[23] 顾建光,吴明华.公共政策工具论视角述论[J].科学学研究,2007(01):47-51.

[24] 关晶,石伟平.西方现代学徒制的特征及启示[J].职业技术教育,2011(31):77-83.

[25] 关晶.英国和德国现代学徒制的比较研究——基于制度互补性的视角[J].华东师范大学学报(教育科学版),2017(01):39-46+118.

[26] 关晶.英国学位学徒制:职业主义的高等教育新坐标[J].高等教育研究,2019(11):95-102.

[27] 韩天学.缄默知识理论视域下现代学徒制企业师傅的角色定位[J].高教探索,2016(04):91-94+99.

[28] 郝天聪,石伟平.从松散联结到实体嵌入:职业教育产教融合的困境

及其突破[J].教育研究,2019(07):102-110.

[29] 郝天聪.职业教育何以成为类型教育?——基于国家技能形成体制建设的观察[J].苏州大学学报(教育科学版),2020(04):63-72.

[30] 郝延春.现代学徒制中师徒关系制度化:变迁历程、影响因素及实现路径[J].中国职业技术教育,2018(31):38-43.

[31] 何文明,毕树沙.畅通我国技术技能人才成长通道的现实路径[J].中国职业技术教育,2021(02):59-62.

[32] 洪宁.企业技术人才培养存在的问题及对策[J].山东社会科学,2016(A1):179-181.

[33] 胡丽琴,左新民.现代学徒制人才培养模式隐存的问题及其对策[J].教育与职业,2015(17):50-52.

[34] 胡秀锦."现代学徒制"人才培养模式研究[J].河北师范大学学报(教育科学版),2009(03):97-103.

[35] 黄蘋.德国现代学徒制的制度分析及启示[J].湖南师范大学教育科学学报,2016(03):121-125.

[36] 霍丽娟.基于利益相关者管理的企业职业教育社会责任研究[J].中国职业技术教育,2020(12):26-33.

[37] 贾文胜,潘建峰,梁宁森.高职院校现代学徒制构建的制度瓶颈及实践探索[J].华东师范大学学报(教育科学版),2017(01):47-53＋119.

[38] 贾文胜,徐坚,石伟平.技能形成视阈中现代学徒制内在需求动力的研究——从知识结构的角度[J].中国高教研究,2020(09):98-103.

[39] 贾文胜,徐坚,石伟平.企业参与高职院校现代学徒制改革动机初探[J].中国高教研究,2021(06):103-108.

[40] 姜大源.技术与技能辨[J].高等工程教育研究,2016(4):71-82.

[41] 姜大源.现代职业教育体系构建的理性追问[J].教育研究,2011(11):70-75.

[42] 姜大源.职业教育:技术与技能辨[J].中国职业技术教育,2008(34):1＋5.

[43] 康韩笑,祁占勇.现代学徒制视野下学徒与企业的法律关系探析[J].职业技术教育,2021(04):6-7.

[44] 孔德兰,蒋文超.现代学徒制人才培养模式比较研究——基于制度互补性视角[J].中国高教研究,2020(07):103-108.

[45] 李安萍,陈若愚.手段还是目的:现代学徒制的国际比较及启示[J].中国职业技术教育,2019(03):13-18.

[46] 李博,马海燕.现代学徒制师徒关系重塑研究[J].教育与职业,2020(23):56-59.

[47] 李方安.关系责任视角下和谐师生关系构建探析[J].教育研究,2016(11):119-125+155.

[48] 李金.冲突与整合:现代学徒制中企业责任的双维价值向度[J].中国职业技术教育,2021(07):47-52+65.

[49] 李俊.组织、协作关系与制度——从技能形成的不同维度透视职业教育发展[J].教育发展研究,2018(11):41-47+60.

[50] 李雷鸣,陈俊芳.关于不同企业起源学说的述评与补充[J].江苏社会科学,2004(01):64-67.

[51] 李玲玲,许洋,宁斌.美国加强先进制造业人才培养动因及策略[J].比较教育研究,2021(01):44-51.

[52] 李梦玲.中西现代学徒制比较研究——基于政府职责视角[J].职业技术教育,2015(07):29-34.

[53] 李梦卿,王若言,罗莉.现代学徒制的中国本土化探索与实践[J].职教论坛,2015(01):76-81.

[54] 李岷,李一鸥,李岩.基于对现代学徒制再认识下体制机制构建的思考与探究[J].中国职业技术教育,2018(10):41-45.

[55] 李伟阳.基于企业本质的企业社会责任边界研究[J].中国工业经济,2010(09):89-100.

[56] 李玉珠.企业承担职业教育责任意愿调查[J].教育与职业,2014(04):34-36.

[57] 李政,徐国庆.现代学徒制:应用型创新人才培养的有效范式[J].江苏高教,2016(04):137-142.

[58] 李政.增强职业技术教育适应性:理论循证、时代内涵和实践路径[J].西南大学学报(社会科学版),2022:133-143.

[59] 李政.职业教育现代学徒制的价值审视——基于技术技能人才知识结构变迁的分析[J].华东师范大学学报(教育科学版),2017(01):54-62＋120.

[60] 梁卿.现代学徒制中企业参与困境的破解策略——来自近代工厂学徒制的启示[J].职业技术教育,2022(09):38-42.

[61] 梁业梅.应用型院校现代学徒制人才培养模式研究[J].教育与职业,2018(23):53-56.

[62] 林宇.落实双重身份 完善政策保障 加强现代学徒制试点工作动态管理[J].中国职业技术教育,2017(01):42-44.

[63] 凌云志,赵志强.现代学徒制中企业话语权的内涵、现状与主张[J].职教论坛,2021(05):149-153.

[64] 刘冬梅.论教师的教学权[J].河南师范大学学报(哲学社会科学版),2014(06):1-11.

[65] 刘惠坚,李桂霞.对高职教育校企"双主体"人才培养模式的思考[J].黑龙江高教研究,2012(01):100-101.

[66] 刘锦峰.职业教育校企命运共同体:应然追求、实然困境和必然路径[J].当代教育论坛,2021(05):88-94.

[67] 刘晶晶.我国现代学徒制建设的产业逻辑与融合机制[J].职教论坛,2021(06):36-43.

[68] 刘晓,黄卓君,邢菲.教育中的企业社会责任研究:述评与展望——基于2000年以来国内文献的分析[J].现代教育管理,2017(9):23-28.

[69] 刘云波.接受职业教育对降低技能错配发生率的影响[J].北京社会科学,2021(08):77-86.

[70] 柳燕,李汉学.现代学徒制下企业职业教育责任探析[J].职业技术

教育,2015(31):31-35.

[71] 卢子洲,崔钰婷.现代学徒制利益相关者治理:从"碎片化"到"整体性"——基于整体性治理视角[J].现代教育管理,2018(11):103-107.

[72] 马国峰,张立场,袁春季.中职学校现代学徒制人才培养模式存在的问题与对策[J].教育与职业,2016(11):33-35.

[73] 门洪亮.基于技术技能积累理念的现代学徒制人才培养探析[J].中国职业技术教育,2019(27):88-91+96.

[74] 孟海涅,薛慧丽.民办高职院校现代学徒制人才跨界培养研究[J].教育与职业,2021(02):35-40.

[75] 牟群月,米高磊.新时代中国特色学徒制的实践样态及发展启示——基于首批22个国家现代学徒制试点典型案例的质性研究[J].中国职业技术教育,2022(15):90-96.

[76] 聂伟.论企业职业教育责任的缺失和承担[J].中国职业技术教育,2011(06):11-14.

[77] 平静.现代学徒制背景下的高职院校师资队伍重构[J].思想政治课教学,2021(03):81-83.

[78] 濮海慧,徐国庆.我国产业形态与现代学徒制的互动关系研究——基于企业专家陈述的实证分析[J].华东师范大学学报(教育科学版),2018(1):112-118.

[79] 秦程现.中国特色学徒制"模块化"模式研究[J].职业技术教育,2021(28):12-18.

[80] 冉云芳,陈绍华,徐灵波.共生理论视域下"校中企"合作模式的动力机制与耦合效应分析[J].教育与职业,2022(06):31-33.

[81] 冉云芳,石伟平.企业参与职业院校实习是否获利?——基于109家企业的实证分析[J].华东师范大学学报(教育科学版),2020(01):43-59.

[82] 冉云芳.企业参与现代学徒制的动机及其对成本收益的影响[J].教育与经济,2021(06):71-80.

[83] 任占营.以多破唯:构建职业教育评价新格局的路径探析[J].高等

工程教育研究,2022(01):11-12.

[84] 沈光亮.图书馆伦理责任[J].图书与情报,2006(03):10-14.

[85] 施晶晖.基于现代学徒制的职教教师队伍建设探索[J].中国成人教育,2014(21):128-130.

[86] 石伟平.促进校企规范合作全面推进产教融合——《职业学校校企合作促进办法》解读[J].中国职业技术教育,2018(10):15-18.

[87] 石中英.教育学研究中的概念分析[J].北京师范大学学报(社会科学版),2009(03):29-38.

[88] 舒岳.校企合作的制度安排——企业社会责任的视角[J].教育评论,2010(04):10-13.

[89] 孙翠香.现代学徒制政策实施:基于企业试点的分析——以17家现代学徒制企业试点为例[J].中国职业技术教育,2019(03):5-12.

[90] 孙凤敏,沈亚强.心理学视域下技术技能人才的内涵、特征与培养策略[J].中国职业技术教育,2017(05):5-9.

[91] 孙琳.职业教育集团化办学实践的思考[J].教育研究,2007(10):62-66.

[92] 孙宁,卢春艳,孙晨.关于优质教学资源建设的思考[J].中国电化教育,2013(11):91-94.

[93] 孙庆斌.为"他者"与主体的责任:列维纳斯"他者"理论的伦理诉求[J].江海学刊,2009(04):63-68.

[94] 孙忠民,张明成.从契约理念视角探析现代学徒制改革[J].教育与职业,2018(07):34-39.

[95] 唐锡海,蓝洁.论现代学徒制传承传统工艺的合理性及其实现[J].职教论坛,2021(01):13-19.

[96] 田红磊,王建立.校企命运共同体视角下职业院校的主体责任研究[J].教育与职业,2020(08):97-100.

[97] 王东梅,王启龙.现代学徒制人才培养体系:内涵、要素与特征[J].中国职业技术教育,2019(03):19-24.

[98] 王恒,王美萍.校企合作:生成机制阐析与运行机制构建——组织间关系解释理论及其启示[J].职业技术教育,2013(13):27-31.

[99] 王鹏,吴书安,李松良.现代学徒制框架下职业教育人才培养模式建构探讨[J].职业技术教育,2015(20):22-25.

[100] 王启龙,徐涵.职业教育人才培养模式的内涵及构成要素[J].职教通讯,2008(06):21-24.

[101] 王树生."二元"视角下现代学徒制人才培养模式研究与实践[J].教育评论,2017(07):7-11+66.

[102] 王为民.产权理论视角下职业教育现代学徒制建设之关键:明晰"培养产权"[J].国家教育行政学院学报,2016(09):21-25.

[103] 王星.技能形成、技能形成体制及其经济社会学的研究展望[J].学术月刊,2021,53(07):132-143

[104] 王星.技能形成的多元议题及其跨学科研究[J].职业教育研究,2018(05):1.

[105] 王星.劳动安全与技能养成:一种政治经济学的分析[J].江苏社会科学,2009(05):107-113.

[106] 王修晓,张萍.悖论与困境:志愿者组织合法性问题分析[J].学习与实践,2012(11):97-101.

[107] 王雅静.技能形成制度中的职业教育组织演化逻辑[J].河北大学学报(哲学社会科学版),2021(01):124-133.

[108] 王亚南.我国现代学徒制政策执行阻滞的形成逻辑——基于国家技能形成的三螺旋理论[J].职教通讯,2020(04):1-11.

[109] 王一丹.21世纪的核心能力与技能[J].职业技术教育,2008(30):73.

[110] 刘晶晶.我国现代学徒制建设的产业逻辑与融合机制[J].职教论坛,2021(06):39.

[111] 王一多.论"自由"和"意志自由"——关于道德责任和意志自由的问题[J].西南民族学院学报(哲学社会科学版),2000(10):63-64.

[112] 魏薇,陈旭远.教师专业决策运行的合理性准则:为何、何为与何以[J].教育发展研究,2014(12):61-65.

[113] 魏文婷,高忠明,盛子强.国内关于职业教育中的隐性知识研究述评[J].职教论坛,2015(03):34-38.

[114] 吴俊强,朱俊.结构、治理与效率:跨国视角下技能形成的制度比较[J].中国职业技术教育,2017(12):69-75.

[115] 吴全全,姜大源.隐性知识管理——职业教育教学论探索的新视野[J].中国职业技术教育,2004(19):10-12+24.

[116] 吴学峰,徐国庆.我国现代学徒制发展中的"关键问题"——基于国内文献研究的思考[J].河北师范大学学报(教育科学版),2017(03):53-58.

[117] 吴学峰.现代学徒制构建的本土化特征——基于文本视角的实证分析[J].成人教育,2020(04):55-62.

[118] 武文,刘凤.基于职业心理发展的市场营销专业人才培养[J].职业技术教育,2010(11):5-8.

[119] 肖凤翔,陈凤英.校企合作的困境与出路——基于新制度主义的视角[J].江苏高教,2019(02):35-40.

[120] 肖坤,夏伟,卢晓中.论协同创新引领技术技能人才培养[J].高教探索,2014(03):11-14+30.

[121] 肖日葵.经济社会学视角下的企业社会责任分析[J].河南大学学报(社会科学版),2010(02):67-71.

[122] 谢俊华.高职院校现代学徒制人才培养模式探讨[J].职教论坛,2013(16):24-26.

[123] 谢燕红,李娜.基于现代学徒制的各利益主体权益保障研究[J].教育与职业,2020(20):60-63.

[124] 徐国庆.我国职业教育现代学徒制构建中的关键问题[J].华东师范大学学报(教育科学版),2017(01):30-38+117.

[125] 徐宏伟,庞学光.职业教育本体探析——对职业教育存在"合法性"的哲学论证[J].全球教育展望,2015(06):96-103.

[126] 徐丽,张敏.从国内外学徒制的变迁看我国现代学徒制的发展[J].教育与职业,2015(11):9-12.

[127] 徐珍珍,黄卓君.职业教育中的企业社会责任:履行模式与路径选择[J].中国职业技术教育,2018(18):39-43+49.

[128] 徐珍珍,刘晓.500强企业参与职业教育的社会责任调查——基于我国110家500强企业社会责任报告的面上分析[J].职教论坛,2015(13):55-59.

[129] 许竞.试论国家的技能形成体系——政治经济学视角[J].清华大学教育研究,2010(04):29-33.

[130] 许悦,彭明成.多中心治理理论视角下现代学徒制质量保障机制研究[J].中国职业技术教育,2018(36):11-15.

[131] 杨金土,孟广平.对技术、技术型人才和技术教育的再认识[J].职业技术教育,2002(22):5-10.

[132] 杨丽波,王丹.企业参与现代学徒制激励机制的国际经验及启示[J].职业技术教育,2019(20):74-79.

[133] 杨青.高职院校全面实施现代学徒制须把握的向度[J].江苏高教,2020(05):109-113.

[134] 姚静.技能形成视阈下职业教育产教融合载体研究[J].中国高校科技,2020(03):89-92.

[135] 叶浩生,杨文登.责任的二重性及责任意识的培养——基于心理学的视野[J].心理学探新,2008(03):9-13.

[136] 叶浩生.责任内涵的跨文化比较及其整合[J].南京师大学报(社会科学版),2009(06):99-104.

[137] 叶鉴铭,周小海.试论"校企共同体"的共同因素及其特征[J].学术交流,2010(03):198-201.

[138] 叶鉴铭.校企共同体:企业主体学校主导——兼评高等职业教育校企合作"双主体"[J].中国高教研究,2011(03):70-72.

[139] 易烨,石伟平.澳大利亚新学徒制的改革[J].职教论坛,2013(16):

89-92.

[140] 尹江海,程培堽.校企合作中的信息不对称及治理机制设计[J].江苏高教,2021(07):50-55.

[141] 于光远.责任学的若干基本概念[J].青海社会科学,1990(04):8-18.

[142] 苑国栋.政府责任:实现校企合作的必要条件——来自现代学徒制的启示[J].职教论坛,2009(16):53-55.

[143] 张弛,赵良伟,张磊.技能社会:技能形成体系的社会化建构路径[J].职业技术教育,2021(13):6-11.

[144] 张弛.技术技能人才职业能力形成机理分析——兼论职业能力对职业发展的作用域[J].职业技术教育,2015(13):8-14.

[145] 张国明.建设产教融合型企业的探索和思考[J].中国高等教育,2019(10):22-24.

[146] 张晶晶,崔发周.我国两种学徒制改革模式的融合途径[J].职教论坛,2020(05):29-35.

[147] 张启富,邬琦姝.我国高职教育推行现代学徒制的对策思考——基于32个试点案例的实证分析[J].中国职业技术教育,2017(29):60-65.

[148] 张启富.高职院校试行现代学徒制:困境与实践策略[J].教育发展研究,2015(03):45-51.

[149] 张宇,徐国庆.我国现代学徒制中师徒关系制度化的构建策略[J].现代教育管理,2017(08):87-92.

[150] 张元宝.校企合作中利益相关者的博弈与协调[J].中国高校科技,2019(09):79-82.

[151] 张志平.企业参与现代学徒制的制度困境与纾解路径[J].教育与职业,2018(04):12-18.

[152] 赵亮.企业主导下的现代学徒制实施模式研究[J].高教探索,2016(05):93-96.

[153] 赵鹏飞,陈秀虎."现代学徒制"的实践与思考[J].中国职业技术教

育,2013(12):38-44.

[154] 赵鹏飞.现代学徒制人才培养的实践与认识[J].中国职业技术教育,2014(21):150-154.

[155] 赵善庆.基于企业主体的现代学徒制人才培养模式研究[J].实验室研究与探索,2018(07):251-255.

[156] 赵志群,陈俊兰.现代学徒制建设——现代职业教育制度的重要补充[J].北京社会科学,2014(01):28-32.

[157] 赵志群.建设现代学徒制的必要性与实现路径[J].人民论坛,2020(09):59-61.

[158] 郑根成.论传媒社会责任理论的伦理意蕴及其困境[J].伦理学研究,2009(03):45-49.

[159] 郑可春.高等教育质量的价值属性及其观念重构[J].教育与职业,2010(35):166-167.

[160] 郑群.关于人才培养模式的概念与构成[J].河南师范大学学报(哲学社会科学版),2004(01):187-188.

[161] 郑永进,操太圣.现代学徒制试点实施路径审思[J].教育研究,2019(08):100-107.

[162] 郑玉清.国外现代学徒制成本分担机制探析——兼论现代学徒制企业的成本与收益[J].中国职业技术教育,2016(15):63-68.

[163] 郑作龙,等.行动视域下隐性知识探析——基于波兰尼视角和"行动的体现"理论的考究[J].科学学研究,2013(10):1453-1458.

[164] 周建松.高等职业教育人才培养目标下的课程体系建设[J].教育研究,2014(10):103-105+111.

[165] 周梁.论企业在职业教育中的社会责任[J].教育与职业,2011(29):16-18.

[166] 朱迪.混合研究方法的方法论、研究策略及应用——以消费模式研究为例[J].社会学研究,2012(04):146-166+244-245.

[167] 朱文富,董香君.建设产教融合型企业的逻辑框架[J].河北大学学

报(哲学社会科学版),2021(06):72-80.

3.学位论文类

[1] 邓集甜.企业责任论[D].长沙:湖南师范大学,2003.

[2] 贺艳芳.我国企业参与现代学徒制动力问题研究:基于中德企业的对比[D].上海:华东师范大学,2018.

[3] 耿洁.职业教育校企合作体制机制研究[D].天津:天津大学,2011:56.

[4] 黄瑶.王阳明责任思想研究[D].南京:南京师范大学,2021.

[5] 贾旻.行业协会参与现代职业教育治理研究[D].天津:天津大学,2016.

[6] 江新华.大学学术道德失范的制度分析[D].武汉:华中科技大学,2004.

[7] 蒙冰峰.主体间性道德人格教育研究[D].西安:西安理工大学,2010.

[8] 聂伟.论企业的职业教育责任——基于企业公民视角的校企合作研究[D].天津:天津大学,2013.

[9] 唐锡海.职业教育技术性研究[D].天津:天津大学,2014.

[10] 吴学峰.中国情境下现代学徒制的构建研究[D].上海:华东师范大学,2019.

[11] 严亚明.晚清企业制度思想与实践的历史考察[D].武汉:华中师范大学,2003.

[12] 赵苗苗.学校责任问题研究:以中小学为例[D].武汉:华中师范大学,2014.

4.报纸类

[1] 姜大源.职业教育"升级版"构建中转型与内生的发展[N].中国教育报,2013-06-20.

[2] 李菁莹.现代学徒制"新余试点"遭遇学校热企业冷尴尬[N].中国青年报,2011-08-30.

[3] 邵建东,朱振国.现代学徒制:促进校企合作的真正纽带[N].光明日

报,2015-04-21.

[4] 徐健.职业教育的"跨界"探究:从校企合作到现代学徒制[N].中国教育报,2017-04-11.

5.其他类

[1] 国家中长期教育改革和发展规划纲要工作小组办公室.《国家中长期教育改革和发展规划纲要(2010-2020 年)》[EB/OL].(2010-07-29)[2011-10-23].http://www.moe.gov.cn/srcsite/A01/s7048/201007/t20100729_171904.html.

[2] 中华人民共和国教育部.国务院印发《关于加快发展现代职业教育的决定》[EB/OL].(2014-06-22)[2021-06-28].http://www.moe.gov.cn/jyb_xwfb/s5147/201406/t20140623_170695.html.

[3] 教育部.教育部关于开展现代学徒制试点工作的意见[EB/OL].(2014-09-30)[2017-10-20].http://old.moe.gov.cn/publicfiles/business/htmlfiles/moe/s7055/201409/174583.html.

[4] 搜狐网.现代学徒制合作企业选定及多形态专业——企业组合模式典型案例[EB/OL].(2018-05-28)[2019-09-11].https://www.sohu.com/a/233330724_200190.

[5] 中华人民共和国教育部.职业教育"五个对接"[EB/OL].(2012-09-03)[2018-06-18].http://www.moe.gov.cn/jyb_xwfb/moe_2082/s6236/s6811/201209/t20120903_141507.html.

[6] 中华人民共和国教育部.教育部等六部门关于印发《职业学校校企合作促进办法》的通知[EB/OL].(2018-02-05)[2019-06-28].http://www.moe.gov.cn/srcsite/A07/s7055/201802/t20180214_327467.html.

外文参考文献:

1.著作类

[1] Carl Mitcham. Philosophy of Technology[M]. Macmillan Press,1980:309.

［2］ Drucker P. Management：Tasks，Responsibilities，Practices［M］. New York：Harper&Row，1973.

［3］ Ervin Dimeny，Deborah Williamson，Lisa Yates，David Hinson. Skilling Up：The Scope of Modern Apprenticeship［M］. Washington D C：US Department of Labor，2019：4.

［4］ European Centre for the Development of Vocational Training and OECD. The Next Steps for Apprenticeship［M］. Luxembourg：Publications Office of the European Union，2021：20-21.

［5］ Gessler M. Concepts of Apprenticeship：Strengths，Weaknesses and Pitfalls［M］.//Handbook of Vocational Education and Training. Switzerland：Springer，2019：677-704.

［6］ Knight B. Evolution of Apprenticeships and Traineeships in Australia：An Unfinished History［M］. Adelaide：NCVER，2012.

［7］ OECD. Learning for Jobs［M］. Paris：OECD Publishing，2010.

［8］ OECD. Seven Questions about Apprenticeships：Answers from International Experience［M］. Paris：OECD Publishing，2018.

［9］ Philipp Gonon. Apprenticeship as a Model for the International Architecture of TVET［M］. Assuring the Acquisition of Apprenticeship in the Modern Economy，2011：33.

［10］ Robert Ravmodb. Corporate Social Responsiveness：The Modern Dilemma［M］. Reston VA：Reston Publishing Company，1976：6.

［11］ Wettstein E，Gonon P. Berufsbildung in der Schweiz［M］. Bern：hep Verlag，2009.

［12］ Paul E F，et al. Responsibility［M］. Cambridge ：Cambridge University Press，1999.

2.期刊类

［1］ Brown P. Globalization and the Political Economy of High Skills ［J］. Journal of Education and Work，1999.

[2] Christian Rupietta, Johannes Meuer, Uschi Backes-Gellner. How do Apprentices Moderate the Influence of Organizational Innovation on the Technological Innovation Process? [J]. Empirical Research in Vocational Education and Training, 2021, 13(1):16.

[3] Dimeny Ervin Comp. Skilling Up: The Scope of Modern Apprenticeship [J]. Urban Institute, 2019:301.

[4] Drew Fudenberg, David K Levine. Maintaining a Reputation when Strategies are Imperfectly Observed[J]. The Review of Economic Studies, 1992(3):561-579.

[5] Erica Smith. The Expansion and Contraction of the Apprenticeship System in Australia, 1985-2020[J]. Journal of Vocational Education&Training, 2021:336-365.

[6] Greig M. Factors Affecting Modern Apprenticeship Completion in Scotland[J]. International Journal of Training and Development, 2019, 23 (1):27-50.

[7] Grollmann Philipp, Rauner Felix. Exploring Innovative Apprenticeship: Quality and Costs[J]. Education and Training, 2007, 49(6):431-446.

[8] Hammett Ellen. How Apprenticeships Help UKTV Think Differently: UKTV's Five-year-old Apprenticeship Scheme is Playing an Increasingly Important Role in Encouraging Diversity of Thought and Modern Thinking across the Business[J]. Marketing Week, 2020:1.

[9] Hendricks van. Risen Structure of Technology [J]. Research in Philosophy, 1979(2):43.

[10] Hilary Steedman. Apprenticeship in Europe: Fading or Flourishing? [J]. CEP Discussion Paper, 2005.

[11] Hodgson Ann, Spours Ken, Smith David. Future Apprenticeships in England: The role of Mediation in the New Model [J]. Journal of Education and Work, 2017(30):653-668.

[12] Kathleen T. How Institutions Evolve: The Political Economy of Skills in Germany Britain the United States and Japan[M]. Cambridge: Cambridge University Press,2004.

[13] Sandra Hellstrand. Perceptions of the Economics of Apprenticeship in Sweden c. 1900 [J]. Scandinavian Economic History Review, Taylor&Francis Journals,2019:12-30.

[14] Laura Pylväs, Petri Nokelainen, Heta Rintala. Finnish Apprenticeship Training Stakeholders' Perceptions of Vocational Expertise and Experiences of Work Place Learning and Guidance[J]. Vocations and Learning,2018,11(2): 223-243.

[15] Lewis Theodore. The Problem of Cultural Fit-what can We Learn from Borrowing the German Dual System? [J]. Compare: A Journal of Comparative Education,2007,37(4):463-477.

[16] Lexandra Strebel. Creating Apprenticeships in Switzerland: The Case of the Cableway Mechanics [J]. Journal of Vocational Education&Training,2021.

[17] Lindley R M. The Demand for Apprentice Recruits by the Engineering Industry[J]. Scottish Journal of Political Economy,1975,22(1): 1-24.

[18] Lumineau F,Henderson J E. The Influence of Relational Experience and Contractual Governance on the Negotiation Strategy in Buyer-Supplier Disputes [J]. Journal of Operations Management,2012:382-395.

[19] McKnight Stella,Collins Sarah-Louise. Case Study:Establishing a Social Mobility Pipeline to Degree Apprenticeships[J]. Higher Education, Skills and Work-Based Learning,2019:149-163.

[20] Moretti L,Mayerl M. So Similar and yet so Different:A firm's net Costs and Post-training Benefits from Apprenticeship Training in Austria and Switzerland[J]. Evidence-Based Hrm-A Global forum for Empirical

Scholarship,2019.

[21] Rupietta C,Backes-Gellner. How firms' Participation in Apprenticeship Training Fosters Knowledge Diffusion and Innovation[J]. Journal of Business Economics,2019:569-597.

[22] Stephen Billett. Apprenticeship as a Mode of Learning and Model of Education[J]. Education and Training,2016,58(6):613-628.

[23] Tim Riley. The Creative Industries and Degree Apprenticeships: The Benefits and Challenges of Adoption for Small and Micro Businesses [J]. Higher Education,Skills and Work-based Learning,2020:3.

[24] Wiemann J,Ventura D R,Fuchs M. The Contribution of Dual Apprenticeship Training for Local Development [J]. Geographische Rundschau,2019,71(7-8):30-33.

[25] Yaw Ofosu-Kusi,Motoji Matsuda. Traditional Apprenticeship as an Educational and Life Experience:Life Stories of Young Auto Repair Apprentices in Kumasi,Ghana[J]. The Challenge of African Potentials: Conviviality,Informality and Futurity,2007:181-208.

[26] Wallis P. Labor,Law,and Training in Early Modern London: Apprenticeship and the City's Institutions[J]. Journal of British Studies, 2012,51(4):791-819.

3.其他类

[1] Aerica Smith. Getting Ready for New Apprenticeship Arrangements for a? New World of Work[EB/OL]. (2019-02-14)[2022-06-15]. https://op. europa. eu/en/publication-detail/-/publication/a18f7a9d-cdcb-11e8-9424-01aa75ed71a1/language-en.

[2] Cedefop. Apprenticeship Schemes in European Countries:A? Cross-nation Overview[EB/OL]. (2019-02-14)[2022-04-17]. http://data. europa. eu/doi/10. 2801/722857.

[3] Hilary Steedman. Apprenticeship in Europe:Fading'or Flourishing?

[R]. London:Centre for Economic Performance,2005(12).

[4] Hoedkel K. Cost and Benefits in Vocational Education and Training [Z]. OECD,2008:3.

[5] Rauner F. Plural Administration in Dual Systems in Selected European Countries[C]. Rediscovering Apprenticeship,2010:31.

[6] Rita Almeida, Jere Behrman, David Ro-balino. The Right Skills for the Job?:Rethinking Training Policies for Workers[R]. World Bank,2012.

[7] Word Bank （IBRD）. World Development Report 2019: The Changing Nature of Work[R]. Washington D C:World Bank,2018:7.

附　录

附录 A　我国现代学徒制中企业责任现状访谈提纲

一、企业现代学徒制项目负责人访谈提纲

1.您是什么时候开始接触现代学徒制项目的？

2.您在参与现代学徒制校企合作过程中主要负责什么？

3.可以谈谈您对现代学徒制的理解或认识吗？

4.您觉得企业参与现代学徒制项目的动力是什么？

5.您觉得在现代学徒制项目运行中,企业应该发挥怎样的作用或功能？

6.作为一种校企合作育人的模式,您认为企业与职业院校之间应该是一种怎样的关系？各自应该负责哪些环节或工作内容？

7.您觉得现代学徒制是一种有优势的人才培养模式吗？

8.您认为当前企业在参与现代学徒制的过程中面临的困难或障碍主要有哪些呢？

9.您希望政府或政策为企业提供哪些层面的支持和帮助呢？

10.您认为理想的现代学徒制应该是怎样的？

二、企业师傅访谈提纲

1.您是什么时候开始加入现代学徒制项目的？

2.企业师傅的选聘有标准吗？

3.学徒制班成立后会有拜师仪式吗？您认为拜师仪式是否必要？

4.您是主动加入现代学徒制项目的吗？

5.做企业师傅有额外的补助或奖励吗？

6.您觉得企业师傅的主要职责是什么？

7.您愿意把自己的技术知识或技能教授给自己的学徒吗？

8.您觉得目前的师徒关系融洽吗？

9.您参与对学徒的考核吗？您认为对学徒进行考核的标准有哪些？

10.您认为理想的师徒关系应该是怎样的？

三、职业院校现代学徒制项目负责人访谈提纲

1.您是什么时候开始接触现代学徒制项目的？

2.您的专业是什么？

3.可以谈谈您对现代学徒制的理解或认识吗？

4.您觉得职业院校参与现代学徒制项目的动力是什么？

5.以您的了解或接触,您觉得合作企业参与现代学徒制的积极性高吗？

6.您觉得学校的合作企业培养学徒的能力怎么样？

7.学校在学徒培养的过程中主要负责哪些部分呢？

8.您觉得现代学徒制人才培养模式有哪些优势？

9.您觉得双师型教师应该具备哪些方面的素质和能力？

10.您认为理想的现代学徒制应该是怎样的？

四、现代学徒制试点班学生（学徒）访谈提纲

1.您是什么时候开始接触现代学徒制项目的？

2.您的专业是什么？您喜欢自己的专业吗？您了解这个专业未来是做什么的吗？

3.可以谈谈您对现代学徒制的理解或认识吗？

4.您为什么会选择参与现代学徒制试点班呢？

5.您认为企业师傅应该在实践教学中发挥怎样的作用？

6.您觉得您在企业跟师傅的关系与在学校跟老师的关系一样吗？有哪些方面的区别？

7.您与企业签订过《劳动安全合同》或《就业合同》吗？

8.您在企业做学徒期间有学徒工资或报酬吗？工资或报酬大概是正式员工的多少？

9.您如何看待参与现代学徒制的就业前景？

10.您认为理想的现代学徒制应该是怎样的？

附录 B　访谈对象信息汇总

访谈对象	单位	职务	专业	访谈时间	访谈方式
A 林老师	广西某职业技术学院	学院书记	道路与桥梁工程技术	2021 年9 月 29 日	网络访谈
B 丁老师	济南某职业学院	双师型教师	机电一体化	2021 年10 月 2 日	实训室访谈
C 霍老师	滨州某职业学院	教师	应用化工	2021 年10 月 4 日	网络访谈
D 高老师	滨州某职业学院	教师	口腔	2021 年10 月 4 日	网络访谈
E 查老师	天津某职业技术学院	教师	铁道机车	2021 年10 月 30 日	实训基地访谈
F 王老师	天津某职业技术学院	教师	精密机械技术	2021 年10 月 30 日	网络访谈
G 张老师	山西某职业技术学院	教师	金融管理	2021 年11 月 2 日	网络访谈
A 企业人员	济南某公司	企业管理者	金属热处理	2021 年10 月 6 日	办公室访谈
B 企业人员	济南某酒店	现代学徒制项目管理者	酒店管理	2021 年10 月 6 日	酒店访谈
C 企业人员	山东某集团	企业高管	机械制造与自动化	2021 年11 月 5 日	会议室访谈
D 企业人员	太原市某科技有限公司	企业师傅	机械制造与自动化	2021 年11 月 10 日	设备间访谈
E 企业人员	山西某大药房连锁有限责任公司	公司负责人	连锁经营管理	2021 年11 月 10 日	办公室访谈
B 学生(学徒)	广西某职业技术学院	学生(学徒)	道路与桥梁工程技术	2021 年9 月 29 日	网络访谈
A 学生(学徒)	济南某职业学院	学生(学徒)	机电一体化	2021 年10 月 2 日	教室访谈

续　表

访谈对象	单位	职务	专业	访谈时间	访谈方式
C 学生(学徒)	滨州某职业学院	学生(学徒)	机械制造与自动化	2021 年10 月 4 日	网络访谈
D 学生(学徒)	天津某职业技术学院	学生(学徒)	铁道机车	2021 年10 月 30 日	教室访谈

附录 C　现代学徒制试点院校合作企业相关信息

序号	企业名称	所属行业	企业性质	企业规模	生产要素
1	北京某科技有限公司	科技推广和应用服务业	民营企业	小微企业	劳动密集型
2	北京某科技有限公司	科技推广和应用服务业	民营企业	中小企业	劳动密集型
3	北京某微电子股份有限公司	计算机、通信和其他电子设备制造业	国有控股	中小企业	知识密集型
4	某数据系统有限公司	软件和信息技术服务业	民营企业	中小企业	劳动密集型
5	某汽车有限公司	制造业	中外合资	大型企业	资金密集型
6	某汽车零部件(天津)有限公司	汽车制造业	外国法人独资	小微企业	资金密集型
7	天津某企业管理咨询有限责任公司	租赁和商务服务业	民营企业	小微企业	劳动密集型
8	天津市某科技股份有限公司	科技推广和应用服务业	民营企业	小微企业	劳动密集型
9	天津市某科技发展有限公司	信息传输、软件和信息技术服务业	民营企业	小微企业	劳动密集型
10	某教育科技(北京)有限公司	科技推广和应用服务业	民营企业	小微企业	劳动密集型
11	大连某技术服务有限公司	专业技术服务业	台港澳与境内合资	小微企业	劳动密集型
12	深圳某教育集团有限公司	批发业	民营企业	小微企业	劳动密集型
13	天津某电池股份有限公司	电气机械和器材制造业	民营企业	中小企业	资金密集型
14	某冶金有限公司	零售业	民营企业	小微企业	劳动密集型
15	长治某机械厂	信息传输、软件和信息技术服务业	全民所有制	小微企业	劳动密集型

续　表

序号	企业名称	所属行业	企业性质	企业规模	生产要素
16	某通讯股份有限公司	信息传输、软件和信息技术服务业	上市公司	大型企业	劳动密集型
17	（济南）某有限公司	批发业	外国法人独资	小微企业	劳动密集型
18	山东某信息技术有限公司	软件和信息技术服务业	民营企业	小微企业	劳动密集型
19	山东某酒店集团有限公司	餐饮业	民营企业	小微企业	劳动密集型
20	山东某药业有限公司	化学原料和化学制品制造业	民营企业	中小企业	资金密集型
21	河南某科技有限公司	通用设备制造业	民营企业	大型企业	资金密集型
22	某保险股份有限公司	商务服务业	国有控股	小微企业	资金密集型
23	某酒店管理有限公司	商务服务业	民营企业	小微企业	劳动密集型
24	某技术有限公司	科学研究和技术服务业	民营企业	大型企业	劳动密集型
25	某汽车配件有限公司	汽车制造业	外国法人独资	中小企业	资金密集型
26	沈阳某园林股份有限公司	环境治理业	民营企业	中小企业	劳动密集型
27	哈尔滨某集团有限公司	公共设施管理业	国有独资	中小企业	劳动密集型
28	宁夏某营养技术有限公司	制造业	外商投资外国法人独资	小微企业	资金密集型
29	新疆某有限责任公司	商务服务业	国资企业	小微企业	劳动密集型
30	山东某监理咨询有限公司	租赁和商务服务业	民营企业	小微企业	劳动密集型
31	东莞市某集团有限公司	零售业	民营企业	大型企业	劳动密集型
32	某物业管理有限公司	房地产业	民营企业	小微企业	资金密集型
33	博世技术服务有限公司	零售业	外国法人独资	小微企业	劳动密集型
34	上海某检测技术有限公司	专业技术服务业	民营企业	小微企业	劳动密集型
35	某科技股份有限公司	信息传输、软件和信息技术服务业	民营企业	中小企业	劳动密集型
36	上海某园艺科技有限公司	专业技术服务业	民营企业	中小企业	劳动密集型

续　表

序号	企业名称	所属行业	企业性质	企业规模	生产要素
37	重庆某汽车销售服务有限公司	零售业	民营企业	小微企业	劳动密集型
38	广东某医药集团有限公司	医药制造业	民营企业	小微企业	资金密集型
39	广西某建筑工程有限公司	房地产业	民营企业	小微企业	资金密集型
40	广东某教育投资管理有限公司	商务服务业	民营企业	小微企业	劳动密集型

附录 D　我国现代学徒制相关政策文本

时间	签发机构	政策文本
2012 年 1 月	教育部	《教育部 2012 年工作要点》
2014 年 6 月	国务院	《关于加快发展现代职业教育的决定》
2015 年 7 月	人力资源社会保障部办公厅、财政部办公厅	《关于开展企业新型学徒制试点工作的通知》
2015 年 8 月	教育部办公厅	《关于公布首批现代学徒制试点单位的通知》
2017 年 1 月	教育部	《教育部 2017 年工作要点》
2017 年 4 月	教育部办公厅	《关于做好 2017 年度现代学徒制试点工作的通知》
2017 年 7 月	教育部职业教育与成人教育司	《关于成立现代学徒制工作专家指导委员会、设立专家库(2017—2020 年)的通知》
2017 年 8 月	教育部办公厅	《关于公布第二批现代学徒制试点和第一批试点年度检查结果的通知》
2017 年 12 月	国务院办公厅	《关于深化产教融合的若干意见》
2018 年 2 月	教育部	《教育部 2018 年工作要点》
2018 年 3 月	教育部办公厅	《关于做好 2018 年度现代学徒制试点工作的通知》
2018 年 8 月	教育部办公厅	《关于公布第三批现代学徒制试点单位的通知》
2019 年 1 月	国务院	《国家职业教育改革实施方案》
2019 年 5 月	教育部办公厅	《关于全面推进现代学徒制工作的通知》
2020 年 10 月	教育部职业教育与成人教育司	《关于做好教育部第三批现代学徒制试点单位验收工作的通知》
2021 年 9 月	教育部职业教育与成人教育司	《关于公布现代学徒制第三批试点验收结果的通知》

后　记

选择"我国现代学徒制中的企业责任研究"这一问题进行系统探讨与分析,既是个人对现代学徒制相关问题的研究兴趣使然,也是因为想要将院校视角的研究切换至企业,从企业立场来找寻我国现代学徒制试点实践顺利推进的可能思路与建议。虽研究至今,亦不能说为这个问题的解决积累了多少理论与实践经验,但路漫漫其修远兮,吾将上下而求索!因为任何理论研究都只是对事物未来可能发展方向的一种预测或猜想,而无法规定事物具体的行动路径与研究方法。因此,未来我会继续就这个问题开展进一步探索。回顾求学岁月的点滴,要感恩与感谢的不只是诸位循循善诱、谆谆教导与可亲可敬的良师益友,一直以来选择无条件理解、信任并给予我前行动力的温暖家人,还有那个经历艰辛与困苦却未曾忘却初心的自己!

一路走来,想要感谢的人太多。非常欣慰也自觉非常幸运,可以遇到那么多曾经在不同的人生阶段给予我不同帮助与支持的人。也愿自己可以带着这份感恩,走得更远。人都说,但凡能说得出口的苦,便不能算苦,想来也是有道理的。曾经总以"苦行僧"自居,因为科研路上的那种煎熬与历练像极了僧人修行的苦。每个人所要经历的远不止科研路上的各种"拦路虎",还有来自生活与成长方方面面的考验。科研的世界是一方净土,净到能做出怎样的成果完全取决于自己的"心"与"行",有思考并将其落实到具体的行动上,就能书写自己的科研履历。但我们每个人却绝非生活在真空之中的绝对个体,那既不现实也不可行。无论怎样的考验,想必都是生活对我们的"恩赐",让我们通过经历一些或好或坏的事,沉淀心性,磨炼意志,最终练就坚韧不拔的品格。也许每个人都会在从事科研的过程中产生无数次的动摇与怀疑,尤其是在遇到一些无论如何努力也破解与突破不了的理论难点时，会动摇自己曾经坚定的科研信念，怀疑自己是否具备达标的科研能力，产生"我真的适合从事科研工作吗"的疑问。其实适不适合固然重要，但更重要的是我们是否为自己的选择全力以赴。有时候，有些方面的进步与成长并非显性可见的，但这并不意味着我们仍然驻足在原地。所以，要感谢那个坚持下来的自己。因为没有人的科研经历是轻而易举的，那些所谓的容易也只是别人认为的容易。到底经历了怎样的涅槃才有重生，个中滋味无以言表，唯有不忘初心，脚踏实地，继续前行，才对得起曾经的含泪播种。感谢那个虽然不曾优秀但却不曾放弃过的自己！

李　金

于曲园